Die Waldenserkirche

Meinen Eltern gewidmet

Giorgio Tourn

Geschichte der Waldenser-Kirche

Die einzigartige Geschichte einer Volkskirche
von 1170 bis zur Gegenwart

Aus dem Italienischen
übersetzt durch Richard Bundschuh

CLAUDIANA TORINO
VERLAG DES GUSTAV-ADOLF-WERKES
VERLAG DER EV.-LUTH. MISSION ERLANGEN

Erlanger Taschenbücher Band 54

Der Verlag der Ev.-Luth. Mission Erlangen
bildet mit dem Freimund-Verlag Neuendettelsau
und dem Evangelischen Missionsverlag Korntal
die Verlagsgemeinschaft Weltmission

CIP-Kurztitelaufnahme der Deutschen Bibliothek

Tourn, Giorgio:
Die Waldenser-Kirche:
d. einzigartige Geschichte e. Volkskirche von 1170 bis zur Gegenwart /
Giorgio Tourn. Aus d. Ital. übers. von Richard Bundschuh. –
Torino: Claudiana;
Kassel: Verlag des Gustav-Adolf-Werkes;
Erlangen: Verlag der Ev.-Luth. Mission, 1980.
(Erlanger Taschenbücher; Bd. 54)
Einheitssacht.: I valdesi ‹dt.›
ISBN 3-87214-119-8

© Claudiana editrice, Torino, Italia, 1977

© der deutschen Ausgabe:
Verlag der Ev.-Luth. Mission Erlangen, 1980
2., durchgesehene Auflage 1983

Umschlag: Helmut Herzog
Foto: Kirche von Pra del Torno, Italo Hugon

Die Fotos im Buch wurden der italienischen Ausgabe
mit freundlicher Genehmigung der Claudiana, Turin, entnommen.

Gesamtherstellung: Missionshandlung Hermannsburg

INHALT

Vorwort   9

Erster Teil:
Eine andersgläubige Diaspora (1170 bis 1530)   11

I. Waldes und die »Armen«   13
Ein Mann namens Valdesius 13 – Die »Armen« 17 –
Die Exkommunikation 20 –
Nackt dem nackten Christus nachfolgen 24 –
Das Glaubensbekenntnis des Waldes 24

II. Jahre der Krise   26
Die Lombarden 26 – Der Kreuzzug 28 – Bergamo 31

III. Im Italien der Stadtrepubliken   34
Zwischen Welfen und Ghibellinen 34 –
Franziskus von Assisi 37 – Die waldensische Gemeinde 40 –
Auf der Suche nach einer Theologie 42

IV. Der Weg zur Ostsee   45
Auf kaiserlichem Boden 45 – Handwerker und Kaufleute 46 –
Eine familiäre Frömmigkeit 49 – Woran man Häretiker erkennt 52 –
Werbungsmethoden der Waldenser 52 –
Waldenser in Brandenburg und Pommern 53

V. Die Alpenbastion   55
Hinauf in die Berge 55 – Nicht fluchen, schwören, lügen 59 –
Die Bibel und die »Weltverachtung« 61 – In Erwartung
der Letzten Tage 66 – Ein Barbe aus dem San-Martino-Tal 67

VI. Die waldensisch-hussitische Internationale   70
Von der »Bethlehemskapelle« zum Berg Tabor 70 –
Die waldensisch-hussitische Internationale 72 –
In der Renaissance 76 – Glaubensbekenntnis 1488 81

VII. Die Reformation   82
Luther und die Waldenser 82 – Chanforan 86

Zweiter Teil:
Auf protestantischem Vorposten (1530 bis 1700) 91

I. Die Stunde der Revolution 93
Piemont wird protestantisch 93 – »Dresser l'Eglise« 96 –
Das Martyrium 98

II. Beginn der Unterdrückung 102
Das Massaker von Mérindol 102 – Das Massaker
in der kalabrischen Kolonie 104 – Briefe aus dem Kerker 107

III. Der erste Religionskrieg 109
Der undurchsichtige Emanuel Philibert 109 –
Ein namenloses Pergament 116 – Der Unionsvertrag 119 –
Brief des Arztes Alosianus an die deutschen Fürsten 119

IV. Im Europa der Gegenreformation 122
Die Hugenotten des Herzogs Lesdiguières 122 –
Mönche und öffentliche Disputationen 124 – Der Grabenkrieg
wird organisiert 125

V. Im Italien des Galileo Galilei 129
Scheiterhaufen und Kriege 129 – Bürokratie und Bücher 130 –
Die Pest 133

VI. Der Blutfrühling 136
Der König und die heiligen Krieger 136 –
Der Ring schließt sich 137 – Das Massaker 139 –
Gianavello, der puritanische Bauer 140 –
Das protestantische Europa im Aufruhr 142 – Die Gebannten 144

VII. Die Verbannung 148
Der Schatten von Versailles 148 – Das Januaredikt 149 –
Die drei schicksalsschweren Tage 152 – Die »Unbesiegbaren« 153 –
Aus den piemontesischen »Lagern« in die Verbannung 154 –
Gianavello: Anweisungen für den Guerillakrieg 158

VIII. Die Heimkehr 160
Der Glanz der Marschälle verblaßt 160 – Der lange Marsch 164 –
Der längste Tag 166 – Der Pakt von Sibaud 169

Dritter Teil:
Das Getto in den Alpen (1700 bis 1848)   171

I. Das Getto entsteht   173
Der Tragödie letzter Akt 173 – Hauptkolonien der Waldenser
in Deutschland seit September 1699 180 –
Das Getto 182 – Tourn-Boncoeur und der Sekretär Voltaires 186 –
Die Gesetze im Getto 189

II. Die Revolution   191
Der Freiheitsbaum 191 – Unter den Flügeln des Adlers 193

III. Die Restauration   196
Hinter der Palisade 196 – Ein Bischof voller Tatendrang 198 –
Preußische Diplomaten und englische Reisende 200 –
Der Kampf der Erweckten 202 – Der General 203 –
Das schicksalsschwere Jahr 1848 205 – Das Gnadenpatent
des Königs 1848 207

Vierter Teil:
Eine neue Diaspora entsteht (1848 bis zur Gegenwart)   209

I. Das italienische Vaterland   211
»Entweder werdet ihr Missionare sein...« 211 –
Die Entdeckung Italiens 213 – Das heroische Jahrzehnt 216 –
Die Errungenschaften der Freiheit 220 – Kein Vorrecht,
keine Beschränkung 222

II. Europa ist protestantisch   223
Zwischen Päpstlichen und Antiklerikalen 223 –
Kirche und Mission 225 – Der kulturelle Weg 228 –
Aufbruch von Marseille in den Chaco 230 –
Ein kleiner Winkel im protestantischen Europa 233

III. Das neue Italien   236
Unter Liberalen, Sozialisten und Katholiken 236 –
Die große Krise 239 – Im Schatten des Konkordats 241

IV. Die Gegenwart   245
Die Jahre des Wiederaufbaues 245 – Entwicklung bis zur
800-Jahr-Feier 250 – Die Waldensergemeinden heute 258 –
Dienstanweisungen 1960 261

Anhang	263
Erläuterungen wichtiger Ausdrücke	265
Bibliographie in Auswahl	269
Wichtige Daten der Kirchen- und der Waldensergeschichte	272
Namens- und Ortsregister	280

Liste der Karten

Verbreitung der Armen von Lyon um 1200	29
Verbreitung der lombardischen Armen in Norditalien	35
Waldensertäler im Dauphiné und auf dem italienischen Alpenabhang	57
Verbreitung der waldensischen Bewegung im Mittelalter	75
Vordringen der Reformation um 1530/40	101
Französische Herrschaftsgebiete in Italien im 17. Jahrhundert	151
Marschroute der »Ruhmreichen Heimkehr« 1689	163
Waldenserpfarreien in den Tälern 1800 bis heute	199
Waldensergemeinden in Lateinamerika	231

VORWORT

Das Wort »waldensisch« ruft bei jemand, der es schon einmal gehört hat, zwei verschiedene, aber doch zugleich miteinander verbundene Vorstellungen hervor. Er denkt an eine Kirche und an eine Landschaft. Vor allem an eine evangelische, an eine protestantische Kirche, die in Italien seit vielen Jahrhunderten ihren Dienst tut. Wenn sie auch nur wenige Zehntausend Mitglieder zählt, so hat sie doch durch ihren Platz im italienischen Leben ihre Bedeutung als eine Jahrhunderte alte, nicht röm.-kath. Kirche, die sich während der Reformationszeit konsolidierte und bis heute gehalten hat.

Sodann bezeichnet »waldensisch« den Bereich zweier Täler im westlichen Piemont, das Pellice- und das Chisone-Germanascatal, die bei Pinerolo zusammenlaufen. Sie liegen eingebettet in die Cottischen Alpen. Noch heute heißen sie die »Waldensertäler«. Trotzdem ist es weder die Religionsgemeinschaft noch die Gegend in Piemont, die ursprünglich das Wort »waldensisch« haben entstehen lassen. Man sprach von Waldensern sehr viel früher, schon im hohen Mittelalter, als ein einfacher Mann, wie sie in Schulbüchern kaum erwähnt werden, ein gewisser Valdès oder Valdesius (gewöhnlich Petrus Waldes genannt), eine geistliche Krise durchmacht, die ihn zu einer klaren Entscheidung führt: Er will leben, wie die Apostel gelebt haben.

Mit ihm und seiner Glaubenserfahrung beginnt unsere Geschichte.

Erster Teil

EINE ANDERSGLÄUBIGE DIASPORA
(1170 – 1530)

I.

WALDES UND DIE »ARMEN«

Ein Mann namens Valdesius

»Die Armen von Lyon reichten bis in die Zeit um das Jahr 1170 zurück. Damals lebte in Lyon ein Bürger namens Valdesius oder Valdensis. Nach ihm nannte man sie ›Waldenser‹. Dieser Mann verfügte über beträchtliche Reichtümer. Nach Weggabe seiner Güter wollte er es in der Armut und evangelischen Vollkommenheit dem Vorbild der Apostel gleichtun. Nachdem er sich die Evangelien und andere biblische Bücher sowie Texte des heiligen Augustinus, Hieronymus und Gregorius, die sogenannten Sentenzen, in die Volkssprache hatte übersetzen lassen, begann er, sie mit großem Eifer zu lesen, ohne sie jedoch richtig zu verstehen. Es handelte sich bei ihm um einen sehr von sich eingenommenen Menschentyp mit geringer Bildung, der sich am Ende gar apostolische Vorrechte anmaßte. In seiner Vermessenheit erkühnte er sich, das Evangelium auf den Straßen und Plätzen zu predigen. Dabei gewann er Anhänger beiderlei Geschlechts und zog sie in seine überhebliche Haltung mit hinein. Er schickte auch sie zum Predigen unter das Volk.

Diese ungebildeten Analphabeten zogen von Ort zu Ort, drangen in die Häuser und sogar in die Kirchen ein und verbreiteten überall falsche Lehren. Als der Erzbischof von Lyon sie vorlud und verwarnte, verweigerten sie ihm den Gehorsam. Dabei entschuldigten sie ihr wahnwitziges Tun mit dem Hinweis auf das Apostelwort: ›Man muß Gott mehr gehorchen als den Menschen‹; Gott habe den Aposteln geboten, aller Kreatur das Evangelium zu predigen.

Und so verachteten sie schließlich Prälaten und Kleriker. Sie warfen ihnen Reichtum und behagliche Lebensführung vor. Sie maßten sich an, was allein den Aposteln vorbehalten war – und das unter dem Vorwand, kraft ihres falschen Armutsgelübdes und ihrer heuchlerischen Heiligkeit Nachahmer und Nachfolger zu sein.

Wegen ihres Ungehorsams und der anmaßenden Übernahme einer Aufgabe, die ihnen nicht zukam, nämlich zu predigen, und wegen ihrer Widerspenstigkeit sind sie exkommuniziert und aus ihrer Heimat vertrieben worden.«

Dieser Text aus den Archiven der französischen Inquisition ist ein zwar ehrenvoller, aber dennoch einseitiger Bericht. Ein Beamter hat ihn über die Waldenser im Languedoc Mitte des 13. Jahrhunderts niedergeschrieben. Nach seiner Meinung handelt es sich um gefährliche Elemente, die man überwachen und niederhalten muß, weil sie die Einheit des Glaubens bedrohen. Wer sind nun die »Armen von Lyon« wirklich, die der Erzbischof von Lyon aus der Kirche ausgeschlossen hat?

Die ganze Geschichte nahm ihren Anfang mit dem inneren Erlebnis eines »Mannes namens Valdesius«. Bei ihm handelt es sich um einen gläubigen Menschen mit außergewöhnlicher Persönlichkeitswirkung. Er lebte mit seinen Freunden zusammen, ohne von sich reden zu machen. Er hat nichts Schriftliches hinterlassen. Er hat keine Regeln zur Lebensführung aufgestellt, keine Anordnungen gegeben. Er hat sich schlicht und einfach darauf beschränkt, seines Glaubens zu leben. Die waldensische Bewegung hat seinen Glauben nicht kopiert, nicht nachgeahmt, sie hat ihn nicht nachvollzogen – sie hat ihn neu belebt. Waldes war keine Führernatur, kein Lehrer, kein Modell, sondern ein Mensch, an dem Generationen von Christen sich orientierten.

Eine bedeutsame Tatsache darf nicht übersehen werden. Die Waldenser haben im Unterschied zu den Franziskanern das Leben ihres Gründers nicht mit Legenden und Wundergeschichten ausgeschmückt. Sie haben keinen Heiligen aus ihm gemacht. Sie haben sich darauf beschränkt, an seiner Glaubensentscheidung immer festzuhalten. Das allein schien ihnen wichtig.

Wie hieß dieser Mann nun eigentlich? Sein Name ist uns in der lateinischen Form überliefert: Valdesius oder Valdensis. Vermutlich wurde er in der Volkssprache Valdes oder Vaudès genannt. Wir wissen nichts über seine Herkunft, seine Jugend und seine letzten Lebensjahre. Die Tradition will ihn verheiratet wissen und Vater von zwei Töchtern. Die Einstellung seiner Familie zu dem, was uns hier interessiert, ist nicht ganz klar.

Er war ein reicher Mann, sehr wahrscheinlich ein Kaufmann, sicher kein kleiner Krämer, sondern ein Großkaufmann, der weitreichende Interessen und überall die Hand im Spiel hatte, auch in den politischen Ereignissen und in den Geschäften der Kurie von Lyon, wie manche Unternehmer auch heutzutage es gewohnt sind, in der Lobby zu wirken. Er war reich und deshalb natürlich der Kritik ausgesetzt. Man sagt ihm nach, er habe als Wucherer die armen Leute ausgebeutet.

Zwischen 1170 und 1180 ereignet sich in seinem Leben etwas, das ihn zu einer radikalen Sinnesänderung führt. Was sich tatsächlich ereignet haben mochte, werden wir vielleicht niemals erfahren. Als man sich in der Folgezeit für seine Lebensgeschichte interessierte und Nachrichten darüber sammelte, zirkulierten sehr verschiedene Versionen über seine Lebenskrise. Teilweise sind sie wunderlich genug und deshalb erwähnenswert.

Ein Chronist erzählt, Waldes sei eines Tages aus der Messe gekommen und habe sich auf der Piazza mit seinen Freunden unterhalten. An einer Ecke sang ein fahrender Spielmann ein Lied, das er wie heutzutage mit seinem Instrument begleitete. Er erzählte von dem berühmten altkirchlichen Heiligen Alexius. Dieser Mann entstammte einer vornehmen, begüterten Familie und war dementsprechend verwöhnt. Am Abend seiner Hochzeit hatte er sein Vaterhaus in Rom verlassen und war als Pilger ins Heilige Land gezogen. Nach ein paar Jahren kam er von dort zurück, übel zugerichtet von seinen Leiden, daß ihn niemand wiedererkennt. Sie ließen ihn in einem Verschlag unter der Treppe sterben. Erst nach seinem Tod wurde seine Identität entdeckt. Solche Ereignisse mit echt theatralischem Effekt gefallen dem einfachen Volk. Da ist alles drin: der Orient, der Reichtum, der Tod und der fahrende Sänger, der das alles erzählt. Es ist fast wie heute im Kino. Waldes ist von dieser Lebensgeschichte des Alexius betroffen. Er lädt den Spielmann in sein Haus und läßt ihn die Geschichte ein zweites Mal vortragen. Am Ende empfindet er das Schicksal des Alexius als ein nachahmenswertes Vorbild, als einen Ruf, es ihm gleichzutun und auf alle seine Güter zu verzichten.

Nach einer anderen Chronik ist sein Entschluß herangereift, als er sich zu einem seiner theologischen Freunde in die Kathedrale begab. Er hatte eine Frage auf dem Herzen. Nach längerem Gespräch greift der Priester, der nicht mehr wußte, was er dem innerlich umgetriebenen Kaufmann noch weiter als zufriedenstellende Antwort sagen sollte, zum Evangelium und liest ihm den Bericht von dem reichen Manne vor, den Jesus zur Nachfolge auffordert, nachdem er alle seine Güter verkauft habe (Matth. 19, 21).

Eine spätere, schon etwas romanhafte Chronik suggeriert noch eine andre Hypothese. Waldes sei durch den plötzlichen Tod eines Freundes während eines Festmahles in die Krise gestürzt worden. »Wenn ich jetzt in diesem Augenblick hätte sterben müssen, was wäre dann aus meiner Seele geworden?« so habe er sich gefragt. Nach wochenlanger Ungewißheit habe Waldes den Entschluß zur Änderung seines Lebens gefaßt.

Obwohl diese Erzählungen nicht ohne phantasievolle Elemente sind, enthalten sie doch eine Wahrheit: Die Lebenskrise des Waldes war geistlicher Natur und wurde von ihm als ein Problem im Zusammenhang mit dem Evangelium erlebt. »Waldes«, so hat ein Historiker geschrieben, »ist ein Mensch des Mittelalters, der in seiner Stadt dem Christus der Evangelien begegnet ist.«

Mehr als der Anstoß zur Lebenskrise des Waldes interessieren uns indessen die Konsequenzen, die er daraus zog. Auch sie sind auffallend. Er läßt Teile der Heiligen Schrift in die Volkssprache, wie man sie in der Umgebung von Lyon redete, übersetzen – er will sie lesen können. Das war die eine – und die andere Konsequenz: Er verzichtet auf seine berufliche Tätigkeit und auf seine Güter. Er verteilt sie unter die Armen und lebt von Almosen.

Diese beiden Entschlüsse hängen eng miteinander zusammen. Wir wissen nicht, ob einer vor dem anderen oder ob beide gleichzeitig gefaßt wurden. Der finanzielle Aufwand für das Übersetzen und Abschreiben der biblischen Schriften muß erheblich gewesen sein. Wir können davon ausgehen, daß er diese Kosten nur aufbringen konnte, als er noch im Besitz seiner Güter war. Die heiligen Schriften zu lesen, ist nichts Besonderes und steht nicht im Gegensatz zu den Richtlinien der damaligen Kirche. Aber hier geht es darum, sie in der Sprache des Volkes zu lesen und auszulegen – und das in aller Öffentlichkeit und noch dazu durch einen Mann, der kein Priester war.

Weniger ungewohnt ist das Armutsgelübde. In der mittelalterlichen Gesellschaft legen es viele Menschen ab: Mönche und Einsiedler. Der Fall Waldes aber ist doch anders gelagert. Er tritt in kein Kloster ein, er bleibt Laie. Und das tut er absichtlich. Zum anderen scheint er seiner Armut nicht den Charakter eines verdienstvollen Werkes zu geben; sie ist vielmehr eine Geste der Verachtung von materiellem Besitz. Die Chroniken erzählen: Als er seine letzte Habe verteilte, machten die Leute vor seinem Haus sich über sein Tun lustig, worauf er ihnen sagte: »Mitbürger und Freunde, ... ich bin nicht verrückt, wie ihr meint, sondern ich habe mich an den Feinden gerächt, die mich bislang unterdrückten und mich so weit brachten, das Geld mehr zu lieben als Gott. Ich habe es um meinet- und um euretwillen getan: für mich, damit ihr, wenn ich künftighin noch etwas besitze, mich für verrückt erklärt; für euch, damit ihr lernt, eure Hoffnung auf Gott und nicht auf den Reichtum zu setzen ...«

Die »Armen«

Bald schon sammeln sich um Waldes Freunde und Bekannte. Sie fühlen sich durch sein Reden und vor allem durch die völlig neue Glaubenserfahrung angezogen. Es entsteht eine Art kleiner Gemeinschaft, die sich einen bezeichnenden Namen gibt: »Die Armen im Geist«. Diesen Ausdruck hat Jesus gebraucht, als er mit seinen Jüngern in der Bergpredigt sprach (Matth. 5, 3). Waldes und seine Freunde wollen damit sagen, was ihnen als Ideal vorschwebt: eine Gemeinde zu bilden wie die ersten Jünger Jesu, die von seinem Wort lebt und ihm gehorsam ist.

Das Bestechende an dieser Gemeinschaft ist die Freiheit, mit der der christliche Glaube gelebt wird, eine Freiheit voller Freude und Erfindungsgabe. Die Kirche verachten, sich gegen ihre Autorität auflehnen – von diesem Gedanken sind sie meilenweit entfernt. Diese »geistlich Armen« wollen den christlichen Glauben weder verändern noch revolutionieren, sie wollen ihn nur in seiner ursprünglichen Reinheit neu beleben. Ihre Bewegung ist im Grunde eine »Erweckungsbewegung«, die an andere mittelalterliche und spätere derartige Bewegungen erinnert – denken wir

z. B. an die ersten methodistischen Gruppen in den englischen Städten im 18. Jahrhundert.

Man darf sich durch den Ausdruck »Arme« nicht täuschen lassen und sie sich nicht als eine Schar von Bettlern und Hippies vorstellen, die sich auf den Straßen herumtreiben. Es sind vielmehr Männer und Frauen aus allen sozialen Schichten; den ursprünglichen Kern allerdings bildeten wohl Personen, die ihren Beruf in den Städten ausübten – Kaufleute und Handwerker. Auch die Priester fehlten nicht. Sehr bald schon hat sich eine Gruppe Intellektueller um Durand von Huesca gebildet, der zum theologischen Sprecher dieser Gruppe wird. Die Beschäftigung mit dem Evangelium hat diese Menschen für das Problem des Leidens, des Elends und der menschlichen Not in ihrer Umgebung empfindlich gemacht.

Was bei ihnen am meisten beeindruckt – auch der bereits zitierte Inquisitor hat das sehr richtig gesehen – ist die Idee, »wie die Apostel« leben zu können und zu müssen, als Christen, aber von einer besonderen Mission erfüllt: »Das ist unser Entschluß: Bis zum Tode an unserem Gottesglauben und den Sakramenten der Kirche festzuhalten ... und nach der Gnade, die Gott uns geschenkt hat, frei zu predigen; wir werden um keinen Preis davon ablassen.«

So wird Durand es wenige Jahre später zum Ausdruck bringen. »Frei« bedeutet nicht: in ungeordneter Weise, sondern einfach, daß man Gott die Freiheit zugesteht, seine Sprecher in der Kirche auszuwählen. Ihre Predigt ist einfach, direkt, ohne Spitzfindigkeiten. Sie behaupten nicht, neue Lehren zu bringen; sie begnügen sich damit, das Volk zur Umkehr, zu guten Werken, zu einem wahrhaft christlichen Leben zu rufen. Sie zögern nicht, in ihre Predigttätigkeit auch die Frauen mit einzubeziehen, sehr zum Ärger der Konservativen, vor allem des Klerus. Damit tasteten sie eines der radikalsten Vorurteile gerade der damaligen Zeit an. Die Worte Jesu an seine Jünger in der Aussendungsrede (Matth. 10) werden richtungweisend für ihre Haltung. Am Ende ahmen sie die Apostel buchstäblich nach: Sie sind zwei und zwei unterwegs, gekleidet in grobes Tuch, leben von Almosen, tragen Sandalen, weshalb man sie auch spöttisch »Sandalenträger« nennt.

Das Problem der »Armen« ist also gar nicht die Frage der Armut und des christlichen Lebenswandels – es ist die Predigt des Evangeliums und der Vollmacht der christlichen Gemeinde. Neue Zeiten ziehen herauf. Eine neue Gesellschaft ist im Entstehen. Wie werden die Christen auf den Ruf Jesu reagieren? Das ist die Frage. Weit davon entfernt, ein Abfallprodukt mittelalterlicher Frömmigkeit zu sein, bilden vielmehr Waldes und seine Anhänger das Herz der Christenheit. Sie sind eine unbedeutende Minderheit, aber wie so oft in der Geschichte – man denke nur an das Dissidententum in der Sowjetunion – eine Minderheit, die fundamentale Fragen aufwirft, über denen das Schicksal einer Gesellschaft verspielt wird.

Zwei Dinge von vielen seien hervorgehoben, um ihre Haltung zu verstehen und obendrein ihr daraus folgendes Schicksal. Die »Armen« wollen predigen, aber sie wollen Laien bleiben. Sie gründen keinen religiösen Orden, sie treten in kein Kloster ein. Sie lehnen die Ernennung eines Oberhauptes, eines »praepositus« ab, also eines Mannes, der irgendwie für sie verantwortlich bei den Behörden einstehen soll. »Jesus«, sagen sie, »ist unser praepositus; es ist seine Sache, unsere Initiative zu verantworten.«

Nicht zufällig verwenden sie zur Beschreibung ihrer Gruppen einen Ausdruck aus der Handelssprache – »societas«, »Gesellschaft«, d. h. eine Gruppe von »Gefährten«. Nicht eine Bruderschaft, kein Konvent, sondern eine Vereinigung von Leuten, die gemeinsame Ideen und Interessen haben wie die Kaufleute, wenn sie eine Handelsgesellschaft gründen. Sie wissen sich durch einen missionarischen Auftrag untereinander verbunden.

Zum anderen wollen sie nichts weiter sein als Menschen, die am Leben ihrer Stadt teilhaben. Sie sind nicht auf der Flucht in die Wüste wie so viele Einsiedler, sondern sie suchen die Kirchen, die öffentlichen Plätze und Häuser auf, um ihre Botschaft weiterzutragen. Sie sind und bleiben Bürger in Lyon, einer der größten Städte des Abendlandes, wo die Kreuzfahrer durchzogen und der heilige Bernhard predigte, wo gerade damals mit dem Bau der Kathedrale des heiligen Johannes begonnen wurde, um dem Lebensdrang und der Bildung der neuen Gesellschaft Ausdruck zu verleihen. Das ist ihre Welt, und dort spielt sich ihre Berufung ab.

Die Exkommunikation

Das alles war nicht revolutionär, aber die Hierarchie konnte es nicht zulassen. Erzbischof Guichard nahm zunächst die Initiative des Waldes und der »Armen« wohlwollend auf. Trotzdem kam es sehr schnell zum Zusammenstoß über den einen Punkt, der für beide Seiten fundamentale Bedeutung hatte: die Predigttätigkeit. »Zum Predigen sind wir Bischöfe da«, sagt Guichard, »es ist unsere Aufgabe, und wir haben das Recht dazu als Nachfolger der Apostel.« »Im Gegenteil«, antworten die »Armen«, »alle haben das Recht dazu, sofern sie wie die Apostel Jesu leben.«
Gerade als die ersten Meinungsverschiedenheiten auftraten, wird das III. Laterankonzil 1179 in Rom abgehalten. Die »Gefährten« des Waldes machen sich auf die Reise in die Ewige Stadt, um den Vätern der Kirche ihr Problem vorzutragen.

Die Konzilsversammlung, das erste große Tribunal der römisch-katholischen Kirche, sanktioniert den neuen Kurs der päpstlichen Politik und den (endlichen) Sieg Gregors VII.

Die Kirche hat sich nicht nur von der Vormacht des Kaisers befreit, sie hat vielmehr ihr Selbstbewußtsein gefunden. Ein Konzil des Sieges also – und dennoch schleicht die Furcht durch die Reihen der Teilnnehmer. Die Bischöfe des Languedoc und aus der Provence melden das bedrohliche Vorrücken der Katharer, was das neu erworbene Gleichgewicht bedenklich gefährdet.

Die Bewegung der Katharer (vom griechischen Wort katharos = rein) ist ursprünglich eine evangelische Bewegung, wie es viele andere im mittelalterlichen Frankreich gab. Sie betont verschiedene evangelische Wahrheiten, so die Reinheit und die Treue. Unter dem Einfluß dissidentischer Bewegungen aus der orientalischen Welt, insbesondere der Bogumilen, wendet sie sich unverkennbar philosophischen Gedankengängen zu. »Die Welt ist der Schauplatz eines Kampfes zwischen Gut und Böse«, sagen die Katharer, »und der Gläubige muß daran teilnehmen, indem er auf alles Materielle verzichtet, denn das ist das Böse.«

Die Ablehnung der Ehe (sie wird als etwas Böses angesehen, da sie ja andere Wesen zeugt), der Verzicht auf bestimmte Speisen, ein sehr strenges Leben, der Verzicht auf Reichtümer und die Fastenpraxis charakterisieren die Mitglieder der Bewegung. Sie breitet sich allmählich dank ihrer strengen Organisation und mit Hilfe der führenden Schichten im Languedoc aus. Das Katharertum ist in der Tat keine einfache Ansichtssache, sondern eine echte religiöse Gemeinschaft mit ihren Dienern (»bons hommes«), den Vollmitgliedern (»perfecti«) und den Sympathisanten. Sie hat ihre Riten, Zeremonien, ihre heiligen Bücher und beratenden Versammlungen.

Im Kampf gegen den Luxus des Klerus und die Macht der Kirche stoßen die Katharer auf Sympathie bei denen, die im Widerstreit zur Politik der gregorianischen Reform stehen, nämlich bei den Adligen, den Kaufleuten und anderen. Die provençalische Gesellschaft, die fortschrittlichste in Europa – das sollte man nicht vergessen – wird davon erfaßt. Die traditionelle Kirche ist in die Verteidigung gedrängt.

Die »Armen« begeben sich voll Vertrauen nach Rom, und hier nehmen »die Väter« nach einer alten Überlieferung sie wohlwollend auf. Es heißt, der Papst selbst habe sie empfangen und eine ihrer Bibelübersetzungen als Geschenk angenommen. Aber der englische Mönch Walter Map gibt sich beim Verhör alle Mühe, sie lächerlich zu machen. Es gelingt ihm dabei, auf dem Gebiet der großen Theologie ihre Unwissenheit offenbar zu machen. Ein Verdammungsurteil wird jedoch nicht über sie gefällt; sie werden einfach der Amtsgewalt ihres Bischofs zurückgegeben.

Trotz der erlittenen Enttäuschung predigen sie nach ihrer Rückkehr nach Lyon weiterhin in der Öffentlichkeit, und das nicht nur in evangelistischem Sinn, indem sie zur Buße und zu guten Werken auffordern, sondern in theologischem Sinn, indem sie sich an die Verteidigung des christlichen Glaubens gegen die Lehren der Katharer machen. Man will Christen, die auf dem Evangelium gründen, keine neuerungssüchtigen Häretiker.

Dieses Bewußtsein, völlig zum Leib der Kirche zu gehören, und dieser Wille, für die Sache des Evangeliums zu kämpfen, wurde durch eine einmalige Tatsache bewiesen, die erst vor wenigen Jahren ans Licht kam. Um das Jahr 1180 kam der päpstliche Legat Henri de Marcy zur Visitation nach Südfrankreich, um hier den Kampf gegen das Katharertum zu organisieren. Er verhört Waldes, und zur Prüfung seiner Einstellung läßt er ihn eine katholische Glaubenserklärung unterschreiben, wie sie jeder

Bischof bei seiner Ernennung unterzeichnet. Ohne Zögern unterschreibt Waldes; so klar ist seine Einstellung.

Er fügt aber von sich aus einen Satz hinzu: Er will in Armut leben im Gehorsam gegenüber dem göttlichen Gebot. Die Sache ist grundlegend, auch wenn sie scheinbar keine Folgen hatte. Vielleicht ohne sich darüber im klaren zu sein, behauptet er auf diese Weise, daß seine Berufung nicht durch die Kirche geschieht, sondern vom Herrn selbst (die Armut ist kein »Rat« zur Vollkommenheit, wie die Mönche sie ansehen, sie ist ein göttliches Gebot), eine Berufung, die das Evangelium direkt an ihn gerichtet hat, an ihn, den Laien, ohne Mittelsperson.

Als deshalb die Hierarchie aus Mißtrauen gegenüber jeder Laienaktivität, die der Kontrolle ausweichen könnte, ihm das Predigen verbietet, verweigern Waldes und die »Armen« den Gehorsam. Sie berufen sich zu ihrer Rechtfertigung auf das Petruswort vor dem Hohenrat: »Urteilt selbst, ob es besser ist, Gott zu gehorchen oder den Menschen« (Apg. 4, 19). So wird aus Waldes ein wirklicher Petrus – jener Apostel, der das Wort seines Herrn gegen den Druck der kirchlichen Tradition verteidigt. Aus Lyon vertrieben, beginnen die »Armen« ihre Mission im Languedoc, noch nicht verdammt, aber sehr verdächtigt.

Sie betrachten sich weiterhin als katholische Christen. Sie entfalten eine außergewöhnliche polemische und missionarische Aktivität, schreiben Traktate und organisieren öffentliche Aussprachen. Sie predigen auf Plätzen und Straßen gegen die katharische Häresie. Für die »bons hommes« ist es nicht leicht, ihnen zu antworten. Auch sie sind »Arme«, leben wie die Apostel.mit der Bibel in der Hand; sie leben nicht wie die Priester.

Eine fundamentale Erfahrung formt ihre Gemeinschaft um. Sie begegnen nicht nur Katharern, sondern vielen anderen Dissidenten: Petrobrusianern, Henricianern und anderen, die der römischen Institution Irrlehren vorwerfen, auf die sie bis jetzt nicht geachtet hatten: die Macht, den Luxus, eine durch den Heiligen- und Reliquienkult verderbte Lehre, die Fürbitten für die Toten und anderes. Indem sie diese Gedanken in sich aufnehmen, werden sie allmählich aus einer frommen Bewegung zu einer Protestbewegung und neigen zum Radikalismus. Die Folge ist eine härtere Haltung der kirchlichen Macht, die ihre Vernichtung beschließt, wie man das mit allen Dissidentenbewegungen getan hatte.

Die »Armen« werden vor allem auf kultureller Ebene disqualifiziert. Erstrangige Männer wie Alain von Lille, Professor in Montpellier, und Bernhard, ein gelehrter Mönch von Fontcaude, werden schnell mit dem waldensischen Phänomen fertig. Nach ihrem Urteil sind die Waldenser ohne jede Bedeutung. Auf theologischem Gebiet sind sie Ignoranten, die sich gerne hervortun, ohne studiert zu haben, geschwätzige Autodidakten. Sozial gesehen sind es Faulenzer, die vom Bettel leben, eine Schar langhaariger Jünglinge und hysterischer Mädchen. Moralisch ist ihre Betrügerei ohnehin durchsichtig. Es handelt sich um doppelzüngige Leute, die vorgeben, ein Gespräch um die Erneuerung des Glaubens führen zu wollen; stattdessen säen sie die Rebellion.

Die Unterdrückung geschieht aber nicht nur kulturell, sondern auch politisch. Die französischen Bischöfe fordern das Konzil zu Verona auf, daß man sie auf die Liste der verdammten Bewegungen setze (1184). Der Bischof von Narbonne spricht 1190 die Verdammung wegen Ketzerei aus. Alfons von Aragon, zu dessen Herrschaftsbereich auch die Provence gehört, verjagt sie aus seinen Staaten. Der Bischof von Toul fordert ihre Verhaftung und gerichtliche Aburteilung. Von nun an, kann man sagen, ist das Schicksal der Waldenser im Bereich der römischen Kirche beschlossene Sache.

Nackt dem nackten Christus nachfolgen

Wir haben auf dem römischen Konzil unter Papst Alexander III. Waldenser gesehen, einfache Männer, Analphabeten. Sie nennen sich nach ihrem Anführer Valdès, einem Lyoner Bürger..., sie baten dringend um die Erlaubnis zum Predigen. Sie hielten sich für erfahren genug, während sie kaum in den elementarsten Dingen Bescheid wußten...[1]
Ich als letzter von den vielen Delegierten nahm mir jeden vor, der diskutieren wollte. Ich beschränkte mich auf ein paar elementare Fragen... bei ihren Antworten wurden sie von allen ausgelacht und zogen beschämt von dannen...
Diese Leute haben keinen festen Wohnsitz, sie ziehen zwei und zwei durchs Land mit nackten Füßen, in Wollkleidern. Sie haben keinen eigenen Besitz, sondern haben alles gemeinsam nach dem Vorbild der Apostel, sie folgen nackt dem nackten Christus nach. Noch ist ihre Zahl klein, sie haben noch nicht Fuß gefaßt. Wenn wir sie gewähren lassen, werden sie uns verjagen...
Quelle: Walter Map, De nugis curialium (Kurienpossen) im Enchiridion Fontium Valdensium I, herausgegeben von Jean Gonnet, S. 122 ff.

Das Glaubensbekenntnis des Waldes (1180)

Im Namen des Vaters und des Sohnes und des Heiligen Geistes und der seligen, immerwährenden Jungfrau Maria. Alle Gläubigen mögen wissen, daß ich, Valdesius, und alle meine Brüder vor den heiligen Evangelien erklären, daß wir von ganzem Herzen glauben und öffentlich bekennen, daß der Vater, der Sohn und der Heilige Geist drei Personen sind, ein einziger Gott...
Wir glauben fest und erklären ausdrücklich, daß die Fleischwerdung der Gottheit nicht im Vater und nicht im Heiligen Geist geschah, sondern nur im Sohn, ebenso wie der Sohn Gottes des Vaters auch wahrer Mensch war...
Wir glauben an eine allgemeine, heilige, apostolische und makellose Kirche, außerhalb derselben niemand selig werden kann, ebenso auch an die Sakramente, die von ihr verwaltet werden. Durch die unsichtbare und unbegreifliche Wirkung des Geistes ist es erlaubt, daß sie auch von einem sündigen Priester verwaltet werden.
Wir glauben fest an das zukünftige Gericht und daran, daß jeder einzelne seinen Lohn oder seine Strafe empfängt für das, was er im Leben getan hat. Wir ziehen nicht in Zweifel, daß Almosen, Opfer und andere gute Werke den verstorbenen Seelen helfen können.
Und weil nach dem Apostel Jakobus der Glaube ohne Werke tot ist, haben wir auf diese Welt verzichtet und all unseren Besitz unter die Armen ver-

---

[1] Der Mönch fragt, ob sie an Gott, den Vater, den Sohn und den Heiligen Geist glauben. Die Waldenser bejahen diese Frage, sie beantworten aber auch die Frage »Glaubt ihr an die Mutter Christi?« mit Ja. Es handelt sich für die Theologen dabei um einen schweren Fehler; denn das Verbum »credere in« (glauben an) konnte in der damaligen Scholastik nur für die Personen der Trinität gebraucht werden.

teilt, wie das von Gott gewollt ist. Wir haben beschlossen, selber arm zu sein, ohne uns von den Sorgen für den morgigen Tag umtreiben zu lassen und von niemand weder Gold noch Silber noch sonst irgend etwas anzunehmen außer Kleidung und täglicher Nahrung. Wir haben uns zum Vorsatz gemacht, die consilia evangelica als Gebote zu erfüllen.

Wir glauben, daß auch der, der in der Welt leben bleibt und seine eigenen Güter behält, Almosen gibt und mit seiner Habe gute Werke tut und die Gebote des Herrn hält, gerettet werden kann.

Wir haben dieses Bekenntnis niedergeschrieben, damit für den Fall, daß irgend jemand sich zufällig bei euch vorstellt und behauptet, einer der Unseren zu sein, ihr gewiß wißt, daß er keiner der Unseren ist, wenn er nicht diesen Glauben bekennt.

Quelle: »Profession de foi de Valdès« (Glaubensbekenntnis des Waldes) aus dem Jahr 1180, im Enchiridion Fontium Valdensium I, S. 32 ff., herausgegeben von Jean Gonnet.

II.

JAHRE DER KRISE

Die Lombarden

Die waldensische Lehre breitet sich sehr rasch bis über die Alpen aus. Sie erreicht die Lombardei in Norditalien und damit eine Gegend von fundamentaler Bedeutung in der mittelalterlichen Geschichte. Wie Montpellier und Chartres Symbole für die Kultur des 13. Jahrhunderts sind, so sind es Mailand und Piacenza wegen ihrer wirtschaftlichen Blüte. Norditalien ist das andere Gesicht des neuen Europa, wo sich der politische Kampf zwischen Kaiser und Papst abgespielt hat und wo man gerade dabei ist, die Zukunft der mittelalterlichen Kultur zu verspielen.

In der Lombardei ist der antikirchliche Protest zu Hause, und das seit Jahrzehnten nicht nur in der aristokratischen Erscheinungsform der Katharer (die in allen Städten blühende Gemeinden haben), sondern in einer sehr viel umfassenderen und volkstümlicheren Form. Hier hat die »Pataria« ihre Wirkung getan, die urwüchsige und gefühlsgeladene Bewegung des einfachen Volkes gegen den politisierenden, verderbten Klerus, wobei sie die päpstliche Politik geschickt auszunutzen wußte. Als religiöses Phänomen ist die Pataria überwunden, aber es bleibt eine patarinische Mentalität lebendig, das heißt eine kompromißlose kritische Mentalität. Hier sind die Arnoldisten, die Schüler des Arnold von Brescia, noch am Werk. Nachdem er alle Dissidentengebiete Europas mehrmals besucht hatte, hat es dieser geniale Schüler Abälards verstanden, seine Universitätsbildung in einer Volksbewegung nach Rom hineinzutragen.

Als erster hat er die Frage aufgeworfen nach einer Trennung der religiösen und politischen Macht und sich bemüht, ihr Gestalt und Wirklichkeit zu geben.

In diesem Zusammenhang schalten sich die »Armen« anders ein als im Languedoc. Sie präsentieren ihre Botschaft nicht als ein neues Element, sondern sie sammeln und katalysieren durch ihre Präsenz die Gärstoffe der Krise und der religiösen Unruhe. Sie übernehmen das dissidentische religiöse Erbe in der Lombardei und geben ihm Form und Stimme. Sie strahlen eine Anziehungskraft aus, nicht weil sie zahlenmäßig einflußreich sind, sondern weil sie die klarsten Gedanken haben.

Zwischen den sektiererischen Theorien der Katharer und der antiklerikalen Unduldsamkeit der Arnoldisten können sie ihren Erneuerungswillen ansiedeln. Sie können der von ihnen eingenommenen Position Motivationen aus dem Evangelium geben und nicht zufällige, etwa mit der kaiserlichen Politik und der Korruption des Klerus in Zusammenhang stehende, sondern Motivationen, die aus christlichem Geist formuliert sind.

Man muß aber schon jetzt feststellen, daß die Haltung der »Armen« in der Lombardei gegenüber der Lyoner Linie autonom ist. Man spricht schon sehr bald von den »Lombardischen Armen« und den »Pedemontani« im Unterschied zu den »Lyonern« und »Ultramontanen«. Wie läßt sich dieser italienische Weg des Waldensertums charakterisieren? Das apostolische Leben – so sagen die Lombarden – ist der Angelpunkt für jede christliche Gemeinde. Eine missionarische Reisetätigkeit ist nicht damit verbunden. Man kann es leben in einem konkreten Engagement. Sein wie die Apostel kann bedeuten: in Armut leben und als Prediger durch die Lande ziehen; aber es kann auch bedeuten: zusammen mit den Brüdern ein Leben führen, das auf den Nächsten ausgerichtet ist.

Der grundlegende Bezugspunkt im Evangelium war für die »Armen« aus Lyon die Aussendungsrede Jesu (Matth. 10), für die Lombarden die Erfahrung der ersten christlichen Gemeinde (Apg. 1–4). Nicht zufällig war der große Diskussionspunkt die Frage der Arbeit. Nach den »Armen« aus Lyon ist sie eine Fessel, ein Hindernis, eine Versuchung zum Reichtum. Für die »Lombarden« ist sie eine Möglichkeit zum Dienen, eine besondere Form des Zeugnisses, ein Sich-Einfügen in das konkrete Leben. Die charakteristische Persönlichkeit der »societas valdesiana« der ersten Jahre in Lyon ist der Wanderprediger, der wie die fahrenden Sänger durch die Welt zieht, ein Rufer zur Umkehr. Die zentrale Persönlichkeit der »lombardischen valdesia« ist der Handwerker, der Wollkämmer aus der Textilindustrie, der bedeutenden damaligen Industrie, der Arbeiter.

27

Die »Lombardischen Armen« charakterisiert deshalb ihr ausge-
prägter Sinn für Solidarität ebenso wie ihre große organisatorische Fähigkeit; ihr Leben und ihr Zeugnis vollzieht sich nicht
mehr wie in Lyon in einem etwas euphorischen, ungezwungenen
Klima, sondern im Rahmen einer festen Ordnung. Sie ernennen
in der Tat geeignete verantwortliche Leute und ihre Leitungs-
gremien. Johannes von Ronco aus Piacenza wird gleich auf Le-
benszeit gewählt.

Waldes repräsentiert immer das Vorbild der Bewegung; aber
die lombardische Richtung, die man als den linken Flügel
bezeichnen könnte, scheint sich vom ursprünglichen Geist zu
entfernen und ihren eigenen Weg zu suchen. Johannes von
Ronco, der lombardische Organisator, scheint deshalb in den
Augen des alten Waldes die Hoffnungen und Ideale der ersten
Stunde zu verraten. Dasselbe darf man von der konservativen
Richtung sagen, die erneuten Kontakt zur römischen Institution
suchte.

Dieser unterschiedliche Standpunkt und die wachsende Opposition der Hierarchie führen nach wenigen Jahren zu einer schweren inneren Krise, die 1205 zum Ausbruch kommt: Waldes bricht
mit den lombardischen Gruppen und schließt sie aus seiner Gemeinschaft aus. Bald nach dem Tode des Waldes werden Durand
von Huesca und Gruppen seiner Richtung wieder in die römische
Kirche integriert mit dem Versprechen, einen religiösen Orden
zu gründen, die »Katholischen Armen«.

Der Kreuzzug

Das alles geschieht um die Jahre 1206 bis 1207, etwa 30 Jahre
nach dem Beginn der Bewegung, im empfindlichsten und schwie-
rigsten Augenblick der mittelalterlichen Kirchengeschichte. Zur
Zeit der Bekehrung des Waldes stellte der Katharismus eine
Bedrohung der Kirche dar und war nach und nach immer größer
geworden. Diese Bewegung findet Gesinnungsgenossen unter
dem Adel und den Kaufleuten; sie bedroht die Fundamente des
Gebäudes der Christenheit. Die Waldenser hätten den Vormarsch aufhalten können, aber man hat sie als Christen ohne

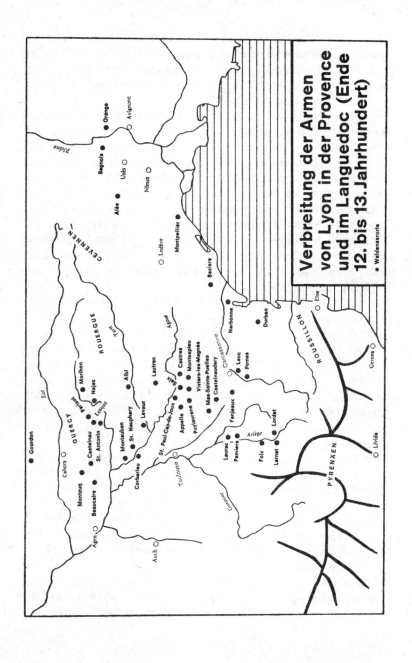

Bekenntnis eingestuft. Die Zisterzienser müssen sich trotz ihrer großen Missionspredigten geschlagen zurückziehen und werden von den Leuten in der Provence verjagt und ausgepfiffen, als sie wohlbeleibt zu Pferde daherkommen und vorgeben, das Volk »evangelisieren« zu wollen.

Ein spanischer Priester, Domenicus Guzman, hatte eine exakte Vorstellung: die Lebensweise der Dissidenten übernehmen und dadurch die katholische Verkündigung aufrechterhalten; die Form des Dissenses aufnehmen, ihn inhaltlich stärken und so die Dissidenz wieder in das Gefüge der neuen Kirche einmünden lassen; unter das Volk gehen, barfuß und bettelnd, wie die »Armen«, die Waldenser, und die »bons hommes« der Katharer, und so dem Volk die Botschaft des Evangeliums als traditionellen Gehorsam gegenüber dem Papst vortragen. In den umbrischen Bergen beginnt indes eine andere außergewöhnliche Persönlichkeit, Franz von Assisi, ebenfalls eine völlig ungewohnte Bemühung um den Glauben.

Über alledem taucht die Gestalt des großen Papstes Innozenz III. auf. Er ist gerade dabei, das Papsttum in eine absolute Monarchie zu verwandeln. Die christliche Religion steht nicht mehr im Dienst der weltlichen Macht, sondern sie selbst ist Macht, welche die bürgerliche Ordnung ihren eigenen Zwecken dienstbar macht. Die weiche Linie des Domenicus, die Häretiker mit Nachsicht und Geduld wiederzugewinnen, findet die Bewilligung des Papstes. Er verschließt auch Franz nicht die Türe; sein größter Erfolg ist die Wiedereingliederung der Waldensergruppe um Durand von Huesca und um Bernhard Prim.

Die Früchte scheinen zu reifen, aber nicht schnell genug angesichts der katharischen Bedrohung. Die Politik der unversöhnlichen Bischöfe vom Typ eines Henri de Marcy hat die Oberhand gewonnen. 1208 wird der Kreuzzug gegen die Katharer, nach ihrer Stadt auch Albigenser genannt, entfesselt. Der heilige Krieg, jahrzehntelang gegen die Mauren gepredigt, überrollt nun die Christenheit und zerstört dabei auch viele waldensische Gemeindegruppen.

Zwanzig Jahre lang war das Languedoc von der gewaltsamen Unterdrückung in Blut getaucht. Dabei wurde nicht nur die am weitesten entwickelte Kultur jener Zeit vernichtet, sondern der

Gedanke faßte in der Kirche und von hier aus im gesamten Abendland Fuß, daß jede ideologische Abweichung ausgelöscht werden müsse. Einer der Fixpunkte im europäischen Denken lautet jetzt: »Der Häretiker muß sterben«, der religiöse Häretiker, der politische, der Bildungshäretiker, letzten Endes jeder, der anders dachte als die Mächtigen. Auf der großen Versammlung des IV. Laterankonzils (1215) bekam diese Formulierung ihre Sanktion: Der Ketzer wird gewaltsam vernichtet, der Kreuzzug ist rechtens und nicht nur eine Randerscheinung. Er gehört zum sichtbaren Bild einer rechten Kirche. Das Konzil nimmt die vereinheitlichte Formulierung Innozenz' III. auf, beschließt die Verpflichtung zur einmaligen jährlichen Beichte und die Parochialstruktur der Kirche als Kontrollorgane. Das Volk wird immer weniger Gemeinde und immer mehr Untertan des Klerus.

Die waldensische Lehre war abgeschlagen. Die Kirche hat ihre Wahl getroffen, eine andere Entscheidung, als die »Armen« vorschlugen. Nicht nur das, sie hat auch damit begonnen, alle Formen evangelischer Dissidenz im gesamten Abendland grausam und gewalttätig zu unterdrücken. Was wird aus der winzigen »societas valdesiana«, die verstreut lebt vom Languedoc bis hinüber in die Lombardei? Zermalmt von den großen politischen und religiösen Kräften, teilweise wieder hereingeholt in die katholische Welt, innerlich zerspalten scheint sie dazu bestimmt, im Laufe weniger Jahre zu verschwinden.

Bergamo

Gerade angesichts der Unterdrückung finden sich die Waldenser selbst wieder. Ihr missionarisches Gewissen und der Wille zur Einigkeit sind erwacht. In Rom hat man ihre Vernichtung angeordnet; sie antworten mit Programmen für die Zukunft und mit Erneuerung ihres Einsatzwillens. Ein fundamentales Zeugnis ihrer Wiedergeburt, ihrer Erhebung ist bis auf uns gekommen. Es ist eines der ganz seltenen Dokumente des mittelalterlichen Waldensertums. Es handelt sich um einen Brief an die Waldenser auf deutschem Boden. Er sollte sie über die Ereignisse der Begegnung in Bergamo im Jahre 1218 informieren.

Nach langer Vorarbeit durch Begegnungen und Briefe kamen in Bergamo sechs Vertreter der »Armen« aus der Lombardei und sechs der »Armen von Lyon« zur Beurteilung der Lage und zur erneuten Überprüfung ihrer Positionen und etwaiger Möglichkeiten für eine Verständigung zusammen. Im Verlauf der Debatte kommt man allmählich zu einer Annäherung der entgegengesetzten Standpunkte; es entsteht eine neue Solidarität. Der missionarische Geist der Vertreter aus Lyon wird nicht mehr als Alternative, sondern als Ergänzung zur lombardischen Sachlichkeit empfunden. Das eschatologische Gewissen der »Armen von Lyon« verbindet sich mit dem Realismus der »Lombardischen Armen«. So gesehen setzt die Zusammenkunft von Bergamo einen Endpunkt: die gegenseitige Anerkennung der beiden Aktionslinien, die als gleichwertig angesehen werden, ohne die eigene Gestalt zu verlieren.

In Bergamo geschieht auch ein neuer Anfang. Dort entsteht die waldensische Bewegung, wie 50 Jahre zuvor in Lyon die »societas valdesiana« entstanden war. Die Lombarden geben sich eine Organisation, ihren inneren Aufbau, den Rahmen, in dem sie wirken wollten. Von nun an sind die »Armen« nicht mehr nur eine Summe einzelner, bruchstückhafter Erfahrungen, sondern sie bilden eine organische Einheit.

Die Zusammenkunft von Bergamo hat deshalb eine geistliche Bedeutung, die über die Grenzen der waldensischen Gemeinde hinausgeht. Sie ist gewissermaßen ein Alternativangebot christlicher Gemeinschaft. Sie ist die Antwort des volkstümlichen Verständnisses für das Evangelium auf die Theologie des IV. Laterankonzils. Die theologischen Themen, welche die zwölf »Armen« diskutieren, sind die großen Themen der damaligen Theologie, die gleichen wie die des Konzils: Autorität und Sakramente. Und die waldensische Antwort ist, ohne es zu wollen, Antwort auf die Theologie des Konzils.

Der Weg, für den Rom sich entschieden hat, ist der Weg der Autorität und der Machtzentralisation. Eine sich erneuernde Kirche in der Gefahr, sich zu zersplittern, muß aufrechterhalten werden in ihrer Einheit um das Pontifikat und das Priestertum. Das Band ist die sakramentale Abhängigkeit, die Tugend ist der Gehorsam. Der Weg der »Armen« ist der Weg der Bruderschaft.

Auch in der Erneuerung wollen sie sich daran halten. Und das war der Weg der Kirche bis zu jenem Augenblick.

Nicht das Sakrament ist das einigende Band, sondern die apostolische Mission. Die christliche Tugend ist die Liebe. Die Ketzerei, das heißt der Irrtum, wird korrigiert, der Ketzer ermahnt, aber ohne Anwendung von Zwang und Gewalt. Die Kirche hat sich von der kaiserlichen Macht befreit, um nicht mehr weiterhin Instrument der Gewalt zu sein. So kann sie selbst nicht zur Macht werden, sondern zur Mission.

Man kann es sich kaum versagen, diese Gegensätzlichkeit auch in plastischen Ausdrücken wiederzugeben: Zwölf Männer, die um ihres Glaubens willen heimlich in einem lombardischen Bauernhaus zusammenkamen, auf der einen Seite; auf der anderen Seite der ungewöhnliche Zug der Bischöfe, der sich auf die Basilika des Lateran zu bewegt. Zwei Möglichkeiten, was man unter Glauben versteht, zwei Kirchen. Die Kirche der »cruciati«, der Träger goldener Brustkreuze, und die Kirche der »Sandalenträger« – sie stehen sich nicht mehr als Hypothesen gegenüber, sondern als Realitäten. Wer wird siegen? Der Zusammenstoß kommt sehr rasch, nicht im ausgebluteten Languedoc, sondern in der Lombardei.

III.

IM ITALIEN DER STADTREPUBLIKEN

Zwischen Welfen und Ghibellinen

Der waldensische Protest hat in einer Stadt seinen Anfang genommen. Über eine Reihe von Jahren hinweg war in den Städten des lombardischen Raumes der Schwerpunkt des Waldensertums. Hier fanden die Generalversammlungen statt, die »Kapitel«, wie man in der damaligen Sprache sagt, auf denen die Geldmittel verteilt, Beschlüsse gefaßt und Aufgaben zugeteilt wurden. Hier waren auch die mehr oder weniger geheimen Zentren, wo man sich eine biblische und geistliche Bildung aneignen konnte. Das alles war kein Zufall.

Die Lombardei ist ein Gebiet mit einer weiten wirtschaftlichen Expansion und zugleich auch ein Land religiöser Dissidenz. Mailand ist nicht nur die Stadt, die dem Kaiser Barbarossa in ihrem Stolz auf ihre Freiheit und ihre Entwicklung die Stirn bot, sie ist auch die Hauptstadt des Protestes, eine Art Rom der Ketzer. Es ist deshalb nichts Besonderes, daß sie auch zur Hauptstadt des Waldensertums wird. Und sie wird es eben durch ihre sozialpolitische Lage.

Die Feudalwelt ist ins Wanken geraten. Neue soziale Kräfte drängen nach vorne und stoßen dabei mit der Kirche zusammen. Diese hat sich auf dem IV. Laterankonzil für die Autorität entschieden. Die städtische Gesellschaft hatte ihre Entscheidung noch nicht getroffen. Wird sie welfisch oder ghibellinisch, klerikal oder weltlich sein? Das ist die Frage der damaligen Zeit. Mit ihr hängt auch das Gedeihen der religiösen Bewegungen eng zusammen, auch der waldensischen Bewegung. Katholisch sein bedeutet, für die Kirche sein, ihre Macht und ihre Kontrolle hinzunehmen; es bedeutet aber auch, die Linie des Papsttums zu unterstützen und auf allen Ebenen, auch auf der politischen, zu verfechten. Es bedeutet, dafür zu arbeiten, daß die Macht der Kirche wächst. Katholisch sein bedeutet, nicht nur an die Transsubstantiation zu glauben und zu beichten, es bedeutet, für eine

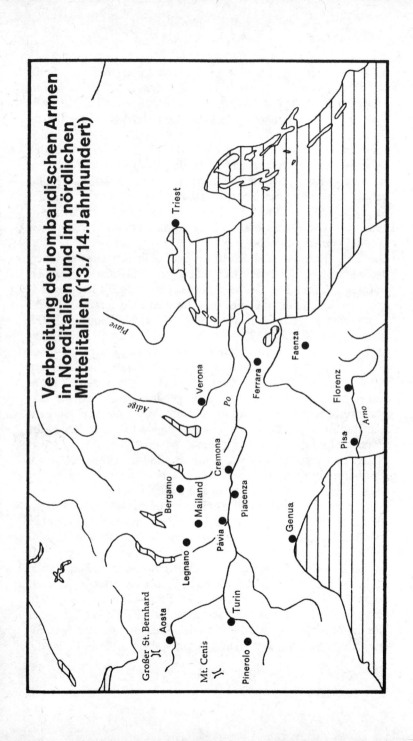

politische Richtung, für eine Partei einzutreten, auf der »Seite der Welfen« stehen. Wer immer sich dagegen der klerikalen Macht widersetzt, kann nur eine antipäpstliche und damit antikatholische Politik machen, er kann nur auf der Seite der Opposition, auf der »Seite der Ghibellinen«, stehen.

Eine ganz ähnliche Situation wird noch einmal eintreten in der italienischen Geschichte am Ende des Risorgimento nach der Eroberung Roms, als die liberalen Regierungen sich alle Mühe gaben, eine weltliche Politik zu betreiben. Dadurch wird die Kirche aus dem politischen Leben verdrängt, ihre Macht wird eingedämmt. Die Päpstlichen und die Antiklerikalen befinden sich erneut in einem offenen Krieg.

Die Bürgermeister und Stadträte der Ghibellinenpartei sehen deshalb wohlwollend die Aktivität religiöser Dissidentengruppen in ihren Städten. Der Grund dafür ist einsichtig: Es handelt sich um eine Unterstützung, um eine flankierende Kraft in ihrem Kampf mit dem Klerus. Dafür gibt es zahlreiche Zeugnisse: 1221 weigert sich Genua, 1233 auch Piacenza, in ihre Gesetzgebung antihäretische Normen aufzunehmen. Cremona wird zu einer Art Freizone für die Katharer aus der Provence, die dort dem Kreuzzug entgangen sind. Bergamo und Rimini verjagen ihren Bürgermeister, als er sich zu streng gebärdet, und befreien eingekerkerte Ketzer. Mailand erlaubt den Waldensern, außerhalb der Stadtmauern auf stadteigenem Gelände vor aller Augen ihr Versammlungshaus, ihre »schola«, zu errichten. Es ist etwas Neues und Ungewöhnliches, wenn es 1233 in einer noch heute sichtbaren Inschrift von dem Machthaber Mailands heißt: »Er verbrannte die Katharer, wie es seine Pflicht war.«

Auch unter den Adligen gibt es Leute, die aus gleichen Motiven zu mehr oder weniger offenen Beschützern der Dissidenten werden. Sie gehen dabei sogar so weit, den päpstlichen Exkommunikationen zu trotzen. Ezzelino da Romano in Venetien, oft als ein blutrünstiges Monstrum dargestellt und von Dante in die Hölle versetzt, ist in Wirklichkeit ein Freidenker, der die Freiheit seines Denkens gegenüber klerikalen Einmischungen verteidigt. Die goldene Zeit der ungehinderten waldensischen Predigt in der Lombardei fällt in diese Periode des Suchens und der Neuordnung. Sie endet mit dem Triumph der welfischen Politik. Als die politisch maßgebende Schicht in den Stadtrepubliken sich anders entschied und sich entschloß, im Schatten des Papsttums zu regieren, bestand kein Bedürfnis mehr nach Unterstützung durch die Dissidenten. Ja, die Kommunalpolitik fürchtete sogar die Unterstützung durch die Dissidenten, weil sie zu einer kritischen, spannungsgeladenen Haltung führte. Nach erst stillschweigender Gewährung ging man zu mehr oder weniger radikaler Unterdrückung über. Trotz erteilter Bauerlaubnis der waldensischen Schule auf städtischem Grund und Boden leitete Mailand durch seinen Bürgermeister eine Reihe von Prozessen gegen die »Armen« ein.

Nachdem die »Armen« eine Zeitlang eine Kraft waren, werden sie nun zu einer Gefahr. Sie sind zu freiheitlich, zu unabhängig und zu kritisch. Die politischen Führer der Ghibellinenpartei hatten das religiöse Ferment in ihren Städten ihren Zwecken dienstbar gemacht: das Bedürfnis nach einem neuen evangelischen Leben. Nun versuchen die politischen Führer der Welfenpartei dasselbe. Bei ihrer klerikalen Einstellung können sie sich jedoch nicht auf einen Dialog mit dem unruhigen Volk einlassen, sondern nur dessen Protest sich zunutzemachen. Dieses klerikale Programm des lombardischen Bürgertums im 13. Jahrhundert wurde durch die vom Papsttum neu geschaffene innere Ordnung in jenen Jahren verwirklicht: durch die Bettelorden der Dominikaner und Franziskaner. So begegnen wir in unserer Geschichte der vielleicht bedeutsamsten Persönlichkeit der gesamten Religionsgeschichte Italiens: Franziskus von Assisi.

Franziskus von Assisi

Die Ähnlichkeit zwischen seinem und des Waldes' Lebensschicksal ist so groß und auffallend, daß man sie nicht besonders hervorzuheben braucht, auch wenn runde dreißig Jahre sie voneinander trennen. Beide sind sie Städter und Kaufleute, die in einer inneren Krise mitten in ihrer Gesellschaft leben. Sie sind von der Botschaft des Evangeliums und von der Forderung nach Armut erfaßt, Männer der Kirche, aber auf der Grenze, immer schwankend zwischen Gehorsam und Freiheit. Ebenso offenkundig sind die wesentlichen Unterschiede, die aus dem einen einen am Rande der Kirche lebenden Ketzer machen, aus dem anderen einen in die Kirche integrierten Heiligen. Franziskus ist nicht nur eine große Gestalt der mittelalterlichen Christenheit, er ist der vollendetste Vertreter italienischer Geisteshaltung.

Es ist ihm glänzend gelungen, die Erfordernisse seiner Generation und seiner Umwelt zu interpretieren, sie in die Formen der traditionellen italienischen Religiosität und in den Raum der Kirche einzubauen. Das Verlangen nach Freiheit seitens der bürgerlichen Welt findet in seiner Forderung eines voll verantwortlichen, persönlichen und innerlichen Glaubens seinen Ausdruck. Die Kritik an der feudalherrschaftlichen Kirche, verkörpert im Bischof, dem politischen Herrn, wird zum Ruf nach einem brüderlichen, gemeinsamen Leben. Das Verlangen nach Meditation des Evangeliums bei vielen damaligen Menschen nimmt in seiner Wanderpredigt Gestalt an.

Die franziskanische Frömmigkeit, dargestellt in der Demut vor dem Menschensohn Christus, in der Verbundenheit mit der natürlichen Welt, in einer manchmal kulturfeindlichen, aber positiven, brüderlichen Einfachheit weckt nicht Ängste, sondern Sympathie. Sie vereinigt im Grunde die Humanität und den Naturalismus der Religion der alten Römer, was beides in den italienischen Herzen immer vorhanden war, und verwandelt sie in eine enge Gemeinschaft mit Christus. Es ist eine Frömmigkeit, die dem Bürger und dem Mann aus dem einfachen Volk Sicherheit fürs Leben gibt. Sie schafft Hingabe, Zufriedenheit und löscht Konflikte aus. Es ist die Religion einer Kirche, die sich den Armen nahe weiß. Sie lebt mit den Armen, ohne die Menschen arm zu machen.

Das alles vollzieht sich nicht hinter Klostermauern, sondern im Lebensbereich einer Stadt. Diese neuen Mönche ziehen an den Stadtrand, in Stadtviertel hinter den Mauern und bauen dort ihre Lebenszentren. Sie mühen sich nicht damit, alte Handschriften abzuschreiben und Ländereien urbar zu machen wie etwa die Benediktiner. Sie predigen, sie unterrichten, sie setzen sich mit anderen Meinungen auseinander, sie machen Politik. Um diese neuen Klöster sammeln sich wieder junge Menschen, Studenten und Laien; es bilden sich Ordensgesellschaften, Tertiarier und

Bruderschaften. Immer neue Lebensformen des katholischen Glaubens kommen zutage. Die Leute überzeugen sich davon, daß man modern sein kann, ohne Katharer zu werden, arm, ohne Patariner zu sein, evangelisch, ohne Waldenser zu sein. Man kann den Willen zu persönlichem Einsatz und Erneuerung befriedigen und den Kampf um die Erneuerung der Kirche führen, ohne der Ketzerei zu verfallen. Die franziskanische Bewegung wird das Gegenstück zum Waldensertum, wie später die Jesuiten zum Gegenstück der reformatorischen Bewegung werden. So gelingt es ihr, in wenigen Jahrzehnten die bürgerliche Gesellschaft für die welfische Politik zurückzugewinnen.

Die Italiener indes beschränken sich nicht wie die Franzosen darauf, das waldensische Phänomen auf kultureller Ebene zu erforschen; sie setzen alles daran, es zu widerlegen. Salvo Burce, ein Adliger aus Piacenza, schreibt den ersten italienischen Traktat gegen die Waldenser; weitere folgen: Rainer Sacconi, Moneta, Peter von Verona, Anselm von Alessandria – lauter kampflustige Mönche. Einige davon sind konvertierte ehemalige Katharer und deshalb um so überzeugter katholisch. Ihre Enzyklopädien sind Handbücher zum täglichen Gebrauch, um damit die waldensischen Thesen zu entlarven und zu vernichten. Es sind echte theologische Kampfmittel.

Der Einsatz der italienischen Mönche und der Welfenpartei vollzog sich jedoch nicht nur auf kulturellem Gebiet. Er wird flankiert durch die Schaffung eines auf tragischste Weise bekanntgewordenen Instrumentes der mittelalterlichen Christenheit: der Inquisition.

Viele dieser Mönche sind zugleich Inquisitoren, Spezialisten im Aufspüren und Vernichten dissidentischer Zellen. Fanatisch und erbarmungslos bedienen sie sich der Denunziation, der Folter und der Erpressungen. Sie verhaften und verdammen – und das nicht nur formal, sondern auch innerlich – wer immer Meinungen und Ansichten vertritt, die den vom Papst gewollten zuwiderliefen.

Wie im Languedoc, so verbindet sich auch in der Lombardei die Politik der Wiedergewinnung mit der gewaltsamen Unterdrükkung. Die Schüler des Dominikus und Franziskus sollten in aller Demut die Armut predigen, statt dessen werden sie zur erbarmungslosen Polizei der absoluten Macht Innozenz' III. und seiner Nachfolger. Der große religiöse Frühling im mittelalterlichen Italien erstarrt Mitte des 13. Jahrhunderts in der Kälte der großen gotischen Kathedralen. Das lombardische Waldensertum stirbt den Erstickungstod, um anderswo wiederaufzuleben.

Die waldensische Gemeinde

Eine Beschreibung der Charakteristika waldensischer Gruppen in den italienischen Städten ist nicht leicht. Man darf selbstverständlich nicht an organisierte Kirchengemeinden im modernen Sinne denken. Man könnte eher von »Untergrund«-Gemeinden oder von »Kollektiven« sprechen, wollte man einen modernen Ausdruck verwenden. Der adäquatere Vergleichsausdruck ist eher in der Umwelt des politischen Lebens der Städte zu suchen. Die waldensische Gemeinde in der Lombardei läßt an eine »Kommune« denken.

Die neue Gesellschaft in Italien ist eine städtisch-bürgerliche Gesellschaft. Die Macht liegt nicht mehr in der Hand der Grundherren. Nicht mehr sie bestimmen die Initiativen und beeinflussen die Lebensäußerungen, sondern es liegt in der Hand freier Menschen, eigene Entschlüsse auf der Grundlage eigener Interessen allein fassen zu können. Auch die waldensische Gruppe ist eine Vereinigung freier Menschen mit gemeinsamen Interessen nicht auf wirtschaftlichem oder politischem, wohl aber auf religiösem Gebiet. Jedoch ist der Ausdruck deshalb mit einiger Vorsicht zu gebrauchen, weil man eine grundlegende Beobachtung macht: In der städtischen Kommune haben wir es mit einer Initiative der bürgerlichen Schichten zu tun, die darum bemüht sind, ihre Unabhängigkeit zu behaupten und ihren sozialen Aufstieg zu sichern. Die waldensischen Gruppen, die waldensische »Kommune« setzt sich dagegen aus Schichten zusammen, die an den Rand der Gesellschaft gedrängt sind. Zu ihnen gehören keine Leute aus den Reihen der Wohlhabenden, sondern nur aus niederem Stande.

Fünfzig Jahre nach der Bekehrung des Waldes finden wir die Waldenserbewegung in der Lombardei in gut organisiertem Zustand. Wir haben es nicht mit einer Freundesgruppe zu tun, die sich aus verwandtschaftlichen oder aus religiösen Interessen zusammengetan hat, sondern mit einem Programm, mit einem Plan, den sie in die Wirklichkeit umsetzen will. Das erste auffallende Charakteristikum ihrer Organisation ist die Schaffung einer Führungsschicht. Von jetzt an wird unterschieden zwischen solchen, die sich bedingungslos durch ihre Gelübde für die Bewegung entschieden haben, und solchen, die ihre Zugehörigkeit nur bedingt ausgesprochen haben. Nur die zuerst Genannten kann man im eigentlichen Sinn als »Waldenser« bezeichnen, als »Brüder«. Die anderen, die Sympathisanten, werden nur »Freunde« genannt. Dasselbe gilt auch für die Frauen, die entsprechend »Schwestern« beziehungsweise »Freundinnen« sind.

In manchen Fällen wird unter den »Brüdern« eine Art Hierarchie eingerichtet, mit Diakonen, Presbytern und Bischöfen. Dann wieder ist der »praepositus« die Zentralfigur wie in der Lombardei oder der »majoralis« wie in der Provence und im Languedoc. Eine Reihe von Faktoren zwingt die Waldenser zu einer noch strafferen Organisation, so vor allem die gewaltsame Unterdrückung, natürlich auch das Beispiel anderer religiöser Gemeinschaften in ihrer Umwelt: die katholische Kirche, die sich damals gerade neu aufbaute, ebenso wie die Katharer mit ihrer Unterscheidung in »Vollkommene« (perfecti) und »Gläubige« (credentes).

Der Stützpfeiler der waldensischen Organisation ist eine ganz ureigene Institution, die »schola«, das waldensische Haus (die Casa Valdese). Ebenso wie das städtische Bürgertum sein Haus, sein Rathaus hat, wo die mächtigen, einflußreichen Männer sich versammeln, so hat auch die kirchliche Gemeinde ihre Begegnungsstätte: die großen Kathedralen und Klöster, die man allmählich überall erbaute. S. Croce in Florenz ist ein Symbol dafür. Es handelt sich immer um Gebäude, von denen Macht, Prestige, Gewalt und Reichtum ausgehen.

Die »Armen« haben ihr bescheidenes Häuschen an der Peripherie, oft im Geheimen. Und das geschah nicht nur aus Gründen der Vorsicht, sondern aus Prinzip. Es ist die Herberge einer städtischen Kommune, die sein will wie Jesus – »einer, der nicht hat, da er sein Haupt hinlege«.

Auf der Suche nach einer Theologie

In der lombardischen Umwelt reifte nicht nur eine organisatorische Struktur für die waldensische Bewegung, sondern auch die erste theologische Reflexion. Das vorrangige Problem für die Gemeinschaft der »Armen« ist die Frage nach der Legitimität ihrer Existenz. Der katholische Gedankengang ist ganz klar: Auf der einen Seite steht die römische Kirche, auf der anderen die Häresie. Die katholische Kirche ist eine vollkommene Gesellschaft, die Wahrerin der Wahrheit. Sie hat ihre legitime Herkunft von den Aposteln, die Häresie ist ein Gemisch von Irrtümern.

Wo haben die Waldenser ihren Platz? Die Kirche hat sie verworfen, aber sie fühlen sich nicht als Häretiker. Sie haben sich nicht der katharischen Ideenwelt angeschlossen, sie übernehmen die Botschaft der urchristlichen Gemeinde unverändert. »Wer seid ihr und woher kommt ihr?« so wurden sie von den Inquisitoren immer wieder gefragt, diese paar hundert Menschen, kleine Grüppchen, die knapp ein paar Jahrzehnte existieren, während die katholische Kirche seit Jahrhunderten da ist und Millionen von Gläubigen zählt. Zur Beantwortung dieser Fragen gingen die Waldenser bis in die Zeit des Papstes Silvester zurück.

Man erzählte, der Kaiser Konstantin habe zum Dank für eine wunderbare Heilung dem Bischof Silvester in Rom die Herrschaft über den westlichen Teil seines Imperiums als äußeres Zeichen der Dankbarkeit überlassen. Eine Legende natürlich, vorsätzlich erfunden zum Beweis dafür, daß der Papst das Recht habe, das Abendland zu regieren und er Repräsentant nicht nur Gottes, sondern auch der kaiserlichen Macht sei – eine Legende aufgrund gefälschter Dokumente, die aber damals von allen ohne Diskussion angenommen und geglaubt wurde. Wie ist diese »Konstantinische Schenkung« vom christlichen Standpunkt aus zu bewerten?

Die offizielle Theologie verfocht natürlich diese sogenannte »Schenkung« als sicher belegte Tatsache, weil die Kirche dadurch an Prestige gewonnen hatte. Viele sahen aber auch die negative Seite der Sache und wiesen darauf hin, der Papst habe dadurch das einfache Leben verloren und sei in die Welt des Reichtums und menschlicher Geltung geraten. Die Waldenser sehen das alles natürlich ebenso, aber sie gehen in ihrer Kritik noch weiter. Die »Konstantinische Schenkung« hat in der christlichen Kirche nicht nur das unstillbare Verlangen nach Reichtum und den Luxus der Prälaten eingeführt, sondern auch den Kompromiß mit der Macht.

Es war ein Verrat an der apostolischen Aufgabe, ein Verzicht auf das Leben in der Nachfolge Christi. Von nun an ist die Kirche zur Kirche der »Bösewichter« geworden, wie man mit Anspielung auf ein Psalmwort sagte, zu einer Gemeinschaft, die auf verkehrter Straße wandelt, auf dem Weg des Teufels.

In dieser Streitfrage können die Waldenser auch ihre eigene Geschichte ansiedeln. Sie sind die eigentlich gläubigen Katholiken. Weil sie den Kompromiß zwischen Konstantin und Silvester nicht annehmen, vielmehr diesen Tatbestand ablehnen, sind sie der genuine, gesunde, echte, »gute« Teil der christlichen Kirche.

Eine Frage stellte sich sofort: Was war in der Zeitepoche zwischen Konstantin und Waldes? Gab es in diesen Jahrhunderten eine christliche, apostolische Kirche? Die Waldenser geben zwei typische Antworten: Die Kirche ist nicht plötzlich zerfallen, sondern nach und nach. Erst als die Prälaten ihren Auftrag nicht mehr wahrgenommen und die Predigt mißachtet haben und damit das Licht des Evangeliums erloschen war, da hat Gott Waldes gesandt, diese Aufgabe der Apostel wieder aufzunehmen.

Die waldensische Bewegung – so sagen andere – hat immer existiert, wenn auch nur im Verborgenen. Waldes ist nicht der Gründer, sondern einfach der Erneuerer einer wahrhaft christlichen Gemeinschaft. Er ist ein Zeuge in der langen Reihe von Gläubigen, die es wieder den Aposteln gleichtun. Natürlich gab es Waldenser, die versuchten, das alles im Stil ihrer Zeit auszudrücken, phantastisch und legendär: Silvester hatte einen Freund, Leo, der die Konsequenzen der »Schenkung« kommen sah und sie deshalb ablehnte. Er zog sich in die Einsamkeit zurück und nahm Verfolgungen auf sich. Er war gewissermaßen der erste Waldenser.

Waldes wird manchmal geradezu mit ihm verwechselt, zum Zeitgenossen Konstantins gemacht und als Priester bezeichnet. Es handelt sich offensichtlich um Legenden, aber überraschend ist dabei der Kern der waldensischen Meditation: Die Kirche ist im

4. Jahrhundert in eine Krise geraten, als sie Macht bekam, zum Verbündeten der Macht und des Reichtums wurde. Trotz dieser Kompromisse ist die christliche Kirche nicht untergegangen. Das konstantinische Gift hat sie nicht gänzlich zerstört. Sie hat sich in ihrem Innern einen gläubigen Kern bewahrt, der trotz aller Krisen fortbesteht. Die Kirche kann Verrat üben, aber das christliche Zeugnis kann niemals ganz erstickt werden. Diese theologische Reflexion, der die Waldenser jahrhundertelang treu blieben, bewahrte sie davor, eine Gruppe von eingebildeten Fanatikern zu werden, und erhielt ihre Botschaft am Leben. Aus den lombardischen Städten vertrieben, verschwanden die »Armen« dennoch nicht von der Bildfläche. Ihre Gegenwart verlagert sich anderswohin, in andere gesellschaftliche Räume, wo ihre Botschaft neue Ausdrucksformen fand. Generell kann man sagen, daß das Waldensertum um die Mitte des 13. Jahrhunderts gezwungen ist, aus der städtischen in eine bäuerliche Umwelt überzuwechseln. Durch die Unterdrückung an den Rand gedrängt, flüchtet sich das Waldensertum in die peripheren Bereiche der mittelalterlichen Kultur: in die Ebenen Deutschlands, hinein in die Alpen, nach Frankreich und Süditalien.

IV.

DER WEG ZUR OSTSEE

Auf kaiserlichem Boden

Die »Armen von Lyon« gelangten auf dem Weg durch das Elsaß auf kaiserliches Territorium, während das eigentliche Vordringen sich von Süden her durch die »Lombarden« vollzog.

Der Erfolg ihrer Predigt nördlich der Alpen beruhte auf einer Reihe von Faktoren. Vorab war ein politisches Motiv ausschlaggebend: Wir befinden uns auf dem Hoheitsgebiet des Kaisers, in Ländern also, wo das Papsttum seine Macht bis jetzt nicht hat durchsetzen können. Die gregorianische Reform kommt nur sehr langsam voran. Sie wird vom Adel bekämpft, oft sogar auch vom Klerus, der mit der feudalen Erscheinungsform der Gesellschaft verbunden war. Viele Gebiete sind noch halb heidnisch und von einer Bewegung wie etwa der Mailänder Pataria noch sehr weit entfernt.

Dann waren da ebenso gewichtige wirtschaftliche Motive. Die städtische Gesellschaft ist erst noch im Kommen. Man lebt noch in einer feudalen Welt. Jenseits der Elbe, wo die deutsche Kolonisierung inmitten der slawischen Welt an Boden gewann, lebte man in einer Art amerikanischem Westen. Der Zug der deutschen Ordensritter und der Benediktinermönche hat allerlei Leute in seinem Gefolge – enflohene Sklaven, Handwerker auf der Suche nach ihrem Glück und Abenteurertypen. Die Adligen nehmen es bei der Aufnahme neuer Einwanderer nicht gar zu genau. Hauptsache, man hat fleißige und zuverlässige Leute, mochten sie glauben, was sie wollten. Die weniger straffe kirchliche Organisation und das Fehlen von Kontrollorganen begünstigen die Verbreitung individueller Ideen und dissidentischer Meinungen.

Es ist nicht leicht, den Weg der waldensischen Infiltration zu verfolgen. Bei der Spärlichkeit von Dokumenten können wir ihn nur ahnen, wenn wir der Tätigkeit der Inquisitoren nachgehen. Am weitesten verbreitet ist das Waldensertum im Donautal. Hier gibt es um das Jahr 1266 etwa vierzig Gruppen. Ihr »Bischof« residiert in Anzbach in Niederösterreich. Sie stehen in enger

Verbindung mit den Waldensern der Lombardei. Sie nehmen eine streng kritische Haltung gegenüber dem Klerus ein, fordern eine Verringerung des Zehnten und des kirchlichen Besitzes. In Neuhofen leiten sie ein Heim für Aussätzige.

Eine erste Unterdrückungswelle erreicht sie um die Mitte des 13. Jahrhunderts, eine zweite Anfang des 14. Jahrhunderts mit elf Todesurteilen in Wien. Der »Bischof« Neumeister stirbt in Himberg. Die große Unterdrückung bricht am Ende desselben Jahrhunderts durch die beiden Inquisitoren Martin von Prag und Peter Zwicker über die Waldenser herein. 1380 sind sie in Bayern, im Jahr darauf in Erfurt, 1392 in Brandenburg und Stettin, wo sie einen Monsterprozeß gegen 400 der Ketzerei Verdächtige abhalten. 1395 besuchen sie die Steiermark. Zwei Jahre später sind sie in Bamberg; 1401 ist Sopron, 1404 Buda an der Reihe, beides ungarische Städte. 1403 wird die Slowakei heimgesucht. Damals werden auch in der Schweiz Waldenser entdeckt. In Bern werden 130 der »valdesia« Verdächtige vor dem Münster zum Abschwören gezwungen, in Freiburg (Schweiz) sind es im Jahr 1399 etwa fünfzig Personen.

Die Ausbreitung der waldensischen Diaspora auf kaiserlichem Territorium ist uns durch ein Verzeichnis mit den Namen von zwölf Predigern bekannt geworden, das 1392 von der Inquisition angelegt wurde. Ihm ist zu entnehmen, daß zu den waldensischen Häretikern Polen, Ungarn, Böhmen, Bayern, Österreicher und Graubündner gehörten.

Ein anderes Gebiet intensiver Propaganda war Böhmen. Die Anwesenheit von Waldensern steht hier im Zusammenhang mit deutschen Einwanderern, die auf Landsuche waren. In Böhmen sind zahlreiche Inquisitoren in Aktion. Hier gibt es immer eine intensive Zusammenarbeit zwischen bürgerlicher und kirchlicher Macht, um so mehr, als Böhmen von allen kaiserlichen Ländern das katholischste ist.

Handwerker und Kaufleute

Was sind das nun für Leute, diese über das Kaiserreich verstreuten Waldenser, über denen sich die Inquisition so wütend entlud? Leider haben wir auch darüber nur sehr spärliche Daten. Aufs

Ganze gesehen kann man sagen, daß sie besonders in Böhmen, Brandenburg und in den deutschen Städten aus der bäuerlichen Welt und aus der Welt des Handwerks kommen. Die Schweizer Gruppe gehört zum kleinen kaufmännischen Bürgertum.

Die wirtschaftlichen Lebensbedingungen der Gruppen variieren selbstverständlich im weiten Bogen der Jahrhunderte, die uns hier interessieren. Man erlebt zum Beispiel in Böhmen im 14. Jahrhundert eine Verschlechterung der landwirtschaftlichen Lebensbedingungen, die nicht wenige Landwirte zwingt, Knechte bei wohlhabenden Bauern zu werden. In solcher Situation suchen sie, bei Glaubensgenossen unterzukommen. Das allgemeine Bild zeigt eine fleißige, bescheidene Bevölkerung, wohl nicht reich, aber auch nicht armselig.

Die Tatsache, daß die Waldenser in den nördlichen Gebieten sich nicht selten Knechte halten konnten, oder daß sie im 15. Jahrhundert großzügige Schenkungen und Vermächtnisse zum Unterhalt der Prediger und zur Versorgung der Armen machen konnten, läßt den Schluß zu, daß sie über Geldmittel verfügten. Entsprechende Beobachtungen kann man über ihre Prediger anstellen. Die zwölf schon erwähnten »magistri« üben verschiedene Berufe aus: Schneider, Schuster, Schmied und Weber; sie gehören demselben Milieu an. Ein deutscher Inquisitor aus dem 14. Jahrhundert hat uns ein lebendiges Bild von einem waldensischen »magister« hinterlassen, der, verkleidet als fliegender Händler, unterwegs ist. Auf das Schloß kommt ein Kurzwarenhändler. Die Bevölkerung des Ortes ist gleich um ihn versammelt, Herren und Diener. Er beginnt, seine Ware auszubreiten: Stoffe, etwas Geschmeide, lauter Kleinigkeiten. Er rühmt sie wortreich und kommentiert alles. Während er ganz langsam seine Auslagen wieder zusammen- und wegräumt, macht er eine Anspielung auf eine sehr wertvolle Ware, auf Perlen von unschätzbarem Wert. Dabei gibt er zu verstehen, er sei in der Lage, sie zu beschaffen. Die Neugier ist geweckt, und unser Waldenser macht nun lange Umschweife – er will die Reaktion seiner Zuhörer prüfen – und spricht dann von der köstlichen Perle, wie Jesus sie genannt hatte, also von dem Evangelium. Allmählich geht er zur Kritik an der Kirche, ihrer Macht, ihrem Reichtum, ihrem Luxus usw. über.

Diese Figur des Händlers hat großen Erfolg in der waldensischen Literatur bis ins 19. Jahrhundert gehabt; sie hat Gedichte und Kurzgeschichten inspiriert. Zweifellos entspricht sie der Wirklichkeit und beweist die bestehenden Verbindungen zwischen der waldensischen Welt und der Welt der Kaufleute und Händler, und das auch in der Zeit nach Waldes. Trotzdem muß man vorsichtig sein in der Wertung und sollte daran denken, daß es sich um bescheidene fliegende Händler handelt, die Billigwaren verkaufen: Nähnadeln, Messer und sonstigen Kleinkram. Oft genug kam es vor, daß Waldenser im Verlauf eines Prozesses den »Lehrer« daran erinnern, daß er ihnen solche Dinge geschenkt habe.

Kleinhandel also; der Großhandel ist schon im 14. Jahrhundert in der Hand des gehobenen Bürgertums. Das erlaubt den Rückschluß, daß manche Kleinwarenhändler Waldenser waren, daß aber nicht der gesamte Kaufmannsstand an ihrer Sache interessiert war.

Wahrscheinlich sahen sie in dieser Art Aktivität einen hilfreichen Schutz, der ihnen das unauffällige Reisen erlaubte. Diese dauernde, heimliche Mobilität, zu der die Wanderprediger sich gezwungen sahen, um der Verfolgung durch die Inquisition zu entgehen, bringt in ihre Tätigkeit und ihr Leben etwas Geheimnisvolles. Sie kennen sich nicht mit Namen. Sie kommen an einen Ort, wo sie sich nur wenige Tage aufhalten und bei Nacht und Nebel wieder verschwinden.

Diese »Apostel«, wie man sie in der deutschen Diaspora nennt, sind Lehrer für eine fromme Lebensführung. Sie genießen die Achtung der Gläubigen. Sie sind Menschen, »die die Wahrheit reden«, wie ein Bericht aus Polen sie beschreibt, ihnen »kann man freimütig beichten«, ihre Absolution ist gültig.

Legenden über sie gedeihen, die man sich abends am Herdfeuer erzählt: Einmal im Jahr steigen sie ins Paradies, um die Seligen zu schauen. Einer ist auch an den Pforten der Hölle gewesen, um sich von den Qualen der Verdammten zu überzeugen. »Unsere Lehrer sind gute Menschen; es sind Heilige, die fasten und enthaltsam leben... ihre Autorität haben sie von Gott selber und von den Aposteln«, erklärt eine alte Österreicherin.

1. Waldes am Reformationsdenkmal in Worms.
2. Sein »Glaubensbekenntnis«.
3. Die »Verfluchte Straße« in Lyon, wo er wohnte.

4. Der Bischof von Mailand verjagt die Ketzer (Relief auf der Porta Romana, 13. Jahrhundert).
5. Die »Konstantinische Schenkung« (Fresko aus dem 12. Jahrhundert, Kirche der Santi quattro Coronati, Rom).

6. Anfangszeilen der Nobla Leyczon, einer waldensischen Dichtung aus dem 15. Jahrhundert (Genfer Manuskript).
7. Portal der Kathedrale in Embrun. Hier wurden die Urteile gegen die Waldenser des Dauphiné verkündet (14. bis 15. Jahrhundert).
8. Ein Vasall leistet seinem Lehnsherrn den Treueid (deutsche Miniatur aus dem 12. Jahrhundert).

9. Die Inquisition nach einem Stich aus dem 15. Jahrhundert. Links ein Bestechungsversuch?
10. Papst Clemens IV. krönt Karl von Anjou zum König von Sizilien (1265). Unter den Anjou-Königen ließen sich die Waldenser in Süditalien nieder.
11. Der Anfang des Johannesevangeliums in der Waldenserbibel von Carpentras (14. Jahrhundert).

12. Das »Heilige Abendmahl«, waldensisches Relief im Naumburger Dom (13. Jahrhundert).
13. Der waldensische Händler (Kaufmann) bietet die »köstliche Perle« an (Druck aus dem 19. Jahrhundert von J. A. Wylie »History of the Waldenses«).
14. Waldensische Frauen als Hexen dargestellt (französische Miniatur aus »Le champion des dames« de M. Lefranc, 15. Jahrhundert).

15. Glaubensbekenntnis der »Böhmischen Brüder« (hier als »Waldenser« bezeichnet), veröffentlicht 1538 in Wittenberg durch die Reformatoren.
16. Der Kelch auch für die Laien, eine der ersten Forderungen der hussitischen Bewegung in der Kopie, die im 16. Jahrhundert nach einer böhmischen Miniatur von 1415 hergestellt wurde (Nikolaus von Dresden).
17. Eine Gruppe Bewaffneter hält einen Bauern an (Ende 15. Jahrhundert). Von 1487 bis 1489 wurden die Berge des Dauphiné von den »Kreuzrittern« des Cattaneo mit Feuer und Schwert verwüstet.

18. Ökolampad, Basler Reformator.
19. Guillaume Farel, der Reformator des Kantons Waadt und in Genf.
20. Blick auf Chanforan im Angrogna-Tal mit dem Erinnerungsdenkmal an die historische Versammlung im Jahre 1532.

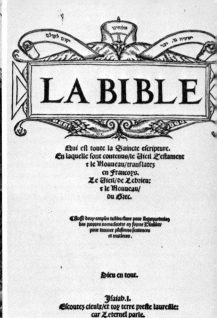

21. Die Kirche von »Ciabas«.
22. Titelblatt der Bibel Olivetans (1535).
23. Ein reformierter Gottesdienst (aus »La vera immagine dell'antica chiesa apostolica« – »das wahre Bild der alten apostolischen Kirche«, deutscher Druck aus dem 16. Jahrhundert).

Eine familiäre Frömmigkeit

So entsteht der Eindruck einer eng um ihre Lehrer gescharten, einer familienähnlichen Gemeinschaft. Sie, die Waldenser, sind die »Freunde«, die sich kennen (die Deutschen sagten im Mittelalter »die chunden«, die Provençalen nannten sie »gentes de recognoscencia«). Die außerhalb dieser Gemeinschaft, die Katholischen, sind die »Fremden«. Das gesamte Waldensertum lebt im Verborgenen, aber gerade hier in der Verborgenheit erfüllt es seine Aufgabe, in einer Welt geheimer, nächtlicher Begegnung in Ställen und Hinterstuben, ein heimliches Flüstern im Dunkeln. Der Glauben wird von Generation zu Generation weitergegeben. Alte Waldenser erkennen dankbar an, es seit ihrer Kindheit schon zu sein und diese Erziehung von ihren Eltern empfangen zu haben.

Die Predigt nach außen sichtbar und hörbar zu verwirklichen, was das Waldensertum der ersten Stunde charakterisiert hat, war wegen des Terrors der Inquisitionspolizei nicht mehr möglich. Das waldensische Leben war hinter verschlossene Türen und in das Innerste des Herzens zurückgedrängt. Seine Umwelt ist nicht die Straße, sondern die Küche, wo die Familie sich versammelt, der Bach, an dem die Frauen Wäsche waschen, die Bude des Handwerkers, wo der Meister seine Lehrlinge ausbildet.

Hier wird das Haus zur »schola« im lombardischen Sinn, zum Ort gegenseitiger Erbauung, Bildung und gemeinsamen Glaubenslebens. Das bedeutet nicht, daß es keine Kommunikation nach draußen gibt, daß man keine Proselyten macht, keine Evangelisation betreibt: »Alle, Große und Kleine, Männer und Frauen unterrichten und lernen unaufhörlich bei Tag und Nacht.« »Der Arbeiter schafft bei Tage und des Nachts lernt er oder unterrichtet ... Bei uns unterrichten die Frauen ebenso wie die Männer. Wer eine Woche lang Schüler ist, unterrichtet schon einen anderen«, so erklärt ein Waldenser dem Inquisitor.

Jede Mahlzeit, gerade am Abend, bietet Gelegenheit zu einem Zusammensein im Kreis der Familie, was an die Urgemeinde erinnert. Ehe man sich zu Tisch setzt, spricht der »majoralis« Worte der Segnung: »Gott, der fünf Gerstenbrote und zwei Fische seinem Volk in der Wüste gesegnet hat, wolle auch diesen Tisch segnen und alles, was darauf ist«. Es folgt das Kyrie eleison und das Vaterunser. Während er spricht, segnet er mit dem Zeichen des Kreuzes. Nach der Mahlzeit spricht er das Dankgebet. Er rezitiert den Text aus Offenbarung 7 Vers 12 in der Umgangssprache: »Lob und Ehre und Weisheit und Dank und Preis und Kraft und Stärke sei unserm Gott von Ewigkeit zu Ewigkeit. Amen.« Dann fügt er noch hinzu: »Gott wolle alle die belohnen, die uns Gutes tun und uns segnen. Nachdem er uns das irdische Brot gereicht hat, gebe er uns auch das geistliche Brot; er sei und bleibe bei uns allen.« Die Anwesenden reichen sich die Hände und erheben die Augen zum Himmel.

Der eigentliche Gottesdienst besteht aus dem Lesen und der Meditation des biblischen Textes. Der »Lehrer« liest ihn vor oder rezitiert ihn auswendig. So braucht er keine ihn gefährdenden Dokumente wie etwa Bibeln bei sich zu tragen. Dann legt er den Text aus in einem mehr moralischen als theologischen Gespräch. Fundamentale Begriffe werden erklärt und Grundgedanken fest eingeprägt. Das Vaterunser beschließt den Gottesdienst. Es wird kniend aufgesagt. Als Litanei geschieht das bis zu zwanzigmal. In deutlicher Polemik gegen das Avemaria, das gerade aufkommt, ist das Vaterunser das einzige gemeinsame Gebet.

Der Höhepunkt waldensischer Frömmigkeit ist vielleicht im Abendmahl am Karfreitag erreicht. Das in andächtiger Zwanglosigkeit begangene waldensische Abendmahl ist nicht nur in der Schilderung des Ketzerrichters bis auf uns gekommen, sondern in einem Kunstwerk von ergreifender Schönheit, auf einem Flachrelief im Naumburger Dom. Ein unbekannter Bildhauer hat Szenen aus der Passion dargestellt, bei denen verschiedene Gelehrte den waldensischen Einfluß wiedererkannt haben. Das letzte Mahl Jesu mit seinen Jüngern wird von sechs Personen dargestellt, rauhen Männergestalten aus dem einfachen Volk, die um einen Tisch versammelt sind. Christus teilt ihnen das Brot aus, während andere aus einem Becher trinken oder einen Fisch essen. Der Fisch wurde beim Abendmahl der Waldenser im Languedoc verwendet.

Die waldensische Frömmigkeit wurde in inniger Gemeinschaft mit dem Herrn gelebt, in Meditation und Gebet vollzogen – das ist nichts Besonderes. Es paßt ganz in das Bild der deutschen

Frömmigkeit jener Jahrhunderte (die so reich war an mystischen und frommen Gruppen), aber sie hat dennoch ihr Charakteristikum: Gegenstand ihrer Verehrung ist nicht die Kirche, nicht die heilige Jungfrau, nicht die Gottheit, sondern Jesus allein. Sie ist nicht sakramental, sondern familiär, nicht individualistisch, sondern auf Gemeinschaft angelegt.

Gegen die weitverbreitete deutsche Diaspora ruft Peter Zwicker zum Kreuzzug, und das 14. Jahrhundert endet in der lohenden Flamme der Scheiterhaufen. Die alte österreichische Waldenserin El Feur, schon ziemlich bald verurteilt, auf ihrem Kleid das Büßerkreuz zu tragen und hingestreckt auf die Schwelle der Kirche an den Festtagen von den Gläubigen mit Füßen getreten zu werden, und am Ende auf den Scheiterhaufen geschickt, ist das Abbild der deutschen »valdesia«, die sich zum Sterben anschickt.

Flandern ist eine andere Gegend Europas, über die im Rahmen unserer Geschichte wenig gesprochen wird. Es scheint indessen eines der lebendigsten Zentren der mittelalterlichen »valdesia« gewesen zu sein. Hier aber hat die Bewegung weniger als sonstwo ihre originalen Merkmale behalten und hat sich vermischt integriert mit einer Fülle von Kräften und dissidentischen geistlichen Strömungen. Es ist deshalb nicht leicht, sie deutlich darzustellen. »Waldenser« ist in diesem Gebiet schließlich gleichbedeutend geworden mit Häretiker. Nicht zufällig wurde Jeanne d'Arc wegen »valdesia« verurteilt. In der Polemik des Klerus und vielleicht auch im Bewußtsein des Volkes selbst wird der »Waldenser« zur geheimnisvollen Person und nahe der Welt der Hexen und Hexenmeister angesiedelt. Er wird zum Teufelsanbeter gestempelt, der in magische Riten eingeweiht ist. Es ist kein Zufall, daß jene Miniaturen flämischer Herkunft sind, die Waldenser darstellen, die auf Besen fliegen und am Hexensabbat teilnehmen. Entstellte und gefährliche Präsenz, aber immer Präsenz!

Woran man Häretiker erkennt

Häretiker erkennt man an ihrem Verhalten und ihren Reden. Sie sind leidenschaftslos und besonnen. Sie treiben keinen übertriebenen Aufwand mit ihrer Kleidung und meiden extravagante oder gemeine Kleider. Sie treiben keinen Handel, um nicht lügen, schwören oder betrügen zu müssen. Sie leben einzig von ihrer Hände Arbeit als Handwerker. Auch ihre Lehrer sind Weber und Schuhmacher. Reichtümer häufen sie nicht an; sie begnügen sich mit dem Notwendigsten. Außerordentlich sittenrein leben die Leonisten. Sie halten Maß beim Essen und Trinken. Sie besuchen keine Wirtshäuser, Tanzvergnügen oder andere fragwürdige Veranstaltungen. Sie bezähmen ihren Zorn. Auch arbeiten sie immer und sind stets beim Lernen oder Lehren, und deshalb sind sie wenig beim Gebet. Ebenso gehen sie nur zum Schein in die Kirche und bringen ihr Opfer, beichten und kommunizieren und nehmen an der Predigt teil – aber nur, um den Prediger bei einem Irrtum zu ertappen.

Man erkennt sie auch an ihrer präzisen und besonnenen Redeweise: Sie hüten sich vor übler Nachrede und vor vulgären oder nichtssagenden Worten. Sie meiden lügenhafte und beschwörende Ausdrücke. Sie sagen nicht »ehrlich« oder »ganz gewiß« und ähnliches, weil sie solche Bestätigungen wie einen Eid ansehen. Ebenso geben sie auf Fragen selten eine direkte Antwort. Wenn du einen fragst: »Kennst du das Evangelium und die Episteln?«, antwortet er dir: »Wer hätte mich darin unterrichtet?« oder er sagt: »Das sollen die lernen, die mit größerer Intelligenz begabt sind oder mehr Zeit haben und sich besser dafür eignen.« Sie sagen nur: »Ja, ja – nein, nein«. Dies, so sagen sie, sei zulässig, weil Christus es so befohlen hat (Matth. 5, 37).

Werbungsmethoden der Waldenser

Sie trachten auch mit List, wie sie sich in den Umgang mit Edlen und Großen einschleichen können. Das tun sie, indem sie den Herren und Damen willkommene Waren wie Ringe und Umhänge zum Kauf anbieten. Wenn der Käufer dann fragt: Hast du noch mehr anzubieten?, so lautet die Antwort: Ich habe noch wertvollere Edelsteine. Wenn ihr mir versprecht, mich nicht den Pfaffen zu verraten, würde ich sie euch geben. Auf das Versprechen hin heißt es dann: Ich habe einen so strahlenden Stein, daß man durch ihn Gott erkennen kann. Ein anderer funkelt so, daß er das Herz des Besitzers dazu entflammt, Gott zu lieben. Und so wird dann bildlich auch von den anderen Steinen geredet. Danach wird ein frommer Bibelabschnitt vorgetragen, z. B. von Mariä Verkündigung (Lukas 1, 26 ff.) oder von Jesu Fußwaschung (Joh. 13, 1 ff.), oder vom Apostel Paulus das Kapitel vom sittlichen Leben des Christen, Römer 12. Wenn das dann dem Zuhörer gefällt, so wird das Kapitel Matthäus 23 hinzugefügt: »Auf Moses Stuhl haben sich die Schriftgelehrten und die Pharisäer gesetzt« usw. (V. 1 ff.). »Wehe euch, ihr Schriftgelehrten und Pharisäer, daß ihr das Reich der Himmel vor den Menschen zuschließt. Denn ihr kommt nicht hinein, und die, welche hinein wollen, laßt ihr nicht hinein« (V. 13). »Weh euch, ihr Schriftgelehrten und Pharisäer, die ihr die Häuser der Witwen leerfreßt« (V. 14 in der lateinischen Bibel, vgl. Markus 12, 40), und die anderen darauf folgenden Wehe-

rufe. Wenn dann der Hörer fragt, wer mit jenen Zornesworten Jesu gemeint ist, so heißt die Antwort: Die Kleriker und die Mönche.
Dann vergleicht der Ketzer die römische Kirche mit seiner eigenen Sekte und sagt: Die Theologen der römischen Kirche lieben den Prunk in Kleidern und Auftreten, wie es Matth. 23, V. 7 heißt: »Sie lieben den obersten Platz bei den Mahlzeiten und daß die Menschen sie Rabbi nennen.« Solche Ansprüche stellen wir nicht, usw.

Quelle: Sammelwerk des Passauer Anonymus (um 1270). Auszüge bei A. Patschovsky / K.-V. Selge: Quellen zur Geschichte der Waldenser, 1973, S. 74 ff.

Waldenser in Brandenburg und Pommern
(aus einem Inquisitionsprozeßprotokoll)

Am 11. 1. 1393 erschien vor Gericht Jakob Hildebrand aus Gossow in der Diözese Kammin . . .
Vereidigt und nach seinem Geburtsort befragt, antwortete er, er sei aus dem Dorf Schonenberg (Schönberg) eine Meile von Soldin. Sein Vater wurde Kappe genannt oder Jakob Hildebrand, seine Mutter Sophie. Beide waren von der Sekte der Waldenser, in ihr gestorben und begraben auf dem Friedhof in Schonenberg. Sein Bruder sei Klaus Hildebrand in Kunersdorf. Zum erstenmal habe er einem Ketzer gebeichtet in Schonenberg im Hause seines Bruders in der Scheune, das sei sicher zwanzig Jahre her. Seitdem habe er jedes Jahr den Ketzern gebeichtet, ausgenommen die vier Jahre, die er mit denen zugebracht habe, die er sich »die Fremden« nennen (im Unterschied zu uns, den »Christen«). Er habe bei sechs Ketzern (d. h. Wandermissionaren) gebeichtet, das letztemal im eigenen Haus vor einem Jahr.
Auf die Frage, für was er sie gehalten habe, antwortete er: Für Männer, die an der Stelle der Apostel auf der Erde wanderten, mit der ihnen von Gott gegebenen Vollmacht, die Sünden zu vergeben, ebensogut wie die Priester. Sie kämen vor dem Paradies [d. h. vor dem Endgericht]. Was sie dort denn tun würden, wisse er nicht. Für von einem Bischof geweihte Priester habe er sie nicht gehalten.
Auf die Frage, was sie ihm als Buße auferlegt hätten, antwortete er: 4, 6 oder mehr Freitage bei Wasser und Brot, Mittwochfasten in den Fastenzeiten, 50 Vaterunser an Werktagen, 100 an Feiertagen, aber keine Ave Maria. Diese Buße habe er erfüllt und sich für absolviert gehalten, und er habe geglaubt, diese Bußleistung diene ihm zum Heil.
Auf die Frage, ob er auch den Priestern der Kirche gebeichtet und den Leib Christi (von ihnen) empfangen habe, antwortete er mit Ja; dabei habe er aber nicht verraten, daß er zu der Sekte gehöre. Denn das sei ihm (in der Sekte) verboten gewesen.
Auf die Frage, wie oft er Ketzer beherbergt habe, antwortete er: Viermal. Er habe sie so gut bewirtet, wie er nur konnte. Daß er Predigten von ihnen gehört hätte, dessen entsinne er sich aber nicht, nur zuweilen Gebete.
Auf die Frage, ob er die heilige Jungfrau und die anderen Heiligen im Himmel angerufen und geglaubt habe, daß sie für uns bäten und wüßten, was bei uns geschieht, antwortete er mit Nein. Denn vor der Fülle ihrer Himmelsfreuden hätten sie keine Zeit, sich um uns zu kümmern. Sein

Namensheiliger sei der Apostel Jakobus. Die Firmung habe er in Belyn erhalten; am Tage seines Apostels habe er zur Ehre Gottes und auch des Apostels gefastet; denn dazu hätten ihn die Predigten seines Pfarrers angeleitet.

Auf die Frage, ob er für die Seelen seiner Eltern und anderer Verstorbener gebetet habe, antwortete er: Er sei bei solchen Gebeten der Priester dabei gewesen und habe mitgebetet. Aber bei den Ketzern und Sektierern habe er es nicht getan, und er habe auch nicht geglaubt, daß es den Toten etwas nütze. Und wenn er zuweilen bei Totenmessen ein Opfer dargebracht habe, habe er doch nicht geglaubt, daß das ihnen etwas nütze. Er habe auch nicht geglaubt, daß das kirchliche Begräbnis etwas nütze oder wert sei. Jede Tötung, auch durch einen noch so hochgestellten Übeltäter, habe er für eine Sünde gehalten.

Auf die Frage, ob er den Glauben seiner Sekte für den wahren christlichen Glauben gehalten habe, antwortete er mit Ja. Er habe geglaubt, außerhalb dieses Glaubens könne keiner selig werden, und deshalb habe er uns Christen die »Fremden« genannt.

Auf die Frage, ob er von ganzem Herzen, ungeheuchelt usw. zum wahren katholischen Glauben der heiligen römischen Mutter Kirche zurückkehren und in ihr leben, Gott dienen und sterben und sich dazu mit einem Eid verpflichten wolle, antwortete er mit Ja. Ebenso auf die Frage, ob er die Gemeinschaft mit seinen Sektierern abschwören und sie verfolgen wolle, indem er sie anzeige, wenn er es könne. Ebenso auf die Frage, ob er die Buße leisten wolle. Ebenso, ob er die Strafe für Rückfällige auf sich nehmen wolle [d. h. den Scheiterhaufen im Fall des eigenen Rückfalls in die Irrlehre] usw. Darauf wurde er absolviert und entlassen.

Quelle: Quellen zur Ketzergeschichte Brandenburgs und Pommerns, hrsg. von Dietrich Kurze, 1975, S. 112 f.

V.

DIE ALPENBASTION

Hinauf in die Berge

Besonders günstige Verhältnisse fanden die Waldenser in den Tälern südlich des Monginevro auf beiden Abhängen der Cottischen Alpen vor. Dieses Gebiet sollte in der Folgezeit eines der größten Zentren des mittelalterliche Waldensertums werden und später der einzige Zufluchtsort für die Waldenserkirche. Zunächst war es nur eines der vielen Gebiete, die von waldensischen Missionaren besucht wurden.

Als Anfang des 13. Jahrhunderts Kaiser Otto IV. den Erzbischof von Turin auffordert, aus seinen Diözesen die »valdelses« zu vertreiben, und die Satzungen der erst vor kurzem entstandenen Gemeinde Pinerolo eine harte Strafe für jedermann festsetzten, der einen »valdensis« bei sich aufnimmt, handelt es sich nicht um Waldenser im späteren Sinn, d. h. um Anhänger der waldensischen Bewegung, sondern um waldensische Missionare, um Propagandisten.

Wir müssen also die Hypothese aufgeben, wonach die seßhaften Waldenser in den Alpen sich von den »Armen von Lyon« ableiteten, die sich ins Gebirge geflüchtet hätten. Eine Einwanderung speziell aus dem französischen Abhang hat sicher stattgefunden, besonders nach dem Kreuzzug gegen die Albigenser; insgesamt aber ist das alpine Waldensertum der Jahrhunderte des Mittelalters das Ergebnis einer missionarischen Aktivität unter der ortsansässigen Bevölkerung.

Die Theorie von der Einwanderung, die von den späteren waldensischen Historikern vertreten wurde, hatte ideologische Gründe. Die Anhänger des Waldes hätten in den Alpentälern eine Zuflucht gefunden, weil hier seit Jahrhunderten eine Bevölkerung lebte, die dem Evangelium treu geblieben sei, während überall sonst die Papstkirche sich durchsetzte. Es war eine sehr phantasievolle Art und Weise, einen Anspruch auf apostolische Treue zu erheben, deren man sich bewußt war.

In Wirklichkeit sind die Motive, die zuerst die Missionare dazu veranlaßt haben, in die Alpentäler vorzudringen, und später ganze waldensische Gruppen, sich hier niederzulassen, eher sozialpolitischer als religiöser Natur.

Das von dem Eindringen der Waldenser betroffene Territorium läßt sich in zwei Teile aufteilen: das Dauphiné auf dem Westhang der Alpen und die Gebiete der Abtei Pinerolo und der Grafen von Luserna auf dem Ostabhang. Der erstgenannte Teil ist zunächst kaiserliches Lehen und kommt dann unter französische Herrschaft. Die an zweiter Stelle genannten Gebiete fallen schon bald in die Einflußzone von Savoyen.

Die politische Grenze fällt aber nicht mit der jetzigen zusammen: Das obere Susa-, das Chisone- wie auch das obere Varaita-Tal waren tatsächlich Teil des Dauphiné. Kirchlich gehörten die Territorien zu den Bistümern Embrun und Turin, allerdings in einer von der weltlichen Aufteilung abweichenden Zugehörigkeit. So entsteht hier eine Art Mosaik, in welchem sich Interessen und Mächte ineinander verschlingen und manchmal auch aufheben: Der König von Frankreich und der Herzog von Savoyen, die Dauphins und die Adligen, Erzbischöfe und Inquisitoren.

Die Cottischen Alpen des 13. bis 14. Jahrhunderts erscheinen also als politisch komplexes Gebilde, wenn auch kulturell homogen (durch Sprache, Lebensgewohnheiten und Handel), ein nicht ganz am Rande liegendes Territorium (längs der Achse Susa – Monginevro – Briançon verläuft eine große Verbindungsstraße), aber doch relativ an der Peripherie des damaligen Europa.

Es ist aber auch eine wirtschaftlich kritische Zone, die die Sarazeneneinfälle mitgemacht hat und wieder bevölkert werden mußte. Deshalb haben die politischen Mächte ein Interesse, hier neue Ansiedlungen entstehen zu lassen.

Am Anfang des 13. Jahrhunderts gibt es die ersten Spuren für die Anwesenheit von Waldensern. Sie müssen sich rasch ausgedehnt haben, denn am Ende des Jahrhunderts wird die Inquisition auf beiden Alpenabhängen seßhaft.

1297 nimmt Philipp von Acaia, ein Neffe Amadeus' V. von Savoyen, einen Inquisitor in seinen Dienst, um die religiöse Situation in seinen Territorien zu überprüfen – den Erfolg kennen wir nicht.

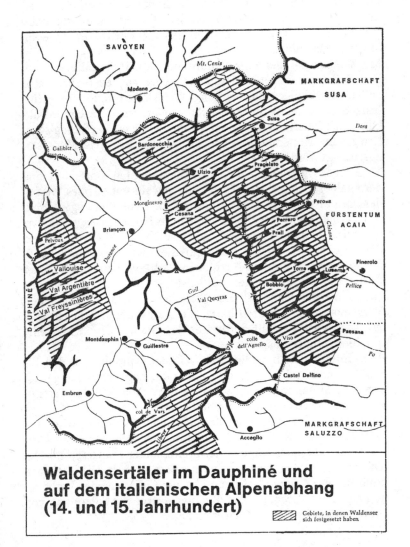

Waldensertäler im Dauphiné und auf dem italienischen Alpenabhang (14. und 15. Jahrhundert)

Gebiete, in denen Waldenser sich festgesetzt haben

Mehr als nur eine schwere Unterdrückung wird die inquisitorische Aktivität in diesem Gebiet zu einem traurigen Schacher. In Wirklichkeit war das überall so, wenn man bedenkt, daß die Güter des wegen Häresie Verurteilten unter den weltlichen und kirchlichen »Herren« verteilt wurden. Dieser legalisierte Raub tritt in seiner ganzen Wüstheit in den bäuerlichen Alpengebieten in Erscheinung.

Mit Kreuzzugs- oder Prozeßandrohungen hält man die gesamte Bevölkerung in dauernder Angst, – zwingt sie gegen alles Recht zu Tributzahlungen und verhängt Geldstrafen ohne jede rechtliche Grundlage. Wenn das nicht genügt, wird die Unterdrückungsmaschinerie in Bewegung gesetzt. Es ist ein psychologischer Krieg, eine Art dauernder Erpressung, mit der freie Menschen ausgesaugt werden.

1312 brennt in Pinerolo der erste Scheiterhaufen. Dort stirbt eine der »valdesia« angeklagte Frau eines gewaltsamen Todes. Besonders brutal wird die Unterdrückung im Dauphiné gegen Mitte des 14. Jahrhunderts, als der päpstliche Hof nach Avignon verlegt wird. Es ist verständlich, daß der Papst nicht willens war, die Anwesenheit solcher dissidentischer Herde so nahe bei seiner Residenz zu dulden. Als Martin Pastre verhaftet wird, jener Barbe, der die Fäden der waldensischen Organisation in den Alpen in seiner Hand gehalten hatte, und Johann XXII. von den Versammlungen erfahren hatte, die man unter freiem Himmel im Angrognatal abhält, fordert er den Inquisitor von Marseille auf, hier Abhilfe zu schaffen.

1335 interveniert Benedikt XII. bei dem Dauphin und den Bischöfen, und in der Folgezeit werden die Zügel straffer angezogen. Die Situation ändert sich auch nicht, als 1349 das Territorium unter französische Herrschaft kommt.

In den letzten Jahrzehnten des Jahrhunderts beginnt nach ein paar Jahren der Ruhe wieder eine intensive inquisitorische Aktivität. Ihr führender Kopf ist der Franziskaner Francesco Borelli. Die Jagd nach dem Ketzer wird zur Besessenheit. Die Kerker in Embrun und Avignon reichen nicht zur Aufnahme der Verhafteten aus. Papst Gregor XI. muß einen Aufruf zur Sammlung von Almosen für die Gefangenen erlassen.

Das Jahrhundert geht zu Ende mit der Rückkehr der Päpste nach Rom. Fast 40 Jahre lang wird die Christenheit aber nun getrennt leben mit zwei Päpsten, die sich gegenseitig exkommunizieren. Die Gläubigen wissen nicht mehr, wem sie Gehorsam schuldig sind. Aber auch in dieser Situation läßt der erbarmungslose Feldzug gegen die Waldenser kaum merklich nach, mit einer einzigen Ausnahme: Die Mission des Dominikaners Vincenz Ferreri, der in einer Welt voller schikanöser Gewalttaten, in einer Welt der Gefängnisse und Scheiterhaufen eine Predigtmission in den Waldensertälern durchführt, wobei er das Gespräch mit der Bevölkerung sucht.

Nicht fluchen, nicht schwören, nicht lügen

Wenn wir das Bild des Waldensers in den Alpen nachzeichnen sollen, des Anhängers der Bewegung, des Sympathisanten, der den Wanderprediger aufnimmt – an wen sollen wir dabei denken? Sicher nicht an den Wanderer der Generation des Waldes, aber auch nicht an den lombardischen Textilarbeiter, wohl aber an einen seiner bäuerlichen Welt verhafteten Bergbewohner. Ob es der Bauer im Louisa- oder im abgelegenen Freyssinières-Tal oder ob es der Knecht bei den Grafen von Luserna auf den Höhen von Angrogna oder der Hirte im Pragelato-Tal ist – es handelt sich immer um einen Menschen, der mit dem Landleben verbunden ist.

Die Städte und Dörfer im Tal, die um ihr Schloß oder die Kathedrale herum liegen, Embrun und Pinerolo, Perosa und Luserna, bleiben unter der Kontrolle der feudalen und kirchlichen Macht. Sie erleben im kleinen das Schicksal der lombardischen Städte, die sich mit der Freiheit vom Typ des Welfenadels zufriedengeben mußten, einer Freiheit im Rahmen der Institution.

Die Definition der Waldenser durch Friedrich Engels ist deshalb nur teilweise richtig. Er betrachtete ihre Bewegung als eine Art patriarchalischer »Häresie«, in der »reaktionäre Versuche sichtbar wurden, sich der geschichtlichen Entwicklung zu widersetzen.« Diese Gesellschaftsschicht in den Alpenbergen ist zweifelsohne patriarchalisch und widersetzt sich der feudalen Entwicklung im Namen archaischer Auffassungen, aber die Definition »reaktionär« muß im Lichte der Tatsachen revidiert werden. Vor allem dürfte die waldensische Bewegung nur in dem Maße so bezeichnet werden, als sie nicht »revolutionär« in Erscheinung tritt. Wie Amedeo Molnar aufgezeigt hat, versuchen die Waldenser nun zwar nicht, eine soziale Ordnung zu ändern, sondern einzig und allein, ihres evangelischen Glaubens zu leben; deshalb sind sie zwar keine »Revolutionäre«, wir können sie nur als »Rebellen« bezeichnen. Denn wenn sie sich der kirchlichen Macht widersetzen, dann haben sie die Autonomie des Glaubens gegenüber dem Lehramt wiederhergestellt. Sie haben sich aufgelehnt gegenüber dem Status quo und dessen Legitimität bestritten. Widerstandslose Reaktionäre und Stützen einer festgefahrenen Ordnung waren sie wirklich nicht.

Zum anderen entspricht die Vorstellung von den Waldensern als Hirten, die gottverlassen im Gebirge leben, nicht der Wirklichkeit. Die Prozesse des 14. Jahrhunderts treffen »Häretiker« nicht nur in den Hochtälern, sondern in vielen Zentren der piemontesischen Ebene von Pinerolo bis nach Chieri. Die Verhafteten sind im allgemeinen Handwerker, Kaufleute, Gastwirte, keine grobschlächtigen Bergbewohner, sondern dynamische Menschen, die für Neuerungen offen sind.

Und religiöse Erneuerungsbewegungen gehen damals in Piemont zahlreich um. Viele Katharer waren vor dem Kreuzzug Innozenz' III. dorthin geflüchtet. Nachdem sie in die waldensischen Gruppen infiltriert waren, hatten sie aufgehört, das Leben und die Gedankenwelt zu beeinflussen. Die Antworten, die die Inquisitoren im Verlauf der Prozesse erhielten, sind oft eine seltsame Mischung von evangelischem Gedankengut und fast, wenn auch nicht ganz, häretischen Theorien.

Das deutet gerade darauf hin, daß die waldensische Bewegung auf den Bergen sich nicht von der übrigen Welt abkapselt, sondern sich ausbreitet, ihren Einfluß auch auf neue Gebiete ausdehnt, in die Städte und in neue soziale Schichten eindringt.

Was die Waldenser des Alpengebietes offensichtlich charakterisiert, ist ihr tiefes Hineinreichen in die soziale Wirklichkeit des betreffenden Gebietes. Sie sind keine Fremdkörper am Rande, sondern ein kritisches Ferment. Das veranlaßt sie dazu, bisweilen

eine ungewöhnliche, fast revolutionäre, mag sein auch gewalt-
tätige Haltung einzunehmen im Gegensatz zur allgemeinen
Linie ihrer religiösen Sensibilität. Als Martin Pastre, einer ihrer
Barben, um die Mitte des 14. Jahrhunderts verhaftet wird,
schrecken die Bauern von Angrogna – aus ihrem Verdacht heraus, daß der katholische Pfarrer von San Lorenzo ihn angezeigt
habe – nicht davor zurück, diesen umzubringen. Und als der Inquisitor Johann von Castellazzo intervenierte, um sie zur Ordnung zu rufen, muß er vor ihrer Reaktion den Rückzug antreten.
Dieselbe Szene ein Jahrhundert später in Luserna, wo die Bevölkerung den Inquisitor Giacomo von Buronzo im gräflichen
Palast beschimpft.
Gewiß, die Opposition gegen die Politik der Inquisitoren ist in
der Geschichte des Mittelalters keine Ausnahme. Peter von
Verona und Konrad von Marburg wurden ermordet. Das gleiche
Ende nahmen nicht wenige Priester in Böhmen, die sich allzusehr
bei der Unterdrückung Andersgläubiger hervorgetan hatten. In
diesen Fällen handelt es sich fast immer um politische Interventionen des Adels, um Interessenzusammenstöße. In den Alpentälern ist es die Bevölkerung selber, die sich gegen die päpstliche
Einmischung empört. Diese Tatsache ist nicht ohne Bedeutung
für die spätere waldensische Geschichte in Piemont, wie das im
16. Jahrhundert nach dem Anschluß an die Reformation erkennbar wird.

Die Bibel und die »Weltverachtung«

Die Bedeutung der waldensischen Gruppe in den Alpen wird
durch eine weitere Tatsache in den Vordergrund gerückt: Fast
alle waldensischen Texte, die wir besitzen, ausgenommen einige
lateinische, sind seit dem 15. Jahrhundert in einem waldensischen Dialekt geschrieben – man fühlt sich gedrängt, von einer
Sprache zu reden – provençalischer Herkunft, gesprochen in weiten Gebieten der »Diaspora«. Dabei ist besonders bedeutsam,
daß sie bis zur Mitte des 17. Jahrhunderts in diesem Gebiet auf-
bewahrt und dann teilweise nach Genf, Dublin und Cambridge
in Sicherheit gebracht wurden, wo sie sich noch heute befinden.

Wenn man diese kleinen Handschriften in der Hand hält, halb so groß wie ein modernes Taschenbuch, mit ihren kleinen Buchstaben, weil sie Platz sparten, um so den Band klein zu halten und den heimlichen Transport zu erleichtern, dann gehen die Gedanken wahrlich nicht in weiträumige Bibliotheken, sondern in alte, ärmliche Häuschen und Hütten, in dunkle Küchen, in den halbdunklen Raum hinten in einem Laden. Dort wurden sie geschrieben und von einem einfachen Volk zur Erbauung gelesen. Das waren keine Erzeugnisse einer gelehrten Kultur, die siegreich auf dem Vormarsch war, sondern eher eine Gegenkultur, die in einem täglichen Kampf ums Überleben stand.

Die wichtigsten Dokumente sind natürlich die Bibelübersetzungen. Waldes hatte ja seine Suche nach dem rechten Glauben mit einer Teilübersetzung der Bibel begonnen; dieser ursprünglichen Entscheidung sind die Waldenser treu geblieben.

Solches Festhalten gab eine sehr präzise Glaubensposition – dieselbe, die Jahrhunderte später auch für Luthers Werk zur Grundlage wird: Die Bibel ist kein heiliges Buch zur Verehrung, sondern zum Meditieren. Deshalb muß sie von allen Menschen jeweils in ihrer eigenen Sprache gelesen werden und nicht nur im Gelehrtenlatein.

Es wäre nicht richtig zu sagen, die Waldenser hätten der mittelalterlichen Kirche die Bibel gebracht; sie kannte sie ja schon und vielleicht besser als die heutige Kirche. Aber sie haben zweifellos zu ihrer Verbreitung beigetragen. Unter diesen Gesichtspunkten ist daran zu erinnern, daß die alte Übersetzung in die toskanische Volkssprache des 13. Jahrhunderts auf die lateinische Vulgata, die in der Provence kursierte, zurückging, wobei man die schon vorher vorhandenen waldensischen Übersetzungen im Ohr hatte, gewiß bei den Waldensern und ihren Sympathisanten.

Neben der Bibel lasen und verbreiteten die Waldenser Predigten, epische Gedichte, Erbauungsschriften, die Anleitungen dazu gaben, ein christliches Leben zu führen, die Laster zu fliehen, den Tugenden zu folgen und sich nicht an irdische Güter zu hängen. Sie benutzen diese fromme Literatur, weil sie wie alle mittelalterlichen Menschen darum wissen, daß das Leben ein geringes Ding ist und die wahren Werte nicht in dieser Welt zu finden sind, sondern in der anderen Welt.

Trotzdem sind sie nicht wie die Flagellanten, die umherziehen und ein Schauspiel der Buße geben, wie die Katharer, die alles Geschaffene verachten, oder wie die Katholiken, die von ihren Verdiensten besessen sind, den Werken und dem Fegefeuer. Stattdessen haben sie ein klares Wissen um eine Tatsache: Das Leben soll verantwortlich gelebt werden, immer mit dem Blick auf das Urteil Gottes.

Nicht die Kürze oder die Eitelkeit der menschlichen Existenz interessiert sie, sondern die Erwartung des Endgerichts, das einmal die von jedem Menschen gefällten Entscheidungen klarstellen wird.

Das Endgericht schafft keine Furcht, es ist nur der Augenblick der Prüfung, wobei jedermanns Entscheidung deutlich wird. Wenn wir es historisch ausdrücken sollen, könnten wir sagen, die waldensische Frömmigkeit war nicht asketisch, sondern eschatologisch ausgerichtet. Ein beispielhafter Text dafür ist ihr großes Gedicht, die »Nobla Leyczon«, das mit den bedeutungsvollen Worten beginnt:

Höret, Brüder, eine wichtige Botschaft:
Wir müssen immer wachen und beten;
denn die Welt ist ihrem baldigen Ende nahe.
Wir müssen uns dafür einsetzen, gute Werke zu tun;
denn die Welt ist an ihr Ende gekommen.

Wie artikuliert sich der Glaube dieser Waldenser? Das ist schwer zu sagen. Ihre Zeugnisse sind spärlich und die Protokolle der Inquisitionsprozesse sind nicht immer glaubwürdig und objektiv. Klar zu sein scheint vor allem das Wissen darum, daß sie eine christliche Gemeinde sind im Gegensatz zu Rom, und zwar nicht nur in der Lehre, sondern auch in der Organisation. Die waldensische Gemeinde ist keine verbesserte Kopie der römischen Kirche, sie ist ein grundsätzlich anderer Kirchentypus. Die Tatsache, daß jeder Gläubige das Sakrament spenden kann, zeigt die Überwindung der priesterlichen Gewalt an, das Ende einer hierarchischen Struktur.

Das vom Prediger gesegnete und dargereichte Brot ist kräftig, »wahrhaftig«, nicht weil es ein Sakrament ist, sondern weil der

63

Gläubige mit der evangelischen Gemeinschaft der wahren Jünger Jesu eine Einheit bildet.

Auf theologischem Gebiet ist von zentraler Bedeutung das, was wir die »Theologie der beiden Wege« nennen könnten, die weithin die waldensische Literatur beherrscht. Nur zwei Lebensziele sind möglich: das Gute oder das Böse, die Sünde oder die Gnade. Was aus uns in der Ewigkeit wird, entscheidet sich auf der Erde, indem man den einen oder den anderen Weg einschlägt; es gibt keine Berufungsgerichte. Fegefeuer, Fürsprache der Heiligen und Madonnen, Seelenmessen – das alles sind Betrügereien, ist religiöse Hinterlist, die abgetan und bekämpft werden muß.

Das andere charakteristische Element dieser Theologie ist die unbedingte Verwerfung der Lüge und des Eides; man sah beides als Todsünde an. Diese Ablehnung ist sicherlich durch das Wort des Evangeliums Matthäus 6 motiviert. Es ist aber nicht nur der Buchstabengehorsam, es gibt auch die Forderung nach Zusammenhang zwischen Leben und Glauben in den menschlichen Beziehungen. Der Eid ist in der Tat in der mittelalterlichen Gesellschaft keine reine Erklärung der Wahrheit, sondern er steht auf der Basis der sozialen Beziehungen. Alle sind durch den Treueid an den Nächsthöheren in der Feudalhierarchie gebunden. Dieser Treueid verpflichtet zu Gehorsam und Hilfeleistung. Nicht umsonst nimmt der Papst für sich das Recht zur Exkommunikation und zum Interdikt in Anspruch. Eine mit dem Interdikt belegte Stadt ist zum bürgerlichen Tode verurteilt, zum Chaos; niemand sieht sich mehr gehalten, seinen Verpflichtungen nachzukommen.

Den Eid verweigern bedeutet deshalb, sich jeder sozialen Beziehung zu entledigen (wie die Anarchisten im 19. Jahrhundert), heißt leben wollen außerhalb des Gesetzes. Die waldensische Haltung hat schließlich den Charakter einer tiefen Verweigerung. Sie ist eine indirekte, aber radikale Kritik an den Formen des sozialen Zusammenlebens, das die Menschen gegenseitig an einer Kette des Unterworfenseins hält. Die kirchlichen und politischen Mächte haben diesen Aspekt der Verachtung im waldensischen Protest sofort erkannt und haben keinen Augenblick gezögert, ihn zu unterdrücken. Die »valdesia« in den Alpen ist nicht sehr verschieden von der deutschen. Gegründet im Schoß der Familie, in einer bäuerlichen Umwelt, lebt man eines Glaubens, der von Generation zu Generation weitergegeben wird. Ein besonderes Element scheint es aber gegeben zu haben: das einmalige Eindringen in das soziale Gefüge, jenes Wirken als kritisches Ferment, das zu einem Glaubenskampf und zu einer freiheitlichen Haltung führt, was bis zu einem Volksaufstand führen kann.

Zwei andere interessante Gebiete, in denen das Waldensertum präsent war, sind die Provence mit dem Languedoc und Süditalien. Nach dem Kreuzzug gegen die Katharer hat der Süden Frankreichs Jahrzehnte massiver polizeilicher Unterdrückung und Inquisitionsprozesse erlebt, die mit der totalen Vernichtung des dort ansässigen, nichtkatholischen christlichen Glaubens endeten. Die Waldenser haben das gleiche Sckicksal erlitten; aber sie verschwinden nicht völlig. Noch in den ersten Jahrzehnten des 14. Jahrhundert leitet Jacques Fournier, der nachmalige Papst Benedikt XII., Prozesse gegen sie ein. Aus dem Languedoc stammt z. B. die Liturgie des Karfreitags, der, soweit wir wissen, der Mittelpunkt des waldensischen Kirchenjahres war und unter Leitung des »majoralis« gefeiert wurde.

Über den Süden Italiens sind unsere Kenntnisse noch spärlicher. Die Waldenser siedeln sich hier während der Regierungszeit der Könige von Anjou an. In ihrem Bemühen, ein Gegengewicht gegen die Anwesenheit der Sarazenen zu schaffen und in die dortige Gesellschaft einzudringen, nehmen die Könige diese Gruppen auf, die aus ihren alten Lehensgebieten in Frankreich kommen. Gleicher Herkunft sind vielleicht die Gruppen in Kalabrien: in Borgo degli Ultramontani, San Sisto, Montalto, Guardia Lombardia (dem späteren Guardia Piemontese) im Gebiet von Cosenza. Eine neuere Tradition will sie stattdessen aus den piemontesischen Tälern eingewandert wissen.

Diese Kerngebiete religiöser Dissidenz genossen einen gewissen Schutz bei der Zentralregierung in Neapel. Trotz der harten Unterdrückung auf lokaler Ebene durch den Adel und trotz päpstlicher Drohungen leisteten sie Widerstand und wurden zu einem Ausgangspunkt im großen Kampf zwischen dem Papsttum und den »Brüdern«, den fraticelli, der radikalen Strömung in der franziskanischen Bewegung.

In Erwartung der Letzten Tage (15. Jahrhundert)

Höret, ihr Brüder, eine wichtige Botschaft:
Wachet und betet;
denn das Ende der Welt ist nahe herbeigekommen.
Wir müssen uns verpflichtet wissen zu guten Werken;
denn die Welt ist an ihr Ende gekommen.
Tausend und einhundert Jahre sind vergangen,
seit das Ende der letzten Zeit festliegt.
Lassen wir alle unsere Wünsche, denn wir sind am Ende.
Jeden Tag sehen wir die Erfüllung der Zeichen:
Das Böse mehrt sich, und das Gute nimmt ab.
Das sind die Gefahren, von denen die Schrift spricht,
von denen das Evangelium berichtet und Paulus schreibt.
Niemand kann wissen, wie sein Ende sein wird.
Deshalb müssen wir vor allem wachen, da wir nicht wissen,
ob der Tod uns heute oder morgen ereilt.
Wenn Jesus am Tage des Gerichts kommt,
wird jeder seinen vollen Lohn empfangen,
die da Böses getan und die da Gutes getan haben.
Aber die Schrift sagt, und wir müssen es glauben,
daß alle Menschen dieser Welt auf zwei Wegen fortgehen:
die Guten zur Ehre, die Bösen zur Qual.
Und wer an diese Einteilung nicht glaubt,
der lese die Schrift von Anfang an.
Seit den Tagen der Erschaffung Adams bis zur Gegenwart
wird er finden, wenn er das Verständnis hat,
daß es nur wenige sind, die das Heil erlangen.
Wer immer Gutes tun will,
der setze die Ehre Gottes vor alles andere
und rufe nach der Hilfe seines Sohnes,
des Sohnes der heiligen Maria,
und nach dem Heiligen Geist, der uns den rechten Weg führt.
Diese Drei bilden die heilige Dreieinigkeit,
wie ein einziger Gott müssen sie verehrt werden,
voller Macht, Weisheit und Güte.
Ihn müssen wir unablässig anbeten und anrufen,
damit er uns Kraft verleihe gegen den Feind,
damit wir ihn vor dem Ende überwinden können.
– Der Feind ist die Welt, der Teufel und das Fleisch –
Gott möge uns Weisheit schenken zusammen mit Güte,
damit wir den Weg der Wahrheit erkennen mögen,
unsere Seele rein erhalten, die Gott uns gegeben hat,
Seele und Leib auf dem Weg der Liebe.

Aber nach den Aposteln kamen andere gelehrte Männer,
die uns den Weg unseres Heilandes Jesu Christi lehrten.
Und man findet noch heute in unseren Tagen welche,
nur von wenigen erkannt,
die den Weg Jesu Christi aufzeigen wollten;
aber sie sind verfolgt worden, daß sie es nur mühsam tun konnten.
Zahlreich sind die falschen Gläubigen, in Irrtum verblendet.

Am meisten sind es diejenigen, die Hirten sein sollten
und stattdessen die Besten töten und verfolgen
und lassen die falschen Lügner in Frieden leben;
sie sind also keine richtigen Hirten.
Sie lieben die Schafe nur, um sie scheren zu können.
Aber die Schrift sagt, und wir können das feststellen,
wenn es nur einen einzigen guten Menschen gibt, der Jesus Christus
liebt und fürchtet,
nicht flucht, nicht schwört, nicht lügt,
die Ehe nicht bricht, nicht tötet, niemandes Eigentum stiehlt,
sich nicht an seinen Feinden rächt,
dann sagen sie, er sei ein Waldenser und des Todes schuldig.
Dann tragen sie aller Art Anklagen, falsche und verlogene,
gegen ihn zusammen,
um ihm den Lohn seiner Mühe zu entreißen.
Wer aber um der Ehre des Herrn willen verfolgt wird, der fasse Mut;
denn das Himmelreich steht ihm offen, wenn er diese Welt hinter sich läßt.
Und dort findet er Ehre statt Entehrung.
Dort wird ihre große Bosheit offenbar werden,
daß, wenn einer fluchen, schwören, lügen will,
auf Wucher leihen, töten oder die Ehe brechen
und sich für das Böse rächen, das sie ihm antun können,
dann sagen sie, er sei ein guter Mensch und von untadeligem Ruf.

Aber ich wage es, euch zu sagen, weil es der Wahrheit entspricht,
daß alle Päpste seit den Tagen des Silvester, [1]
Kardinäle, Bischöfe und alle Äbte insgesamt
keine Vollmacht zur Absolution haben
noch die Vergebung zusprechen können einem Geschöpf
von seiner Todsünde.
Allein Gott vergibt, kein anderer kann das.
Die da Hirten sind, sollen dem Volk predigen
und leben im Gebet und die Herde nach Gottes Geboten weiden.

Möge es dem Herrn, der die Welt erschuf, gefallen,
daß wir unter den Auserwählten sind,
damit wir teilhaben an seinem Tische.

Quelle: »La Nobla Leyczon«, waldensische Dichtung aus dem 15. Jahrhundert, zitiert nach J. Léger: Histoire générale des églises évangéliques des Vallées du Piémont, Leiden 1669, S. 26 ff.

Ein Barbe aus dem San-Martino-Tal (1451)

Verhört über die Hauptanklagepunkte seines Prozesses, die ihm zum vollen Verständnis in der Volkssprache vorgelesen und übersetzt wurden, gab er zur Antwort, es sei wahr, daß er einmal in seinem Haus einem Bar-

---

[1] Nach dem grundlegenden Datum der waldensischen Theologie: 313 war Konstantin Kaiser geworden und datiert seine sogenannte Schenkung an Silvester.

ben gebeichtet habe, einem Lehrer aus der sogenannten Waldensersekte, der ihm von einem Mann namens Stephan Rigotti in sein Haus gebracht wurde, aus der Pfarrei Usseaux. Nach dem Namen dieses Barben gefragt, antwortete er, er habe sich bezeichnet als der »große Amchel aus Fassiniere«* (Amchel, vielleicht Michel vom Freissinières, einem Waldensertal des französischen Dauphiné, von wo dann im 16. Jahrhundert der Barbe Morel kommen wird). Gefragt, ob er außerdem noch andere Barben gesehen habe, bejahte er: einen aus Meana bei Susa. Nach dessen Namen befragt, antwortete er, er erinnere sich nicht mehr. Gefragt, ob er im Laufe seines Lebens noch irgendwelche andere Barben gesehen habe – auch diese Frage bejahte er: einen, der aus Apulien kam; seinen Namen wisse er nicht, er habe ihn nur sagen hören, daß er aus Manfredonia stamme.

Darüber befragt, woran er sie denn als Barben und Lehrer der sogenannten Waldensersekte erkannt habe, sagt er aus, daß sie jedes Jahr in die sogenannten Täler kommen. Er und die Leute aus dem Tal und den Nachbarpfarreien beichteten bei ihnen. Wenn sie dann weiterzogen, setzten sie ihn und Franz Aydetti im Persosa- und San-Martino-Tal als Stellvertreter ein. In ihrem Namen habe er diesen Vertretungsauftrag in diesem Tal wahrgenommen, ebenso auch der genannte Franz. Männern und Frauen der sogenanten Waldensersekte hätten sie die Beichte abgenommen..., und hätten bei diesen Waldensern Geld gesammelt und es dem Meister nach Manfredonia in Apulien gebracht. Darüber befragt, wann, in welchem Monat und Tag er nach Apulien gegangen sei und wieviel Geld er dorthin gebracht habe, antwortete er, er sei im März 1448 und 1449 mit 300 Dukaten dort gewesen. Des weiteren wollten sie wissen, wie sie es denn angestellt hätten, nach Apulien zu wandern, ohne erkannt zu werden. Er gab zur Antwort, daß besagter Franz sich als Händler verkleidet habe und er hinter ihm dreingegangen sei als sein Gefährte. So seien sie durch die Lande gezogen und hätten ihre Waren feilgeboten.

Gefragt, ob er jemand aus dieser Sekte dem Namen nach kenne, gab er zur Antwort, er kenne ... (es folgen die Namen von Waldensern aus Torre, San Martino, Villasecca, Rodoretto, Massello, Praly).

Nach den Anweisungen gefragt, die er den Obengenannten gegeben habe, wenn sie ihm beichteten und wenn er ihnen predige, gab er zur Antwort, daß er sie darauf hingewiesen habe, daß sie keinen Festtag eines oder einer Heiligen feiern dürften, auch nicht die Marienfeiertage, weil die Festtage der Heiligen und der Maria keinen Wert hätten, und es sei keine Sünde, an diesen Tagen zu arbeiten. Auch sollten sie nicht glauben an die Eucharistie, an die Hostie, an das Opfer des Altars. Bei der Elevation der Hostie sei der Leib Christi nicht wirklich anwesend. Es sei nur Brot, und man dürfe nicht glauben, daß Christus von Maria als Jungfrau geboren worden sei.

Es gäbe nur zwei Wege, auf denen man entweder gerettet oder verdammt werden könne. Wer Gutes tut, geht ins Paradies ein, wer Böses tut, in die Hölle und Verdammnis. Das Fegefeuer gibt es nicht. Wer daran glaubt, ist verdammt. Man dürfe für einen Toten keine Almosen geben; denn Almosen für einen Toten haben keinen Wert. Sie nützen dem, dem man sie gibt, nur vor dem Tode. Maria, der Sohn, die heiligen Männer und Frauen haben keine Macht, Wunder oder Zeichen zu tun oder Gnade zu schenken, sondern allein Gott selber. Alles, was in der Kirche getan wird, ist wertlos, es hat keinen Bestand. Es wäre besser, wenn etwas in den Ställen getan würde als in den Kirchen.

Gefragt, worüber denn der Barbe gesprochen habe, als er bei ihnen predigte, antwortet er, daß sich jedesmal in einem Haus 50 oder 60 Leute versammelt hätten, und dann kommt der Barbe, und es wird ganz still. Er hält die Predigt und sagt, daß sie anderen das nicht tun dürften, was sie nicht wollten, daß andere es ihnen tun. Sie sagen jeden Tag ein- oder mehrmals das Vaterunser auf, aber nicht das Ave Maria. Und wenn sie Almosen geben wollten, dann täten sie es bei Lebzeiten; denn nach dem Tod hätten sie keinen Wert mehr...

Quelle: Aus dem Verhörprotokoll des Philipp Regis aus dem Jahr 1451, veröffentlicht von G. Weitzäcker: Ein Waldenserprozeß im Jahr 1451, Rivista Cristiana IX (1881), Seite 363–367.

VI.

DIE WALDENSISCH-HUSSITISCHE INTERNATIONALE

Von der »Bethlehemskapelle« zum Berg Tabor

Am Ende des 14. Jahrhunderts, nach mehr als zwei Jahrhunderten Zeugnis und Martyrium, scheint das Waldensertum auf kaiserlichem Territorium durch die großen Verfolgungen gewaltsam vernichtet. Auf sich selbst gestellt und in die Verborgenheit zurückgedrängt, scheint ihm der Erstickungstod bestimmt. Die von Innozenz III. gewollte Kirche hat scheinbar den Sieg davongetragen, denn sie beherrscht jetzt Europa. Es handelt sich indes nur um einen Scheinsieg. Die Christenheit ist ein großer Leib ohne Seele, und ein tödlicher Zweifel bahnt sich seinen Weg im Bewußtsein des Volkes: Ist die allmächtige römische Kurie, die Geld, Ablässe und Macht verwaltet, wirklich die Kirche Christi? Das ist die Frage der Waldenser am Beginn der Moderne; aber sie haben als Antwort nur Scheiterhaufen und Folter bekommen. Nun erhebt sich das Fragen erneut. Es sind nicht mehr Einzelne und verschwindend kleine Grüppchen, die nach »Reformation« rufen, sondern Theologen, Bischöfe und religiöse Orden. Zwei Persönlichkeiten treten in diesem Kampf besonders hervor: Wiclif in England und Hus in Böhmen. Der erste, nicht zufällig als »doctor evangelicus« bezeichnet, ist nicht so sehr von polemischen Forderungen umgetrieben als vielmehr von einer tiefreichenden Forderung nach der Treue zur Heiligen Schrift, die er übersetzen und unter dem Volk verbreiten läßt. Gerade die Werke Wiclifs werden nach ihrem Übergreifen auf den Kontinent zum Anstoß für die größte geistliche Erfahrung des Jahrhunderts, für die hussitische Reformbewegung.

Ihr Wortführer wird Jan Hus. Auch er war Universitätsdozent und wie sein Lehrer darauf bedacht, seine Gaben und seine Bildung in den Dienst der einfachen Leute zu stellen. In der Bethlehemskapelle in Prag gibt er Woche für Woche den Ertrag seiner biblischen Meditationen weiter und nutzt dazu seine außerordentliche Predigtgabe.

Das Leben von Hus nimmt ein tragisches Ende. Vor das Konstanzer Konzil zur Stellungnahme zitiert, wird er eingekerkert und trotz des kaiserlichen Geleits als Ketzer zum Feuertod verurteilt. Das gleiche Schicksal erleidet im Jahr darauf sein Schüler Hieronymus von Prag.

Hussens Scheiterhaufen war nicht der erste in der Geschichte der Unterdrückung durch die Kirche und schien dazu bestimmt, einen leidvollen Einzelfall abzuschließen. Er wurde der Anfang einer echten Revolution, die schließlich ganz Böhmen in Mitleidenschaft zog. Die Hussiten verlangen die Freiheit zu predigen, eine Beendigung der Steuerlast und der juristischen Abhängigkeit vom Klerus. Sie wollen ihren Glauben selber verantworten und nicht nur Untertanen sein. Der Kelch wird beim Abendmahl auf die Fahne gestellt und bringt so die Forderung nach persönlichem Glauben zum Ausdruck.

Die hussitische Revolution macht verschiedene Phasen durch: Zunächst siegt die national-völkische Erhebung, an der auch der Adel teilnimmt, und leistet den Kreuzfahrerheeren Widerstand. Die konziliantere Strömung nähert sich aber wieder dem Katholizismus und ist mit ein paar Konzessionen zufrieden, u. a. dem Abendmahl mit dem Laienkelch. Die Front spaltet sich, und es kommt zum Zusammenstoß der beiden Strömungen. Der Sieg fällt den Gemäßigten zu. Die unnachgiebigen Hussiten hatten sich in Südböhmen bei dem Städtchen Tabor reorganisiert und setzen den Kampf unter dem Namen »Taboriten« fort. Aus ihnen geht nach vielen wechselvollen Schicksalen die Gemeinde der Böhmischen Brüder (Unitas fratrum) hervor, die großen Anteil an der Geistesgeschichte Mitteleuropas hat.

Die hussitische Revolution bildet trotz der militärischen Niederlage ein wesentliches Datum in der Kirchengeschichte. Zum ersten Mal hat eine Gegenbewegung der etablierten Macht Widerpart geleistet; ein Volksheer hatte das Kreuzfahrerheer zurückgeschlagen. Ein christliches Territorium hatte sich von der päpstlichen Unterdrückung befreit. Auf geistlichem und theologischem Gebiet hatten Hus und seine Schüler den Mythos der abendländischen Kirche als einer juristischen Einheit zerstört und hatten eine von Rom abweichende christliche Kirche ge-

71

gründet, und zwar nicht auf der Basis von Zwangsrecht und Unterwerfung, sondern auf der Basis des Evangeliums und der Brüderlichkeit.

Die waldensisch-hussitische Internationale

Im Zuge all dieser Ereignisse in Mitteleuropa tauchten die verängstigten waldensischen Gruppen wieder auf, die die Verfolgungen überlebt hatten. Die taboritischen Theologen anerkannten die Bedeutung des waldensischen Protestes, die Stichhaltigkeit ihrer Forderung. Sie bekamen eine Art offizieller Weihe, als auf dem Konzil zu Basel Prokop der Große, der heldenhafte Anführer in den Taboritenkämpfen, den Beweis für ihre Treue zum Evangelium führte. Ein militärischer Führer verteidigte die friedlichen »Ketzer« vor den katholischen Bischöfen!
Die Hussiten akzeptierten nicht alle Thesen der Waldenser, noch verzichteten die Waldenser auf ihre eigenen Positionen, auch nicht angesichts der Siege der taboritischen Revolution, sondern sie gehen nunmehr gemeinsam vor. Die Verbindungen waren aber doch so fest, daß die Waldenser aus dem Dauphiné Unterschriften zur Unterstützung der Taboriten in ihrem Kampf sammelten. Noch Anfang des 16. Jahrhunderts erwartete eine Gruppe Waldenser in Paesana im oberen Po-Tal die baldige Befreiung durch den »König von Böhmen«.
Durch die hussitische Bewegung erhielten die Waldenser eine für die nächsten Generationen unentbehrliche theologische Bildung. Die Prager Theologen waren biblisch gebunden. Sie waren bei ihrem Suchen und Fragen oft in die Fußtapfen der Waldenser getreten und hatten deren Gedanken auf akademisches Niveau gehoben.
Viele hussitische Bücher und Traktate kommen so bei den Waldensern in Umlauf, werden gelesen, übersetzt und kurz zusammengefaßt: Werke über das Fegfeuer und die Ehe. Sogar das taboritische Glaubensbekenntnis gehört jetzt zu einer waldensischen Bibliothek.
Ebenso wichtig war der hussitische Einfluß aber auch in praktischer Hinsicht. Ein neuer missionarischer Elan geht von Böhmen

aus und durchdringt die waldensische Diaspora. Die deutschen Prediger halten sich bei den taboritischen Gemeinden auf und unterhalten Kontakte. Einige dieser Männer, darunter der nach Böhmen gegangene Engländer Peter Payne, träumen von einer großen evangelischen Bewegung, die von Böhmen ausgehend entlang den Wegen der Waldenser sich über das ganze weite Imperium ausbreiten sollte. Für diese theologisch-missionarische Vision der nichtrömischen Christenheit im 15. Jahrhundert hat Amedeo Molnar den schönen Ausdruck »waldensisch-hussitische Internationale« geprägt.

Die Pioniere dieser neuen waldensischen Welt sind die »Barben«. Im Munde von Waldensern hat das Wort »barba« einen eindeutig polemischen Beigeschmack: Die Diener am Wort haben Autorität, aber keine Machtbefugnis, sie sind Älteste, aber keine Priester, »Onkel« und keine »Väter« wie die Kuraten.

Die Barben des 15. Jahrhunderts sind nicht mehr nur wie in den vorhergehenden Jahrhunderten kleine Handwerker, die unterwegs sind und die Kontakte zwischen den Gruppen in der Diaspora aufrechterhalten. Sie sind in Wirklichkeit Lehrer für das Glaubensleben und auch für die Bildung. Ihnen verdanken wir die Weitergabe der waldensischen Literatur, die Sammlung von Predigten und die Abfassung von epischen Gedichten.

Man kann sie sicher nicht mit den zeitgenössischen großen Humanisten in Italien vergleichen. Ihre Bibliothek ist bescheiden, wie sie eben bei einem Mann nur sein konnte, der immer unterwegs ist; aber sie ist keineswegs minderwertig oder mangelhaft. Sie sind imstande, theologische Werke in Lateinisch zu lesen und sie zu übersetzen. Sie lernen Arithmetik und etwas Botanik und Medizin, was ihnen erlaubt, ein wenig als Ärzte tätig zu sein.

Ihr Dienst geschieht nicht spontan und nur gelegentlich, sondern ist streng organisiert. Der junge Waldenser, der nach seinen Gaben, nach seiner Einsatzfreudigkeit und seiner ernsten Lebensführung gute Garantien bietet, ein Barbe zu werden, wird einige Jahre lang zusammen mit einem älteren Barben als helfender Gefährte zum Dienst am Wort auf die Wanderschaft geschickt.

Er macht sich vertraut mit den Orten, die zu besuchen sind. Er erlernt die Sprachen, studiert die heiligen Texte und besucht die geheimen scholae. Eine solche bedeutendere Schule wird von der späteren Tradition nach Pra del Torno im oberen Angrogna-Tal verlegt. Die von den Barben gegründete Organisation hat eine einzigartige Wirkung: Die Arbeitsgebiete sind genau begrenzt, die Begegnungen pünktlich, und die Nachrichten sind exakt. Beweis dafür ist die Tatsache, daß es der Inquisition nur selten gelang, sie zu fassen.

Wir wollen aus dieser geheimen Welt nur das Schicksal zweier als Märtyrer gestorbenen Barben kurz ins Gedächtnis rufen; sie sind wahrscheinlich die beiden größten ihrer Zeit: Friedrich Reiser, 1458 auf dem Scheiterhaufen gestorben, der andere mit Namen Martin stirbt vierzig Jahre später.

Als Sohn eines waldensischen Kaufmanns ist Friedrich Reiser in den Städten Nürnberg und Freiburg i. Üchtland (Schweiz) in Geschäften unterwegs. Er unterhält ständigen Kontakt zu waldensischen Gruppen in den genannten Städten.

Der mit seinem Vater befreundete Peter Payne überzeugt den nicht ganz 25jährigen, sich doch ganz der Predigttätigkeit zu widmen, und bringt ihn mit den Böhmen zusammen. Reiser wird von der taboritischen Revolution erfaßt und ist von den Taboriten als Prediger ordiniert worden. Er gerät in den Kreis um Prokop, nimmt an dessen Feldzügen teil und begleitet ihn auf das Konzil zu Basel.

Nach 1435 und dem Ende der hussitischen Revolution widmet er sich der Reorganisation der waldensischen Diaspora. Dabei stützt er sich auf die Gemeinde Zatec und die taboritischen Gemeinden. Er durcheilt die Ländereien des Reiches von Krakau bis nach Basel zusammen mit seinen Schülern, die wie er von der taboritischen Theologie geprägt sind. In Straßburg wird er verhaftet und zum Scheiterhaufen verurteilt. Zwei Monate später wird sein Schüler Matthias Hagen im Brandenburgischen festgenommen. Wenige Monate später trifft seinen Nachfolger Stephan von Basel das gleiche Schicksal.

Der Barbe Martin stammt aus der Mark Ancona. Sein richtiger Name ist Francesco von Girundino. Er wird 1492 verhaftet, als er zusammen mit seinem Gefährten Peter di Jacobo d'Alviano,

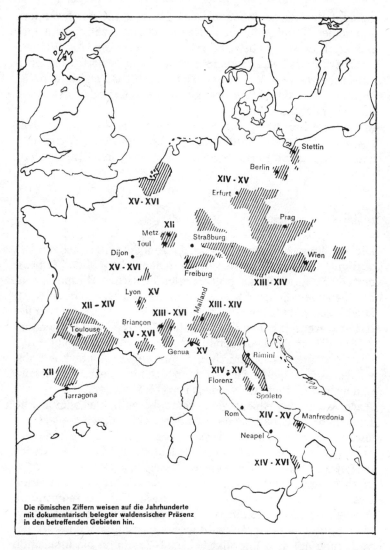

Gebiete mit überwiegender Verbreitung der waldensischen Bewegung im Mittelalter

genannt der Barbe Johannes, das Chisone-Tal durchwandert.
Vor seiner Verurteilung zum Scheiterhaufen erzählt er im Pro-
zeßverfahren sein Leben und seine Wanderungen. Als Waldenser seit Geburt hatte er zuerst seinen Vater begleitet, der auch
ein Barbe war, danach andere Barben, die aus Perugia und Camerino stammten, zu den Gruppen in Süditalien oder im Norden
(Genua, Lucca und Bologna).
Mit diesem Bericht tut sich ein Fenster in die Welt der waldensischen Diaspora des Mittelalters auf, die viel weiter reichte und
besser durchorganisiert war, als man sich das vorstellen kann.

In der Renaissance

Die Waldenserbewegung des 15. Jahrhunderts hat nach der Begegnung mit den Taboriten ihren dynamischen Mittelpunkt in
der von Friedrich Reiser organisierten deutschen Diaspora. Von
dort gelangen die neuen Ideen durch die Schweiz in den Süden.
Die Diaspora im Königreich Neapel und in der Mark Ancona lie-
fert aber weiterhin eine nicht unerhebliche Zahl von Barben und
zählt nicht wenige bedeutende Gemeinden. Als Lukas von Prag,
der Theologe der böhmischen Brüderunität, Kontakt mit der
waldensischen Welt sucht, begibt er sich nicht nach Deutschland
und nicht nach Piemont, sondern nach Mittelitalien.
Auch wenn die Alpenregion keine besondere geographische
Lage hatte, so gehört sie doch zu den Gebieten, wo die waldensischen Gruppen dichter beieinanderliegen und gerade in diesem
Jahrhundert mehr und mehr an Bedeutung gewinnen. Hier wird
die gewaltsame Unterdrückung entfesselt.
Nach einigen Jahrzehnten relativer Ruhe unter Herzog Amadeus VIII. von Savoyen sah das Luserna-Tal die Inquisitoren
wieder erscheinen. Jakob von Buronzo ist um 1450 wieder am
Werk, und das ganze Tal wird wegen des Widerstandes der Bevölkerung mit dem Interdikt belegt. 1475 nimmt die Inquisition
in der Person des Jakob Andreas von Acquapendente ihre Tätigkeit wieder auf. Es gibt endlose Prozesse, in denen sich verschiedene Interessen und Widerstände ineinander verschlingen. Der

Herzog muß mit seiner Autorität intervenieren. Die Herzogin Jolanthe, Regentin für ihren Sohn Karl I., sieht sich gezwungen, gestützt auf den Inquisitor, den Grafen von Luserna sogar zu drohen und sie zu bestrafen, weil sie sich allzu sehr mit den Waldensern einließen.

Die Unterdrückungsaktion hat immer weniger einen theologischen und bekommt immer mehr einen fiskalischen Charakter. Sie geschieht in einem Klima der Korruption und der Interessengegensätze. Auf dem italienischen Alpenabhang hat sie ihren Höhepunkt im Krieg Karls I. und auf dem französischen Abhang im Kreuzzug des päpstlichen Legaten Albert Cattaneo in den Jahren 1487–89.

Der Krieg Karls I. wurde wohl durch die Erhebung der Bevölkerung im Luserna-Tal gegen ihre Grundherren hervorgerufen. Der Zusammenstoß lokalisiert sich im besonderen auf das Angrogna-Tal. Er ist höchst verworren, weil zwei gleichermaßen schlecht organisierte und unversorgte Abteilungen aufeinandertreffen. Auf der einen Seite stehen die Feudalmilizen, zusammengewürfelt und schlecht bewaffnet, auf der anderen Seite stehen die waldensischen Männer, ebenso schlecht bewaffnet, aber zu allem entschlossen.

Die beinahe legendären Zusammenstöße, im Gedächtnis der Menschen immer wieder abgewandelt, sind klassischer Heldengedichte oder, besser gesagt, biblischer Epik würdig: Der Schwarze von Mondovi und Führer der Söldner wird durch die Schleuder eines Bauernjungen getötet. Der Kommandant stürzt in die Fluten des reißenden Bergbaches und ertrinkt darin. Es gab überraschende Handstreiche bei Nacht und Kämpfe Mann gegen Mann.

Karl I. beendet den Krieg auf dem Verhandlungswege. Er empfängt in seinem Palast in Pinerolo die Deputierten des Tales und wundert sich darüber, sich kräftigen, gesunden Bergbewohnern gegenüberzusehen statt behaarten Teufeln mit *einem* Auge auf der Stirn, wie sie die Propaganda des Hofes gezeichnet hatte. Ein Kompromiß auf savoyische Art, der alles so läßt, wie es vorher war, eine Geste herzoglicher Milde, die eine stillschweigende Anerkennung bürgerlicher Rechte ist.

Sehr viel tragischer ist dagegen das Schicksal der »valdesia« im Dauphiné. Die bewaffnete Unterdrückung durch den Gouverneur Philipp von Savoyen, ausgeführt mit Zustimmung des französischen Königs Karls VIII., nimmt Züge eines echten Kreuzzuges an. Wie alle großen religiösen und militärischen Unternehmungen des Mittelalters steht sie unter der Schirmherrschaft des Papstes und wird von seinem Legaten organisiert. Es gibt keine Ähnlichkeit zwischen dem Heiligen Krieg Innozenz' III. und dieser traurigen Polizeiaktion Innozenz' VIII., zwischen der Eroberung des Heiligen Landes und der Razzia in den armen Alpentälern.

Was im Mittelalter ein tragisches Ereignis war, wird hier zu einer organisierten Piraterie, so gewollt von einem der entartetsten Päpste der Christenheit, in dem sich Herrschsucht, lokale Rachegelüste und der Fanatismus von Abenteurern und Räubern verschlingen.

Die Polizeiaktion wird peinlich genau durchgeführt. Cattaneo muß Truppen sammeln und verschiedene Behörden überzeugen. Die Waldenser ihrerseits wollen Zeit gewinnen und versuchen wie immer den Kampf juristisch auszutragen. Sie schicken Gesandtschaften, die ihre eigenen Rechte begründen und Berufung einlegen.

Das Glaubensbekenntnis, das die Bewohner des Pragelato-Tales bei dieser Gelegenheit niederschreiben, gehört zu den bedeutendsten Dokumenten des Waldensertums. Es ist Ausdruck einer gereiften christlichen Gemeinschaft, geläutert im Leiden, verantwortlich für ihre Entscheidungen.

Die Unterdrückungsmaschinerie steht aber nicht still. Das Pragelato-Tal wird im Winter 1487 eingenommen und geplündert. Die Waldenser suchen Zuflucht auf den Bergen. Einige unterwerfen sich und erkaufen sich dadurch Straffreiheit. Wieder andere flüchten sich in die Nachbartäler zu ihren Glaubensgenossen. In Prali kommt es zu einem Zusammenstoß zwischen der Bevölkerung und den Truppen unter dem Kommando des Hugo de la Palud, die zurückweichen müssen.

Das gleiche Schicksal erleiden im nächsten Jahr die Waldensergruppen im Argentière-Tal und im Louisatal. Hier wird die traditionelle Linie der Gewaltlosigkeit voll eingehalten; das Waldensertum wird total vernichtet. Die wenigen, die vor dem Massaker in Höhlen oder in die Wälder entkommen sind oder zum Abschwören gezwungen wurden, flüchteten in die piemontesischen Täler oder nach Mittel- und Süditalien zu den dortigen Brüdern. Mit diesem ruhmlosen Kapitel beschließt das Papsttum das Jahrhundert der hussitischen Reform und der großen Konzilien. Die Christenheit des Inquisitors Cattaneo lebt noch im Mittelalter. Sie scheint nicht zu wissen, daß in Florenz schon Savonarola gepredigt und Brunelleschi mit seiner Domkuppel in Florenz die Architektur erneuert hat. Machiavelli ist 18, Erasmus 20 Jahre alt.

Mit dem traurigen Kreuzzug legt sich ein Vorhang tödlichen Schweigens über die waldensische Welt. Über ihr Leben bis zum Beginn des 16. Jahrhunderts weiß man wenig. Die Barben sind zweifellos weiter an der Arbeit; aber der Aktionsradius ihrer Predigt scheint kleiner geworden zu sein. Die Diaspora löst sich auf. Die waldensischen Kräfte konzentrieren sich auf begrenzte Gebiete in der Provence, in Kalabrien, im Dauphiné und im Luserna-Tal.

Der Eindruck entsteht und wird durch die späteren Historiker noch bestärkt, daß zur Zeit der Reformation Martin Luthers die Waldenser fast ganz ausgerottet waren und daß ihr Wiedererstehen zu Beginn des 16. Jahrhunderts eine Art Auferstehung gewesen ist. In Wirklichkeit bleibt das damalige Waldensertum, wenn auch nicht in einer Phase der Ausbreitung, so doch immer noch aktiv. Es lebt in einer Selbstbesinnung, vielleicht in einer Krise, aber es existiert noch.

Zahlreiche Fakten beweisen das: Der Turiner Bischof Claudius Seyssel spricht anläßlich eines Pastoralbesuches in den Alpentälern anno 1517 (dem Jahr des Thesenanschlages durch Martin Luther) von den Waldensern als von einer bestehenden Wirklichkeit. Die Waldenser selber lassen gerade einige ihrer Werke in italiensicher Sprache drucken und verbreiten sie in Piemont und bis nach Ligurien. Gegen diese kleinen Traktate muß Cassini, ein namhafter Mönch, zu Felde ziehen. Es ist einfach nicht denkbar, daß eine sterbende Gemeinde darangehen könnte, ihre Propagandaschriften in Umlauf zu setzen und sich dazu eines so neuartigen und vielseitigen Instruments bedienen könnte wie

79

der Buchdruckerkunst, die vor einigen Jahren erfunden war und zudem Einrichtungen und Geldmittel erfordert.

Am anderen Ende Europas, in der weiträumigen Ketzerzone im nördlichen Frankreich und in Flandern, gibt es in diesen Jahren blühende dissidentische Gruppen und Gemeinden, in denen die »valdesia« zusammen mit vielen anderen Tendenzen auftaucht. Es kann sich natürlich um Leute handeln, die wenig mit den Waldensern zu tun haben und die angeklagt werden, solche zu sein, weil jetzt der Ausdruck »valdesia« eben *den* Ketzer bezeichnet. Es kann sich aber auch um geistliche Strömungen handeln, die sich mit im einfachen Volk noch vorhandenen Spuren des mittelalterlichen Waldensertums in jenen Landstrichen verbunden haben.

Glaubensbekenntnis (1488)

Wir, die wahren Gläubigen des Chisone-Tals, bitten Euch, verehrte und edle Herren, Euch nicht von den Reden unserer Feinde täuschen zu lassen und uns nicht weiter zu verdammen, ohne von der Wahrheit Kenntnis genommen zu haben. Wir sind wirklich gehorsame und treue Untertanen des Königs und wahrhaft gläubige Menschen. Die uns unser Gesetz lehren, zeichnen sich aus durch heiliges Leben und Lehre und sind imstande, auf einer Synode oder einem allgemeinen Konzil und auf Grund der Autorität des Alten und Neuen Testaments zu beweisen, daß unser Glaubensverständnis genuin christlich ist und daß wir es verdienen, gelobt und nicht verfolgt zu werden.

Wir lehnen es ab, denen zu folgen, die das Gesetz des Evangeliums verraten und die apostolische Tradition verlassen haben. Wir wollen ihren bösen Einrichtungen nicht gehorchen. Wir finden eher Gefallen an der Armut und Unschuld, die die Quelle und Kraft des wahren Glaubens gewesen sind. Wir verabscheuen den Reichtum, den Luxus und die Herrschsucht, wovon unsere Verfolger besessen sind.

Ihr behauptet, entschlossen zu sein, unsere Sekte und unsere Lebensgestaltung zu vernichten. Habt acht, daß ihr dabei nicht Gott beleidigt und seinen Zorn heraufbeschwört und mit Eurer Überzeugung, Gott mit Eurem Vorgehen einen Dienst zu tun, statt dessen ein schweres Verbrechen begeht ähnlich jenem, dessen sich der heilige Paulus schuldig machte nach dem Bericht der Schrift.

Wir setzen unsere Hoffnung auf Gott. Wir bemühen uns, ihm mehr zu gefallen als den Menschen. Wir fürchten die nicht, die den Leib töten, aber die Seele nicht töten können. Und wisset gleichwohl, daß alle Eure Anstrengungen gegen uns umsonst sind, wenn Gott nicht will.

Quelle: Erklärung des Johann Campi und Johann Desideri, der Deputierten des Chisone-Tals, gegenüber dem päpstlichen Legaten Albert Cattaneo (nach Emilio Comba: Histoire des Vaudois, 1901, S. 406).

VII.

DIE REFORMATION

Luther und die Waldenser

Ein Jahrhundert nach Hus eröffnet Martin Luther erneut das Gespräch über die Reform der Kirche. Er will die Einheit der Christenheit nicht zerbrechen, er will nur die Rückkehr zum Evangelium; aber auch er sieht sich in eine große geistliche Revolution hineingerissen.

Er hat weder Hussiten noch Waldenser je besucht. Er kennt sie nur vom Hörensagen und betrachtet sie alle als gefährliche, schismatische und rebellische Leute.

»Ich will am Ende nicht mit einem Wiclifiten oder einem Waldenser verwechselt werden«, hat er einmal geschrieben.

Während seiner Krise und vor allem nach der Lektüre der Dokumente gewinnt er jedoch die Erkenntnis, daß viele seiner Aussagen über den Papst, das Fegfeuer und die kirchliche Gewalt jenen Aussagen sehr ähnlich sind, die von evangelischen Bewegungen gemacht wurden, die schon vor seiner Zeit existierten. Fast überrascht ruft er 1520 aus: »Wir sind alle Hussiten, ohne es zu wissen.« Gleichsam zur Berichtigung seines Irrtums schreibt er eine lobende Vorrede zum Glaubensbekenntnis der Taboriten – die er »Waldenser« nennt – um es weithin bekannt zu machen.

In Wirklichkeit ging seine Theologie sehr weit hinaus über die der mittelalterlichen evangelischen Bewegungen; nicht so sehr deshalb, weil er radikaler war, sondern weil er das Grundproblem seiner Zeit aufgriff: Die Rechtfertigung aus dem Glauben.

Luthers Kampf findet natürlich die volle Zustimmug der waldensischen Welt. Die Bücher der neuen Theologen zirkulieren im Kreis der Barben, und die Debatte flammt auf. Die Generalversammlung der Waldenser in Laus im Chisone-Tal im Jahr 1526 beschließt, zur Beurteilung der Lage an Ort und Stelle eine Abordnung über die Alpen zu schicken. Daran nehmen teil Georg aus Kalabrien und Martin Gonin aus Angrogna, ein alter Barbe und ein junger, der von den neuen Ideen erfaßt ist. Er wird einmal den gefahrvollen Beruf des Schriftenkolporteurs erwählen.

Diese beiden Waldenser begegnen auf ihrer Reise in Aigle im Kanton Wallis einer Persönlichkeit, die grundlegende Bedeutung für unsere Geschichte gewinnen soll: Wilhelm Farel. Gebürtig im Dauphiné, hatte er in den Reihen des fortschrittlichen Katholizismus gestritten und wurde dann der Propagandist der neuen Ideen. Feurig und kämpferisch lebte er seinen Glauben als eine Verpflichtung zum Kampf gegen das Papsttum und den Aberglauben. Er ist es, der Calvin in Genf festhält. Gonin sah wahrscheinlich Farel am Werk und hielt es für richtig, die waldensischen Gruppen sofort in das neue reformierte Programm einzubringen.

Die Synode von Mérindol in der Provence vier Jahre später läßt sich aber nicht dafür begeistern. Sie will genaue Angaben, dokumentarisch belegte Orientierungsdaten, und betraut zwei weitere Barben, Morel aus Freyssinières und Masson aus Burgund, mit der Aufgabe, erneut Informationen einzuholen. Morel ist grundsätzlich für das neue reformatorische Gespräch offen und ein guter Theologe.

Morel und Masson dringen nicht bis Mitteldeutschland vor, wo die Reformation Luthers in vollem Gange ist. Sie bleiben vielmehr zunächst in Bern und Basel und betreten deutschen Boden nur in Straßburg. Hier ist die reformatorische Bewegung nicht in der Hand des Adels, sondern der bürgerlichen Klasse, die in den Städten maßgebliche Geltung erlangt. Die Bewegung wird von den Stadträten und den humanistischen Zirkeln gelenkt. Männer wie Oecolampad und Bucer sind Persönlichkeiten ersten Ranges und gerade dabei, die ersten evangelischen Pfarreien zu gründen. Auf die Fragen der beiden Waldenser geben diese Reformatoren eine grundlegend positive Beurteilung der waldensischen Theologie und Geisteshaltung. Sie anerkennen sie in ihrem zutiefst evangelischen, biblischen Charakter, formulieren jedoch noch ein paar Vorbehalte. Sie befürchten vor allem eine Entwicklung der Bewegung zu einem sektiererischen Typ hin nach Art der Wiedertäufer, welche die lutherische Lehre zu äußersten Konsequenzen treiben und nur Gemeinden mit vollkommenen Gläubigen bilden.

Ein Punkt drängt die Waldenser in die Nähe dieser extremistischen Strömung, die klare Trennung zwischen weltlicher und kirchlicher Gewalt. Die Reformatoren drängen deshalb darauf, die Waldenser sollten alles aufgeben, was nach geheimer mittelalterlicher Bewegung aussähe: die wandernden Barben, die scholae und die wörtliche Interpretation des Evangeliums. Sie sollten ihre Theologie vertiefen und sich offen zur Bewegung der modernen Reformation erklären.

Über das alles wird in einer weiteren Versammlung in Mérindol debattiert, ohne daß man zu einer Lösung kommt. Die Meinungen gehen dabei auseinander. Es zeichnen sich innerhalb der waldensischen Welt drei Positionen ab, welche drei mögliche Entwicklungslinien, drei Hypothesen für die Zukunft aufzeigen: eine konservative Tendenz, die dazu neigte, die waldensische Bewegung in ihrem bisherigen Zustand zu erhalten; eine Tendenz zur Erneuerung (dabei denken wir an Gonin), die einen offenen Anschluß an die reformatorische Bewegung befürwortete; schließlich die Position eines theologischen Dialogs, die von Morel vertreten wurde. Die Zeit zur gründlichen Diskussion dieser Hypothesen fehlte, weil die Ereignisse drängten.

Im Jahr 1530 wurde die Reformation nicht mehr nur als ein theoretisches Problem von Theologen debattiert. Sie ist vielmehr eine Volksbewegung, die im Abendland um sich greift und die ehrwürdigsten Institutionen aus den Angeln hebt. Fünf Jahre vorher hatte sich Brandenburg-Ansbach die Positionen Luthers zu eigen gemacht, drei Jahre zuvor Schweden, ein Jahr vorher Basel. 1531 wird es im Herzen der Schweiz zum militärischen Zusammenstoß kommen. Ulrich Zwingli, der Reformator Zürichs, verliert dabei in der Schlacht bei Kappel sein Leben. Die politische Situation selbst ist in Aufruhr: 1527 wird Rom von den kaiserlichen Truppen geplündert, 1529 belagern die Türken Wien. Vor der Fülle dieser schwerwiegenden Probleme sucht der junge Kaiser Karl V. auf dem Reichstag zu Augsburg einen Ausgleich mit den protestantischen Fürsten. Ein von Melanchthon abgefaßtes Glaubensbekenntnis stellt das theologische Programm der neuen Richtung vor, deren starke – und immer wachsende – Anhängerschaft dabei sichtbar wird.

Was ist bei dieser Gesamtschau aus Piemont geworden, dem unser unmittelbares Interesse gilt? Ein kleiner, unbedeutender Winkel in Europa, der jedoch eine Schlüsselstellung auf dem politischen Schachbrett einnimmt. Wie Flandern im Norden steht es zwischen den beiden großen Blöcken, dem Kaiser und Frankreich. Sein Herzog, Karl III., ist ein echter italienischer Herrscher, skeptisch, nur auf seinen Vorteil bedacht, ungeschützt wie sein ganzes Herzogtum, das von Nizza bis zum Genfer See reicht. Seine Politik ist die aller Savoyer: sich auf keine Seite schlagen, die Füße immer in zwei Steigbügeln. Er steht zwischen dem Papst, der ihn bedroht, und den neuen Ideen, die ihn anziehen. Vielleicht würde er es am liebsten genauso machen wie der Herzog von Sachsen, aber dazu fehlt ihm der Mut.

Im religiösen Bereich funktioniert dieses Doppelspiel: Heute schickt er den Adligen Bersatore di Miradolo in die Provence auf die Jagd nach Waldensern, und morgen verbietet er in einem Edikt, sie zu belästigen. Er verkündet, er wolle jede Ketzerei vernichten, und dann läßt er den Genfer »Prädikanten« Saulnier frei, der in Savoyen verhaftet worden war. Politisch jedoch funktioniert dieses Spiel eben nicht. Er muß sich wie alle italienischen Fürsten 1529 dem kaiserlichen Block anschließen und hat dabei sein Gleichgewicht verloren, sein Ende zeichnet sich ab.

Er schlägt sich auf die Seite Spaniens und muß auch die kirchliche Unterdrückungspolitik durchführen. Die Sanktionen gegen die Bevölkerung jenseits der Alpen rufen die Reaktion Berns wach. Das Ende des alten Herzogtums Savoyen ist gekommen.

Der größte Schweizer Kanton Bern hat sich 1527 der Reformation angeschlossen und sucht sein Einflußgebiet ins Wallis hinein, ins Waadtland bis nach Genf, dem Tor zum Süden, auszuweiten. Beim Zusammenstoß zieht Karl III. den kürzeren, und im Vertrag von St. Julien vom Dezember 1530 verliert er seine Rechte über das Waadtland, Genf und die übrigen Gebiete und zahlt außerdem eine hohe Kriegsentschädigung.

Der Krallenhieb des Berner Bären (dargestellt auf den Fahnen seiner Landsknechte) hat nicht nur das alte Herzogtum zerrissen, er hat auch der Reformation den Weg nach Süden geöffnet. Die 20 Kanonen und 2000 Mann, die nun in Genf als Besatzung liegen, lassen nicht nur die unheilbar verwundete savoyische

Ehre erkennen, sondern auch einen Eroberungsplan. Für die »Herren von Bern«, die führende Gruppe der Bürgerschaft, die die Macht übernommen hat, ist die Reformation nicht nur eine religiöse Frage. Sie ist ein politisches, wirtschaftliches und soziales Faktum. Der Traum Zwinglis, die Schweiz zu einer revolutionären Kraft zu machen, die sich vom Wallis und von Graubünden her nach Süden ausbreiten sollte, ist noch nicht ausgeträumt. Wie ein Keil, dessen Spitze auf die Provence gerichtet ist, liegt die Berner Militärmacht zwischen Savoyen und Frankreich. Und auf dieser Expansionsachse liegt das Dauphiné, liegen die Luserna-Täler, Saluzzo – alles Gebiete, welche die waldensische Bewegung für die Botschaft empfänglich gemacht hat.

In dieser Situation findet zwei Jahre später im September 1532 in Angrogna die Begegnung statt, die in die Geschichte als »Synode von Chanforan« eingehen wird.

Chanforan

Die Versammlung unterscheidet sich von Anfang an gründlich in ihrer Intention von den Zusammenkünften der Barben vor allem dadurch – wenn der Historiker Scipione Lentolo recht hat –, daß die Barben aus der ganzen waldensischen Diaspora kamen »in der Absicht, ihre Kirche zu reformieren«. Also eine Art konstituierender Versammlung. Bei ihrer Eröffnung – und das ist das zweite charakteristische Element – nimmt die Bevölkerung des umliegenden Gebietes teil. Kein geheimes Treffen, sondern eine Diskussion in aller Öffentlichkeit auf einem zu Volksversammlungen verwendeten öffentlichen Gelände. Erst fünf Jahre trennen Mérindol von Chanforan – tatsächlich sind es zwei Welten!

Wer war der Initiator einer solchen Versammlung? Wir wissen es nicht, aber wahrscheinlich ist es die Partei der Aktivisten mit Gonin an der Spitze. Sie sind es wohl, die darauf drängen, die Begegnung der verantwortlichen Männer in ein Volksbegehren umzuwandeln. Sicher sind sie es, die aus der Schweiz Saunier und Farel eingeladen haben, die gerade in jenen Monaten sich dafür einsetzten, auch in Genf die Reformation in Gang zu bringen.

Es ist natürlich eine theologische Diskussion, und wir kennen daraus das Wesentliche aus den erhaltengebliebenen Protokollen. Sie geben die Punkte wieder, über die man Einigung erzielte. Als Sakramente werden nur die Taufe und das heilige Abendmahl anerkannt. Die Bedeutung der Bibel wird bekräftigt. Das Amt der Barben bleibt auf die Ortsgemeinde beschränkt anstelle der bisherigen Reisetätigkeit. Besondere Aufmerksamkeit wird den praktischen Fragen gewidmet wie etwa dem Verhältnis der Gemeinde zur Welt. Kann ein Christ öffentliche Ämter bekleiden? Ist die Funktion des Magistrats legitim? Darf man Zins nehmen? Die Antworten auf diese Fragen halten sich an die Auskünfte, welche Morel von den Reformatoren bekommen hatte. Man merkt aber auch den Einfluß Farels, der die reformerischen Überlegungen in radikal antikatholische Positionen drängt: Ablehnung der Beichte, des Fastens, der Sonntagsheiligung, die Betonung der Prädestination, der Lehre, die die freie Gnade Gottes gegenüber jedem menschlichen Verdienst unterstreicht, das den guten Werken innewohnt. Insgesamt umfaßt die Diskussion von Chanforan die ganze Theologie und Geisteshaltung der Waldenser im Mittelalter besonders im Blick auf einige ihrer Glaubensaussagen, die noch der katholischen Frömmigkeit verhaftet sind. Eben sie werden auf eine biblisch-theologische Grundlage gestellt.

In diesem Klima theologischer Erneuerung wird ein bedeutsamer Beschluß gefaßt: Gelder in Höhe von 1500 Scudi sollen gesammelt werden für die Anfertigung und den Druck einer Bibelübersetzung in französischer Sprache. Man ist sich darüber im klaren, daß die neue Situation neues Rüstzeug erforderlich macht und die alten Übersetzungen in das provençalische Waldensisch weder den Anforderungen der Zeit noch dem Stand der Forschung entsprechen. Der Auftrag wird Peter Robert mit dem Beinamen Olivetanus übertragen, einem Verwandten Calvins, der das Vorwort für den Bibelband schrieb. Die Übersetzung wird nach monatelanger Arbeit an einem nicht näher bezeichneten Ort in den Alpen fertiggestellt. Das Ergebnis dieser Riesenarbeit ist die berühmte Bibel Olivetans, die erste reformierte Bibel, gedruckt in Neuchâtel und 1535 den Waldensern überreicht.

Hinter all diesen theologischen und praktischen Fragen steht aber das ganz große Problem, über dem die verschiedenen Strömungen des Waldensertums aneinandergeraten. Sie alle sind sich einig über eine Tatsache: Man kann die Reformation nicht ignorieren und auf alten Wegen weitergehen, ohne dieses neue Phänomen zu berücksichtigen – aber wie?

Die am meisten der Tradition Verhafteten sagen: Getreu unserer Vergangenheit halten wir an unseren charakteristischen Merkmalen fest und arbeiten dann mit den neuen Glaubensbrüdern zusammen. Die gemäßigte Linie, vertreten durch Morel, befürwortet eine Integration in die reformatorische Bewegung und Angleichung an ihre Theologie. Die ganz Radikalen bleiben dabei, daß alle Kräfte des alten Waldensertums und seine Strukturen vollständig in die reformatorische Bewegung integriert werden, so wie sie sich auf dem Boden der französischen Schweiz darstellt. Wenn diese Meinung am Ende das Übergewicht bekam, so ist das zweifellos der Anwesenheit Farels und seiner Gefährten zu danken. Das waren Männer, die eine viel zu starke persönliche Ausstrahlungskraft hatten, um sich nur auf eine Teilnahme an den Diskussionen zu beschränken. Sie konnten die Versammlung davon überzeugen, daß die neue Kraft des religiösen Sauerteigs, der Europa durchdrang, nichts anderes war als der letzte Akt des langen Kampfes, den die Waldenser Jahrhunderte hindurch gegen die untreu gewordene Kirche ausgefochten hatten.

Indes waren nicht alle überzeugt. Die Traditionalisten sahen in der Wendung von Chanforan die Gefahr einer großen Krise und stellten sich gegen den Beschluß. An welche Instanz konnte man sich wenden, um ein gerechtes Urteil zu fällen? Die Böhmischen Brüder hatten durch das ganze 15. Jahrhundert den theologischen Bezugspunkt für die waldensische Diaspora gebildet.

Zwei Barben wurden nach Mlada Boleslav, zum Sitz der Brüderunität, geschickt, um die Ältesten zu befragen. Die brüderliche, ausgewogene Antwort mahnte die Waldenser zur Klugheit. Nicht übereilt ein so wertvolles väterliches Erbe vergeuden, lange überlegen, sich vor den Extremisten in acht nehmen und nicht kritiklos alle Neuerungen übernehmen. Das war in gewisser Hinsicht die Linie Morels. Trotzdem änderte die Antwort der Böhmen auf einer weiteren Versammlung zwei Jahre später in Prali nicht die grundlegende Entscheidung, die man in Chanforan getroffen hatte und die nunmehr unwiderruflich war.

In Chanforan wie in Bergamo im Jahre 1218 schließen die Waldenser eine Seite ihrer ruhmreichen Geschichte ab und schlagen eine neue auf. Sie wissen, was sie aufgeben, aber sie wissen nicht, was sie dafür eintauschen. Nunmehr wollen sie ihre Stimme in das geistliche Suchen der erneuerten christlichen Kirche einbringen.

Trotzdem muß klar sein, daß es nicht um den Anschluß an eine Kirche, sondern an die reformatorische Bewegung geht. Die protestantischen Kirchen existieren im Jahr 1530 noch nicht. Es gibt mehr oder weniger große Territorien, auf denen die lutherische Bewegung sich durchgesetzt hat. Es gibt Gruppen, die das Evangelium meditieren, aber alle betrachten sich noch als Teil *der* Kirche und leben in Erwartung des großen Konzils, das endlich das Problem der Reformation in Angriff nehmen soll. Für die Waldenser handelt es sich deshalb nicht darum, protestantisch zu werden im Sinn eines dogmatischen und organisatorischen Anschlusses an ein streng definiertes Bekenntnis. Für sie geht es darum, sich in eine Bewegung einzureihen, die zugleich eine Revolution ist mit einer Theologie auf der Suche und mit offenen Strukturen.

Der Beschluß von Chanforan hat gegenteilige Interpretationen erfahren. Für manche stellte der Anschluß an die reformatorische Bewegung einen Schritt nach vorne dar auf dem Wege zur Bezeugung des Evangeliums, eine theologische Vertiefung, ein Heranreifen von Intuitionen, welche die mittelalterliche Diaspora so nicht gekannt hatte und nicht entwickeln konnte. Die Generation von Gonin und Morel hat die Ereignisse so verstanden und hat deshalb nicht das Gefühl gehabt, daß sich hier ein Bruch vollzog. Die späteren waldensischen Historiker haben Chanforan als einen Bruch interpretiert, aber sie unterstreichen immer die geistliche Kontinuität mit dem waldensischen Gesamtschicksal.

Negative Bewertungen stellt man unter den katholischen Autoren fest, die eine Erstarrung der Positionen, den Verlust vieler Elemente katholischen Glaubens und katholischer Frömmigkeit sehen, die im alten Waldensertum noch vorhanden waren und dann im 16. Jahrhundert abgeschafft worden sind. Auch auf wal-

densischer Seite beginnt man heute, die Diskussion von Chanforan mit kritischeren Augen zu lesen. Man rückt dabei ins Licht,
was damals verlorengegangen ist: Ein theologisches Empfinden
für das Problem des Glaubens im Raum der Welt, die Kritik an
der konstantinischen Situation der Kirche, die Spannung zwischen der christlichen Botschaft und der sozialen Ordnung –
diese Konstanten der waldensischen Bewegung verschwinden
und damit auch der buchstäbliche Gehorsam einer christlichen
Jüngerschar, die sich aus der schlichten, unmittelbaren Lektüre
des Evangeliums nährt.

Dies sind ideelle und theologische Beurteilungen. Nüchtern gesehen blieb den Waldensern keine andere Wahl als diese: sich
in die Reformation zu integrieren oder zu zerfallen. Dies zu verstehen war für jene Generation eine zwar schwere, aber unum-
gängliche Entscheidung: auf die theologische Selbständigkeit verzichten und eine Erneuerung im weiteren Rahmen der protestantischen Theologie anzunehmen. Aber gerade weil es sich um
eine historische und nicht um eine absolute Entscheidung handelt, kann man nicht nur an der Einheit des Waldensertums vor
und nach Chanforan festhalten, sondern darf daraus die Botschaft hören, die gerade in dieser Erneuerungsbereitschaft im
Lauf der Geschichte im Namen der Treue zum Evangelium besteht.

Zweiter Teil

AUF PROTESTANTISCHEM VORPOSTEN
(1530 – 1700)

I.

DIE STUNDE DER REVOLUTION

Piemont wird protestantisch

Bei ihrer Rückkehr von Chanforan zeigten sich den Barben die Dörfer und Städte der piemontesischen Ebene, die sie und ihre Vorgänger jahrhundertelang besucht hatten, in einem neuen Licht. Es war kein unzuverlässiges Land mehr unter der eisernen Kontrolle der Inquisitionsmönche, sondern eine verheißungsvolle Welt, die für die neue Wirklichkeit des Evangeliums zu gewinnen war.

Für die Barben und die Bauern von Angrogna handelt es sich nicht darum, sich der reformatorischen Bewegung anzuschließen, sondern sich in den großen Kampf einzugliedern, der Europa und Italien in zwei Teile spaltet. Die religiöse Frage treibt mit allen Konsequenzen auch die italienischen Staaten um, angefangen beim herzoglichen Hof der Renate von Frankreich in Ferrara (wohin Calvin sich drei Jahre später begibt) bis zu den Ladengeschäften der Kaufleute in Lucca, von den adligen Salons in Neapel bis in die Zellen der venetischen Klöster. Es sind hervorragende Persönlichkeiten wie Pier Paolo Vergerio, Pier Martyr Vermigli, Bernardino Ochino, Giulia Gonzaga, Vittoria Colonna – alles Menschen aus der gebildeten Schicht und auch aus der Kirche, die das lutherische Gedankengut übernehmen und seine Verbreitung fördern.

Die Versammlung von Chanforan ist also nicht bloß eine Seite waldensischer, sondern auch eine Seite der gesamten Geistes- und Religionsgeschichte Italiens. Die Bauern dieses entlegenen Alpenwinkels treffen eine klare Entscheidung: Sie machen sich die Annahme Farels zu eigen, die reformatorische Bewegung könne sich nach Süden ausdehnen, und wollen ihren Beitrag zu dieser Ausbreitung leisten.

Die »Farelianer«, Gonin und seine Gefährten, sind mutiger. Sie neigen zu einer Gewaltaktion und sind zum Risiko bereit. Die

Barben dagegen, an ein Leben und einen Dienst in der Verborgenheit gewohnt, sind vorsichtiger. Sie wollen lieber die lang geübte Wanderpredigt beibehalten. Alle aber schauen jetzt hinunter in die Ebene und warten auf eine günstige Gelegenheit.

Sie findet sich 1536, als das Herzogtum Savoyen mit dem Eindringen französischer Heere zusammenbricht. Wie ein Feuerbrand breitet sich die reformatorische Bewegung aus. Sie reißt nicht nur die Dörfer des Luserna-Tales mit sich, sondern auch die Städtchen in der Ebene: Chieri, Carmagnola, Fossano und sogar Turin. Bücher und Manifeste zirkulieren. Sogar Mitglieder des Klerus folgen Luthers geistlichen Spuren und predigen gegen die Mißbräuche der Kirche. Handwerker, Kaufleute und Wortführer des Adels interessieren sich für die neuen Ideen. Sie bilden Gruppen und organisieren Begegnungen trotz Verboten und Festnahmen.

Das geht natürlich nicht alles friedlich vor sich, es ist vielmehr ein täglicher Kampf. Das Turiner Parlament, für die öffentliche Ordnung und damit auch für die Religion verantwortlich, macht Prozesse anhängig und erläßt richterliche Verfügungen. Viele Sympathisanten der reformierten Ideen werden zwangsweise verbannt (Miolo, Pascale, Salvaggio und Pinerolio, der in Genf die Werke Calvins herausgeben wird). Aber die Gesamtlage bleibt instabil, weil vor allem die Religionspolitik Frankreichs ungewiß ist. Unterdrückungsphasen wechseln mit kurzen Perioden der Freiheit. Der Hauptgrund der Unsicherheit: Piemont ist besetztes Gebiet, in welchem die militärischen Belange an erster Stelle stehen. Die von den Franzosen angeworbenen Truppenverbände setzen sich oft genug aus deutschen oder Schweizer »Lutheranern« zusammen. Sie hatten 1527 auch die Stadt Rom geplündert. So kann es vorkommen, daß ein vom Parlament verurteilter Reformierter vom Gouverneur freigelassen oder von den Soldaten laufen gelassen wird. Man macht einem Kolporteur den Prozeß; aber es läßt sich nicht verhindern, daß die reformierten Feldgeistlichen in Turin predigen.

Der Einbruch der Reformation in Piemont ist aber nicht nur ein religiöses Phänomen, kein einfacher Wechsel des bisher katholisch geprägten christlichen Glaubens. Es handelt sich um eine sehr viel radikalere Tatsache: Es ist ein kultureller Wechsel, an dem das Landvolk und der Mittelstand in den Städten teilhaben. Es geht darum, die Reform der Kirche in Angriff zu nehmen und sie durchzuführen, aber auch die sozialen Strukturen zu ändern. Es ist kein Zufall, daß die für die Reformation in den Waldensertälern verantwortlichen Männer auch den Kampf darum führen, den Herren von Luserna ihre feudalen Privilegien zu entreißen. Als am 6. Januar 1549 Soldaten und Bauern die Schlösser von Bobbio und Bricherasio zerstören, hat man wirklich das Gefühl, daß eine Welt ihr Ende gefunden hat – die Welt der Grundherren und der Klöster, die Welt der Steuerlasten und der Leibeigenschaft.

Für die Waldensertäler bedeutet die französische Besetzung eine grundlegende historische Wende. Die religiösen und sozialen Errungenschaften festigen sich, das Volksbewußtsein wird gestärkt. Wie die französischen Söldner oft genug »Lutheraner« sind, so ist es auch mancher ihrer Kommandanten: Gauchier Farel, ebenso resolut wie sein Bruder Wilhelm Farel, oder der Fürst von Fürstenberg, der das Tal als persönliches Lehen erhält.

Politisch beschützt und von außen unterstützt, machen die Waldenser ihre Täler zu einer Art Schutzraum. Sie machen daraus eine Aktionsbasis für die reformierte Bewegung in Piemont. Von hier brechen die Prediger auf, die in der Ebene arbeiten. Hierher flüchten sich die Verdächtigten im Augenblick der Unterdrückung; von hier gehen die Verbindungsleute aus.

Die Konsequenz all dessen ist die Tatsache, daß die Waldensertäler auf diese Weise in die Geschichte des europäischen Protestantismus eingehen. Als Franz II. die Vernichtung der Reformation in seinen Staaten verfügt, bringt Theodor von Beza, der gelehrte französische Professor, Rektor der Genfer Akademie und rechte Hand Calvins, die Genfer Diplomatie in Bewegung und erreicht die Intervention der deutschen Fürsten. Ohne es zu wollen, nehmen die Waldenser am diplomatischen Kräftespiel teil. Sie sind nicht mehr nur ein kleiner Winkel mit andersgläubigen Bewohnern, sondern sie werden zum Vorposten des Protestantismus auf katholischem Boden. Das werden sie anderthalb Jahrhunderte lang bleiben.

»*Dresser l'Eglise*«

Das Vordringen der Reformation in Piemont geschieht nicht planmäßig wie in Frankreich. Es folgt den jeweiligen Umständen und nutzt die Gelegenheiten. Es hat jedoch immer einen Ausgangspunkt und ein deutliches operatives Zentrum: Genf. Hier hat Farel seinen großen Plan verwirklicht, den er in Chanforan schon entwickelt hatte, aber mit ganz anderer Dimension! Eine ganze Stadt in strategischer Lage ist zur Reformation übergegangen und wird gerade jetzt unter der Führung eines außergewöhnlichen Mannes organisiert – Johannes Calvin. Zufluchtsstätte aller Flüchtlinge, die vor der Inquisition aus Italien, Spanien und Frankreich flüchten, ist sie auch eine Bildungsstätte ersten Ranges. In der Schule Calvins wird die Jugend in biblischem und theologischem Wissen vorbereitet, um danach in ihre Heimatländer zurückzukehren und zur Reformation zu rufen.

Genf ist die Zentrale dieser protestantischen Internationale. Hier werden die Programme ausgearbeitet, der Wirkungsbereich bestimmt und die Theologie der neuen Gemeinden umrissen. Von hier brechen unter der Bezeichnung »Compagnie« (= die Gruppe der protestantischen Pfarrer in der Stadt) Gian Luigi Pasquale nach Kalabrien, Goffredo Varaglia nach Angrogna und der Neapolitaner Scipione Lentolo nach Piemont auf.

Aber noch einmal: Es handelt sich nicht darum, protestantische Gemeinden mit großen Kirchenregistern und Versammlungen zu organisieren und protestantische Pfarreien zu gründen, sondern eine Bewegung zu einer allgemeinen Neubesinnung, zur Reformation auszulösen. Der Mittelpunkt dieses Bemühens, sein konstitutives Element ist nicht die Liturgie, nicht das Sakrament, sondern die Predigt. Nicht zufällig tragen die Diener am Wort in den Niederlanden den charakteristischen Namen »predikant«. Im Unterschied zu heute, wo die Predigt auf ein paar Minuten biblischer Besinnung in einem sonntäglichen Gottesdienst beschränkt ist, ist sie damals mehr nur als eine niedergeschriebene Meditation – sie ist Diskussion, Katechismusunterricht, Debatte, Volksversammlung, aktuelles Tagesgeschehen. An jedem Tag wird über Stunden hinweg gepredigt. Die Kinder sitzen auf dem Erdboden, die Frauen auf ihren Schemeln. Hinten stehen die

Männer, den Hut auf dem Kopfe, und eine kleine Gruppe von Herren, die Hand am Degen. Viele Illustrationen aus dem 16. Jahrhundert zeigen solche Szenen. Gepredigt wird überall: in Wäldern, auf Plätzen, in beschlagnahmten Kirchen.

So kommt das Jahr 1555 heran, das Jahr der reformatorischen Großoffensive. Zu Dutzenden brechen die Diener am Wort von Genf aus nach Frankreich auf. Die ersten öffentlichen Versammlungen werden abgehalten. Im Alpengebiet werden in jenem Jahr zwei außerordentlich wichtige Tatsachen Wirklichkeit: Die Gewinnung des oberen Chisone- oder Pragelato-Tales und die Errichtung von Gotteshäusern im Luserna-Tal. Im Pragelato-Tal, als Teil des Dauphiné damals zum Königreich Frankreich gehörig, geben die Waldenser nach der großen Verfolgung im Jahr 1480 kein Zeichen ihrer Präsenz; sie waren jedoch sicher vorhanden. Zu Ostern des genannten Jahres kommen Jean Vernou und Jean Lauvergeat aus Genf nach Fenestrelle im Zentrum des Tales. Nach der Predigt auf der Piazza feiern sie in aller Öffentlichkeit das heilige Abendmahl. Danach müssen sie vor der Reaktion des Klerus und der Behörden flüchten. Dafür kommen andere Prediger und Lehrer. Von nun an breitet sich die Reformation im ganzen oberen Chisone-Tal aus.

Der Bau der ersten Gotteshäuser in San Lorenzo für Angrogna, in Coppieri für Torre, in Roccapiatta, Villasecca und Prali – das alles war die Frucht eines ungeahnten missionarischen Elans.

Das Abendmahl anstelle der Messe öffentlich und für jedermann zugänglich zu feiern und Gebäude für die Predigt zu errichten – das sind zwei Ereignisse von ungewöhnlicher revolutionärer Tragweite. Eine neue Gemeinschaft der Gläubigen im Gegensatz zur katholischen Kirche soll werden. Wenn die Kirche die Reformation nicht will, dann muß man sie verlassen und anfangen, die Kirche auf eine neue Grundlage zu stellen, wie der damals gebräuchliche Ausdruck so treffend sagte (dresser l'église).

Die Unterdrückung durch die Parlamente von Grenoble und Turin kann das Vordringen der Reformation nicht aufhalten. 1557 kommen aus Genf der Franzose Martin Tachard und der Neapolitaner Scipione Lentolo und besetzen die beiden Schlüsselpositionen im Pragelato und in Angrogna. Der Elan der Reformation in Piemont und ihre Hoffnungen finden sichtbaren Ausdruck im Tempel von »Ciabas«, wie er von den Gegnern verächtlich bezeichnet wurde. Ein paar Stützen tragen das Strohdach, ein Pult für den Prediger, und ringsherum sitzen die Leute und buchstabieren die ersten vertonten Psalmen und feiern die Kommunion. Eine Kirche ohne Turm, Glocken, Altar, Kerzen und Kanzel, ohne die charakteristischen Elemente der katholischen Christenheit, ein »abweichendes« Gebäude für eine abweichende christliche Gemeinde.

Das Martyrium

Die Jahre 1530 bis 1560 sind Jahre der Umwälzung und großer Hoffnungen, aber auch Jahre der Leiden und der Martyrien. Das Gefängnis, den Scheiterhaufen und den Tod haben die Reformierten jeden Tag vor Augen – eine harte Wirklichkeit für ihre Prediger. Es ist kein Zufall, daß die evangelische Literatur jener Periode so viele Briefe von Verurteilten und Todgeweihten aufzählt. Am erschütterndsten sind die Briefe Pascales aus seinem Kerker in Cosenza und Rom, ein erhabenes Dokument seines fröhlichen und unerschütterlichen Glaubens.

Auch die Reformation in Piemont hat ihre Märtyrer. Meist handelt es sich um hervorragende Männer, die in der Propaganda tätig waren. Man will vor allem die Intelligenz treffen, um so die Bewegung zum Erliegen zu bringen.

1536 wird Gonin in Grenoble verhaftet, als er mit einer Last Bücher und Prapagandamaterial von Genf in die Täler unterwegs war. Dieser Mann, der eine Hauptrolle bei der Verbreitung neuer Ideen in der waldensischen Welt gespielt hatte, hatte seinen Beruf nicht zufällig gewählt.

Sich dem Druck und der Verbreitung von Büchern zu widmen, bedeutet damals, sich kopfüber in den Kampf stürzen. Das wirksamste Propagandainstrument sind in der Tat Bücher, und zwar nicht die dicken Bibliothekswälzer, sondern die kleinen Werke, die illustrierten Blätter, die polemischen Flugblätter, die überall verteilt werden.

Nach einem summarischen Prozeß wird Gonin zum Tode verurteilt und in der Isère ertränkt. Ein paar Jahre später werden auf demselben Wege fünf Pastoren überrascht, die gerade von Genf in die Täler übersiedeln, um dort ihr Predigtamt zu übernehmen. Auch sie werden verurteilt und in Chambéry verbrannt.

Im Jahr darauf ist die Reihe an einem Gefährten Gonins, dem französischen Kolporteur Bartolomeo Héctor, der auf der Höhe von Riclaretto in die Hände der Trucchietti, der Herren von Perrero, fällt. Er wird in Turin erdrosselt und am 20. Juni 1557 auf dem Scheiterhaufen verbrannt. Das gleiche Schicksal erleidet Nikolaus Sartoris in Aosta. Sein Vater war der angesehene Notar Leonardo Sartoris, der Jahre zuvor in Chieri unter der Anklage, ein Reformierter zu sein, verhaftet wurde. Er starb an den Entbehrungen und in der Kälte seines Kerkers. Dieser junge Mann war ins Ausland geflüchtet und Berner Bürger geworden. Er hält mit seinem Glauben auch in einer so gefahrvollen Stadt wie Aosta nicht zurück.

Eine Persönlichkeit, die geradezu symbolisch die Hoffnungen und die Qualen der reformierten Gemeinden in Piemont verkörpert, ist Goffredo Varaglia. Anfang des Jahrhunderts in Busca geboren als Sohn eines kleinen Provinzadligen, der das Kreuzzugsheer gegen die Waldenser im Jahr 1488 begleitet hatte, tritt Goffredo in den Franziskanerorden ein und zeichnet sich dort durch seine Klugheit, seinen Ernst und seinen Einsatzwillen aus.

Zur antireformatorischen Polemik ausersehen, verlegt er sich auf das Studium der evangelischen Lehren. Dabei kommt er zu der Überzeugung, daß sie biblisch fundiert sind, und wird davon überwunden. Er soll den Nuntius nach Paris begleiten; dabei flieht er während der Reise und findet in Genf Zuflucht.

Hier studiert er Theologie. Zum Pastor ordiniert, wird er nach Piemont geschickt, um dort in seiner italienschen Muttersprache zu predigen. Seinen Wohnsitz hat er in Angrogna, Ciabas ist seine »Kirche«. Varaglia ist der Koordinator des Missionswerkes in der piemontesischen Ebene. Er besucht die zerstreuten Gemeinden und Gruppen in Fenile und Bibiana. Als er in Dronero in einer öffentlichen Debatte die evangelischen Lehren verficht, wird er auf dem Rückweg von der Polizei erkannt. Nach seiner Verhaftung wird ihm der Prozeß gemacht. Nach monatelangem Aufenthalt im Turiner Kerker wird er am 29. März 1558 auf dem Schloßplatz erdrosselt und verbrannt. Dabei predigt er ein letztes Mal vor der bestürzten Menschenmenge, die schweigend dabeistand.

Im folgenden Jahr 1559 erlebt die Reformation ihre entscheidende Stunde. Nach zwanzig Jahren voller Spannungen, Zusammenstößen und Waffenstillständen haben die beiden großen streitenden Parteien der politischen Geschichte des 16. Jahrhunderts, das Frankreich der Renaissance unter Franz I. und das katholische Spanien unter Karl V., ihren Streit beigelegt. Spanien hat gesiegt. Es war nicht nur ein politischer, es war auch ein kultureller und religiöser Sieg. Die Unversöhnlichkeit Philipps II. hat gesiegt und mit ihm Ignatius von Loyola und Pius IV. Die katholische Reformpartei des Erasmus ist wie ein Traum verflogen. Es kann sich nurmehr um den totalen Zusammenstoß der beiden Welten handeln, der beiden Kirchen, der beiden Kulturen, die sich herausbilden. Der Vertrag von Cateau-Cambrésis sieht sehr viel mehr vor als Grenzveränderungen und Gebietsaufteilung. Er verpflichtet zur Rückeroberung Europas für den katholischen Glauben.

Emanuel Philibert, der junge Herzog von Savoyen, kehrt in seine Staaten zurück, die Brust voller Orden, die er sich auf den Schlachtfeldern mit Ehren und mit Schulden erworben hatte. Er kehrt in ein zerstörtes Land zurück. So kann auch er nichts anderes tun, als sich der spanischen Politik zuzugesellen und seine Territorien wieder für den Katholizismus zurückzugewinnen. Bevor wir ihn am Werk sehen, müssen wir einen Schritt zurück tun und eine Seite der waldensischen Geschichte im Jahr 1545, also 15 Jahre zuvor, aufschlagen.

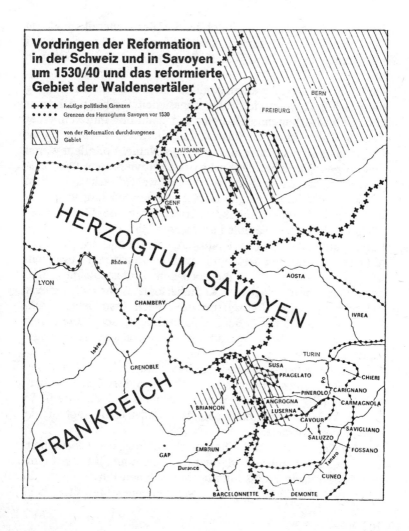

II.

BEGINN DER UNTERDRÜCKUNG

Das Massaker von Mérindol

Die Entscheidung für Mérindol als Sitz des Generalkapitels im Jahr 1530 fiel nicht zufällig. Die Provence und besonders das Hügelland des Lubéron bildete damals einen der mächtigsten Stützpunkte der waldensischen Diaspora, und das nicht nur zahlenmäßig, sondern vor allem qualitativ. Die Waldenserbewegung hatte sich dort schon viel früher angesiedelt. Sie hatte sich trotz aller Unterdrückungen behauptet und stand nun mitten in einer Periode überraschender Entwicklung. Die Komponenten dieses Phänomens sind sozialer und religiöser Natur. Vor allem waren viele Alpenbauern auf der Suche nach kultivierbarem Land ausgewandert. Durch sie hatte sich dieses waldensische oder dem Waldenserglauben zugetane Gebiet weit ausgedehnt, wenn wir dem Bericht Glauben schenken dürfen, der die Bevölkerung auf 10 000 »häretische« Familien anwachsen läßt.

Ebenso interessant ist der religiöse Aspekt. Frankreich ist zu Beginn des 16. Jahrhunderts von einer weitreichenden evangelischen Erneuerung erfaßt, die noch kein Protestantismus, aber auch kein mittelalterlicher Katholizismus mehr ist. Lefèvre d'Etaples hat seine Übersetzung des Neuen Testamentes drucken lassen. Calvin hat in Bourges Lehrer der neuen, lutherischen Ideen. Am Hofe der Margaretha von Navarra wird das Evangelium frei und ungehindert gepredigt.

Die waldensischen Gruppen im Lubéron werden so zum umfangreichen Kern eines evangelischen Gebietes. Sie werden zum Symbol einer religiösen Lehre, wie eine blühende »kleine Insel« in Südfrankreich. Wenn man damals »waldensisch« sagt, denkt man an die Provence.

Als das Generalkapitel der Barben sich in Mérindol versammelt, wird die Lage immer schwieriger. Jean de Roma führt seit einigen Jahren harte inquisitorische Maßnahmen durch. Er ist ein trauriges Individuum, ein total verkommener Inquisitor, hab-

102

gierig und grausam. Kein Geringerer als Erasmus hat die europäische Öffentlichkeit auf diese Tatsache aufmerksam gemacht. Farel schreibt deshalb an Calvin, der sich zur Verteidigung der Rechte der französischen Reformierten brieflich an den König von Frankreich wendet – ein Brief, der ihn über Nacht berühmt macht.

Die drohende Gefahr ist noch einmal abgewendet; aber nach wenigen Jahren wird die religiöse Frage an die lokalen Parlamente überwiesen. Und das Parlament von Aix bemühte sich am eifrigsten um die Unterdrückung und gibt 1540 ein Edikt heraus, das neunzehn Waldenser, die man des Aufruhrs angeklagt hatte, zum Scheiterhaufen verurteilt. Es ordnet die Zerstörung von Mérindol an, wo die Verurteilten gewohnt hatten. Das Edikt stellt eine tödliche Gefahr für die Unglücklichen dar, die sich wieder an die Glaubensgenossen um Hilfe wenden.

Melanchthon wird von Farel darum angegangen und verfaßt eine Denkschrift, die die deutschen Fürsten an den Hof des Königs gelangen lassen. Franz I. befiehlt die Aufhebung des Edikts und die Eröffnung einer Untersuchung unter Leitung von Minister Du Bellay, die völlig zugunsten der Waldenser ausfällt.

1545 jedoch erreicht die Tragödie ihren Höhepunkt und ihre Vollendung. In seiner schwankenden politischen Haltung gegenüber der Unterdrückung setzt Franz I. seine Unterschrift unter den Befehl zur Inkraftsetzung des Edikts. Der Parlamentspräsident von Aix, Jean Maynier, Baron von Oppède, leitet persönlich die Durchführung im Einverständnis mit der Armee des Papstes, die sich aus dem nahen Avignon in Marsch setzt; so werden die Waldenser in die Zange genommen.

Das Land wird von angeworbenen Söldnerbanden verwüstet, die Dörfer werden dem Erdboden gleichgemacht. Nur wenigen gelingt die Flucht in die Schweiz oder nach Piemont. Für den Rest bleibt nur der Tod oder das traurige Schicksal, bis zur Aufzehrung der Körperkräfte auf den königlichen Galeeren zu rudern.

Dieses Massaker vollzieht sich wenige Jahre, ehe Michelangelo sein »Jüngstes Gericht« malt. Das ist mehr als ein Zufall, das hat Symbolcharakter. Es ist eine Prophezeiung dessen, was aus Frankreich im Laufe weniger Jahre werden wird, wenn die Religionskriege entfesselt werden.

Das Massaker in der kalabrischen Kolonie

Das Echo der religiösen Revolution in Piemont und besonders die Nachricht vom Bau von Gotteshäusern dringt schnell bis nach Kalabrien und stellt die kleine Welt der waldensischen Gemeinden auf den Kopf. Sie haben wie alle Waldensergruppen in Süditalien in fast völliger Abgeschiedenheit gelebt, abseits, aber nicht isoliert; denn die Barben waren mit ihren regelmäßigen Besuchen immer das Bindeglied zu der Welt der großen waldensischen Diaspora. Es gibt bereits kleine Inseln in der ortsansässigen Gesellschaft mit stiller Duldung der Feudalherren und dem Schweigen der kirchlichen Machthaber. Und das alles ohne besondere Mühe in einem Land, das an Partikularismen, an kulturellen Autonomien und geistlichen Fermenten schon immer reich war.

Auch die Waldenser in Kalabrien erleben einen raschen Prozeß der religiösen Bewußtseinsbildung in klassischen Etappen: Eine Gesandtschaft wird zu den Brüdern nach Piemont geschickt, eine Anfrage nach Männern und finanziellen Mitteln wird an Genf gerichtet. Es kommt zur Bildung reformierter Gemeinden im modernen Sinn mit Predigt und Unterweisung.

Nachdem Giacomo Bobello eine Zeit lang in Kalabrien und Apulien gepredigt hatte, drängt es ihn zu einer unvorsichtigen Erkundungsmission nach Sizilien. Am 2. Februar 1560 wird er verhaftet, verurteilt und stirbt als Märtyrer auf dem Scheiterhaufen in Palermo.

Gian Luigi Paschale hat einige Zeit länger gearbeitet. Als er unvorsichtigerweise die Delegation der Einwohner von Guardia zum Markgrafen Spinelli begleitete, wird er zusammen mit Marco Uscegli, einem der eindrucksvollsten Exponenten des örtlichen Waldensertums, verhaftet. Nach monatelanger Einkerkerung in Cosenza, Neapel und Rom wird er in einer langen Prozeßreihe zum Tode verurteilt und vor dem Castel S. Angelo am 16. September 1560 gehenkt.

Über Paschale sollte man ein paar Worte sagen; denn seine Persönlichkeit ist kennzeichnend für das Waldensertum des 16. Jahrhunderts. Geboren in Cuneo, widmet er sich der militärischen Laufbahn und kommt in der Umwelt der protestantischen Söldnertruppen in Kontakt mit dem Evangelium. Nach Genf geflüchtet, beginnt er dort das Studium der Theologie unter der Anleitung Calvins. Das genügt ihm aber nicht, und so widmet er sich der Tätigkeit als Buchverleger.

Paschale ist nicht nur Buchhändler wie Gonin, sondern Herausgeber. Eine ganze Reihe biblischer Werke kommt aus seiner Druckerpresse, so das »Neue Testament unseres Herrn Jesus Christus« vom Jahr 1555, die erste Übersetzung eines evangelischen Italieners. Paschale ist aktiv an der Propagierung evangelischer Ideen engagiert und nimmt im Alter von 25 Jahren die gefährliche Mission nach Kalabrien an. Was er für ein Mann war, offenbaren seine Briefe aus dem Kerker. Sie gehören zu den lichtvollsten Seiten der religiösen Literatur Italiens.

Wie mit Varaglia in Turin und den fünf Pastoren in Chambéry, so glaubt man auch in Rom, mit Paschale einen der Propagandisten der Reformation zu vernichten und so diese Bewegung zu desorganisieren. Aber die protestantischen Gemeinden organisieren sich erneut und verfallen nach der Verhaftung ihrer Pastoren nicht der Krise. Die gewaltsame Unterdrückung endet mit dem unvermeidlichen Einmünden in die imperialistische Politik Philipps II.

Kardinal Alessandrino, der nachmalige Pius V., schickt als erste repressive Maßnahme im November 1560 Alfons Urbino und Valerius Malvicino mit inquisitorischem Auftrag. Nach ihrer Ankunft in Cosenza beginnen die Verhöre mit den unvermeidlichen Folterungen, Anschuldigungen und Strafen.

Der Gebietsgouverneur leiht seinen weltlichen Arm und kommt der Unterdrückung durch die Mönche weit entgegen. Langsam breitet sich der Terror über das Land aus. Die Bewohner der waldensischen Gebiete verlassen ihre Dörfer und flüchten in die Wälder und auf die Berge. Bei einer Razzia im Gebiet von S. Sisto geschieht aber das Unerwartete: Als die Waldenser sich verloren sehen, schlagen sie zurück. Von Verzweiflung gehetzt und dank ihrer guten Ortskenntnis verjagen sie die Strafexpedition, die nicht wenige Tote, darunter sogar den Gouverneur, zurückläßt. – Das Vizekönigtum von Neapel steht am Rand einer Krise. Der Vizekönig verlegt seinen Wohnsitz nach Cosenza. Die Inquisitoren predigen den heiligen Kreuzzug. Sie bringen die auf amerikanischem Boden gedrillten spanischen Fants an Land – die damaligen »marines«, die speziell für Expeditionen gegen Guerillas ausgebildet sind. Aus den Kerkern kommen die Verurteilten, der ganze Abschaum des Königreichs, der sich mit Ketzerblut von seinen eigenen Verbrechen reinwäscht.

Im Mai 1561 setzt sich die Maschinerie in Bewegung, zunächst vorsichtig, als sie die aufgebotene Kraft der waldensischen Bauern gewahr wird; aber der Widerstand bleibt sporadisch. Die alte Tradition der Gewaltlosigkeit, der reformierte Gehorsam gegenüber der etablierten Macht, die harmlose Herzenseinfalt bestimmten die Haltung der Waldenser, die sich vertrauensvoll an die Behörden wenden. Am 5. Juni wird S. Sisto mit seinen 6000 Bewohnern den Flammen überantwortet. Guardia Piemontese wird bald darauf durch Verrat erobert und mit dem stillen Einverständnis des Markgrafen Spinelli zerstört.

Die Gefangenen werden als lebende Fackeln verbrannt, als Sklaven an die Mauren verkauft, zum Hungertod in den Höhlen von Cosenza verurteilt, in jenen echten Tigerkäfigen, wo die Stricke, mit denen sie gefesselt waren, so eng angezogen waren, daß ihr Fleisch in Verwesung überging. Die Unterdrückung erreichte am 11. Juni ihren Höhepunkt im Massaker von Montalto Uffugo, das ein Augenzeuge mit schauerlichen Ausdrücken beschreibt: Auf der Freitreppe der Pfarrkirche wurden ihnen wie Schlachtvieh die Kehlen durchgeschnitten. 88 Waldenser kamen in einem Meer von Blut um.

Die militärische Operation dauerte nur wenige Wochen, die Indoktrination und Rekatholisierung dauerte jahrelang. Die Jesuiten betrieben sie mit unversöhnlicher Härte. Jede Spur waldensischer Tradition wird für immer ausgelöscht, ausgenommen die Sprache, die wie eine provençalische Insel in Kalabrien bis in unsere Tage überleben sollte.

Das Martyrium der Waldenserkirche in der Provence hatte den Abscheu Europas erregt. Das Massaker in Kalabrien hat in der damaligen Gesellschaft kein tiefes Echo gefunden. Das erste zeigt das Ausmaß eines grundlosen Verbrechens in der Morgenröte einer späten Renaissancezeit, das zweite erstickt im stagnierenden, finsteren Klima der spanischen Gegenreformation und hat schon das sinnlose, grausame Gesicht der Massenmorde des Dreißigjährigen Krieges.

Briefe aus dem Kerker (1560)

Aus dem Schloßgefängnis von Cosenza, 26. Februar 1560.

An die Brüder von S. Sisto!

Seid gegrüßt in unserem Herrn Jesus Christus! Liebe, verehrte Brüder! Die erste Lektion, die uns unser himmlischer Vater aufgibt, heißt: »Wer mir nachfolgen will, der verleugne sich selbst und nehme sein Kreuz auf sich und folge mir...« Ich zweifle überhaupt nicht daran, daß das Leiden und der Verlust der eigenen Heimat und aller Güter, das Angefochtensein des Lebens in tausend Gefahren für das Fleisch eine schwere Sache ist. Ich weiß aber ebenso, daß es ein weit größerer Verlust für Leib und Seele ist, Jesus Christus zu verlassen... Aber wie töricht sind jene Menschen, die bei Pflege des Bauches ohne geistliche Speise ganz zufrieden leben – das macht uns das schreckliche Schauspiel deutlich, das wir in diesem Kerker täglich vor Augen haben. Wir sind hier 80 bis 100 Personen, alle an einem finsteren Ort zusammengepfercht, wo die meisten, die dem Aufgefressenwerden durch die Läuse entgehen, vor Hunger umkommen. Wer möchte daran zweifeln, daß wir lieber alles drangäben, was wir auf dieser Welt besitzen, als für immer zu diesem Elend verurteilt zu sein.

Einige werden natürlich sagen, daß sie nicht die Kraft in sich fühlen, für Jesus Christus zu sterben. Darauf antworte ich: Wer sich davor fürchtet, im Kampf besiegt zu werden, der soll wenigstens siegen wollen und in der Flucht den Sieg davontragen. Deshalb ist euch die Flucht erlaubt; aber eure Kniee beugen vor Baal, das ist euch bei Strafe ewiger Verdammnis verboten... Ich kenne viele aus eurem Land, die sich in die Gemeinde des Herrn (d. i. nach Genf) geflüchtet haben, wo sie bei Brot und Wasser sich zufriedener fühlen, als ihr mit allen Verlockungen der Welt es sein könntet...

Natürlich könnt ihr mit ein bißchen Brot und Wasser den Leib satt bekommen; aber eure Seele wird sich niemals damit zufrieden geben. Sie wird immer mehr verschmachten, bis sie eine Speise gefunden hat, die sie mit der Hoffnung auf das ewige Leben nährt.

Und was wird bleiben ohne die Predigt des Evangeliums, die ihr entbehren müßt? Wenn ihr also im Frieden leben wollt, dann geht dorthin, wo die Seele Weide findet, so werdet ihr ein gutes Gewissen haben. Ihr werdet Ruhe finden, werdet Jesus Christus bekennen, werdet die Gemeinde Jesu Christi bauen und werdet eure Feinde zuschanden machen.

Euer Bruder in Jesus Christus, Giovan Luigi Paschale

An Camilla Guarino.

Liebste, verehrte Braut! Ich sehe soviel Gnade unseres Herrgotts gegen mich, daß es mich geradezu verwirrt, auch nur daran zu denken. Seine Wohltaten, die er mir beweist, sind nicht zu zählen. Dazu rechne ich die Muße, die er mir geschenkt hat, Euch mit diesem Brief grüßen zu dürfen und Euch an meinen Tröstungen teilhaben zu lassen... Ich weiß wohl, daß Geduld und Standhaftigkeit der Christen keineswegs Ausdruck sinnloser Dummheit sind, eine Empfindungslosigkeit gegenüber den Anfechtungen des Fleisches; aber auf der anderen Seite freue ich mich über den Gewinn und Fortschritt, den Ihr in Gottes Schule gemacht habt. Haltet Euch deshalb die große Ehre vor Augen, die Gott Euch erweist, indem er sich Eurer

Person für ein so hervorragendes Werk bedient. ER tröste Euch solchermaßen im Geist, der alles Leid hinwegnimmt, das Ihr in Eurer Angefochtenheit spüren mögt...

Ich befehle Euch meinem lieben Neffen Carlo... Für Gottes Ernte wollen meine lieben Schüler und Gefährten bald die Sicheln schärfen; denn die Ernte ist groß, und wenige sind der Arbeiter.

Euer Bräutigam und Bruder in Jesus Christus, Giovan Luigi Paschale

Quelle: »Briefe eines Eingekerkerten« von A. Muston, Torre Pellice 1926, S. 86 ff.

III.

DER ERSTE RELIGIONSKRIEG

Der undurchsichtige Emanuel Philibert

Am Morgen des gleichen 5. Juni 1561, Datum der Vernichtung der Waldenserkolonie in Kalabrien, überschritt eine Gruppe piemontesischer Bergbewohner – ebenfalls Waldenser – die Schwelle zum Palast der Fürsten von Acaia in Cavour, um mit Vertretern des Herzogs Emanuel Philibert zusammenzutreffen.

Sie traten nicht als Verdächtigte ein, die zu einem Prozeß vorgeladen waren, sondern als freie Männer, ehrerbietig, wie es sich für Untertanen eines Fürsten des 16. Jahrhunderts ziemt, aber als Sieger! Mérindol, Guardia und Cavour – drei ganz verschiedene, ja gegensätzliche Seiten im waldensischen Schicksal.

Von den drei bedeutsamsten Gebieten des mittelalterlichen Waldensertums, die sich möglicherweise noch hätten ausbreiten können gerade nach der Synode von Chanforan, waren zwei vernichtet worden. Nur das dritte – das piemontesische – hatte erfolgreichen Widerstand geleistet.

Beim erneuten Betreten seines Staatsgebietes erläßt auch Emanuel Philibert Edikte zur Unterdrückung der Reformation. Die Gerichte beginnen mit der Jagd auf den Häretiker. Aus Turin entkommt man; in Carignano geht Mathurin mit seiner Frau in den Tod. Der Strom der Verbannten in Richtung Genf wächst entsprechend.

Der Herzog von Savoyen ist kein spanischer Adliger, sondern ein savoyischer Fürst, vorsichtig und berechnend. Er weiß wohl, daß die katholische Religion sehr viel eher seiner restaurativen Politik entspricht als das protestantische Gedankengut. Er weiß aber auch, daß es besser ist, die Revolution leise zu ersticken, als sie offen niederzuschlagen.

Mit den kleinen Gemeindekernen in der Ebene, für die isolierten Familien gibt es kein Erbarmen; aber mit der kompakten Masse im Luserna-Tal wird verhandelt. Den Dialog in seiner ersten Phase führen die Jesuiten, an ihrer Spitze Antonio Possevino, mit öffentlichen Fasten- und polemischen Predigten. In Ciabas findet der große öffentliche Disput zwischen dem Jesuiten und dem Neapolitaner Scipione Lentolo, dem Amtsnachfolger Varaglias, statt. Noch keine dreißig Jahre alte, entschlossene Männer kämpfen leidenschaftlich mit Zitaten und Bibelversen im Beisein des Volkes und des Klerus, auch des Grafen von Luserna als unwissendem Schiedsrichter. Hinter Lentolo steht der Protestantismus und sein Entwurf für eine neue Gesellschaft, hinter Possevino steht die Gegenreformation mit ihrem Bestreben, die etablierte Ordnung aufrechtzuerhalten. Theoretisch endet der Disput ergebnislos. Jeder beharrt auf seinen Positionen. Auf dem Boden der Tatsachen handelt es sich um eine Feststellung: Zur Kirche der Jesuiten sagt das Angrogna-Tal nein. Es sagt aber indirekt auch nein zu deren Gesellschaft, zu deren Welt. Davon muß Emanuel Philibert Kenntnis nehmen.

Der öffentliche Disput ist wie ein kleines, ländliches Vorspiel zu der großen Versammlung reformierter und katholischer Theologen, die Monate später in Poissy vor Katharina von Frankreich disputieren wird. Hier bewegt man sich im Klima des Frankreich der Valois und nicht im Spanien Philipps II. Wochen danach erscheint zur Predigt in Ciabas Philipp Racconigi, der Mann aus fürstlichem Geblüt. Er hört ohne sichtbare Erregung der zündenden Rede Lentolos zu. Ihm überreichen die Waldenser eine Reihe von Dokumenten zur Klärung ihrer Position: Glaubensbekenntnis und Apologie. Racconigi ist ein Intellektueller, neuerungssüchtig und interessiert. Oder nur ein Politiker? Wer kann das sagen? Er ist ein Adliger französischen Zuschnitts, das ist klar. Bei Hofe aber ist die Herzogin, und sie ist Französin und Protestantin. Margaretha von Frankeich, die Schwester des französischen Königs Franz I., spielt mit viel Umsicht und Klarheit ihre Rolle als Herzogin eines katholischen Staatsgebildes, aber auch als Wahrerin der Rechte ihrer Glaubensgenossen. So vergehen die Monate. Die Lage bleibt unverändert. Der Herzog muß die Lösung mit einer Gewaltaktion versuchen.

Durch einen Brief vom 13. September 1560 überträgt er Costa della Trinità das Kommando über ein Heer zur Wiederherstellung der Ordnung im Luserna-Tal. In diesem Heer taucht Possevino als Feldgeistlicher wieder auf. Was nach den Vorstellungen des Herzogs nur etwas mehr als eine Polizeiaktion sein sollte, entpuppt sich stattdessen als ein schwieriger und risikoreicher militärischer Feldzug. Für die Waldenser ist der Augenblick der Prüfung gekommen.

Das ganze Unternehmen verläuft in Etappen. Da ist zunächst eine anfängliche Ungewißheit. Es ist Ende Oktober – auf den Berghöhen wird gerade die letzte Ernte eingebracht. Der Winter liegt schon in der Luft und in den Herzen der Menschen eine Erwartung, gemischt aus Ungläubigkeit und Besorgnis, wie sie die Brüder in Kalabrien hatten. Man hofft weiterhin, daß es sich nur um mündliche Drohungen handle und die herzogliche Macht sich durch die Gehorsamserklärungen und Beweise der Untertänigkeit beschwichtigen ließe. Im November kommt es zu den ersten Scharmützeln. Es kommen immer mehr Truppen. Befestigungen und Kastelle werden angelegt. Söldnerbanden beginnen mit der Plünderung des Talgrundes.

Die führenden Persönlichkeiten haben verhandelt, aber das Volk lehnt ab. Es will den Widerstand, um sich selbst und sein Vätererbe zu verteidigen. So beginnt die zweite Phase der Ereignisse. Ein zeitgenössischer Historiker schreibt: »Wenige Tage darauf schrieben einige Prediger, weil sie den Beschluß der Leute im Luserna- und Angrogna-Tal, sich nicht zu verteidigen, nicht für gut hielten, daß es dem Volk erlaubt sei, gegen die Gewalt ihrer Feinde in der äußersten Not zurückzuschlagen; dies geschehe zur Verteidigung einer heiligen, gerechten Sache, zur Erhaltung der wahren Religion und zur Rettung ihres eigenen Lebens... außerdem sei dieser Krieg vom Papst und seinen Anhängern und nicht eigentlich vom Herzog angezettelt worden, der dazu nur von seinen bösen Geistern gezwungen worden sei.«

Wer die »Prediger« sind, die den radikalen Kurswechsel in der waldensischen Politik vollzogen haben, wissen wir nicht. Sehr wahrscheinlich handelt es sich eher um französische Aktivisten im Land als um Italiener, die in Genf groß geworden sind. Die traditionelle Gewaltlosigkeit im Raum der waldensischen Gedankenwelt ebenso wie der Gehorsam gegenüber dem Souverän nach reformiertem Muster – beides wird aufgegeben. Man geht zur Organisierung des bewaffneten Widerstandes über.

Damit weichen die Waldenser von der offiziellen Linie Genfs ab; ihre jetzt bezogene Position ist der Kritik ausgesetzt. Sie riskieren auf diesem bisher nicht begangenen Weg die völlige Isolierung.

Nach der Begründung durch die waldensischen Theologen handelt es sich jedoch nicht darum, das eigene Recht auf Freiheit, sondern die Wahrheit zu verteidigen. Tausende reformierter Piemontesen haben damals eine andere Entscheidung getroffen: Sie gingen in die Verbannung. Sie haben die Brücken zur eigenen Vergangenheit abgebrochen. Sie wollten Gott nach ihrem Gewissen dienen.

Die Argumente sind juristischer und theologischer Natur. Juristisch hielten die Waldenser daran fest und schrieben auch nach Genf, daß ihre Aktion keine Rebellion sei, sondern eine legitime Verteidigung. Sie haben ihre eigenen Güter gegen Leute verteidigt, die ihnen übel wollten – ein schwaches, aber doch immerhin zulässiges Argument.

Das theologische Argument ist bedeutungsvoller. Der derzeitige Kampf wird nicht zwischen Untertanen und Souverän geführt, sondern zwischen Christen, die eine Reform wünschen, und dem Papst. Der Herzog geht nicht darauf ein. Er ist der legitime Souverän und will es bleiben; aber die Bedrohung durch die päpstliche Tyrannei ist eine Tatsache. Die Waldenser haben sich davon befreit. Nun sehen sie sie angesichts der herzoglichen Söldnerscharen wieder auftauchen. Es steht also mehr als der Gehorsam, es steht die Ehre Gottes auf dem Spiel, die Predigt der Wahrheit. Lentolo hat in der zitierten Stelle das Wort »querela« für »Kampf« gebraucht. Das ist die wörtliche Übersetzung des französischen »querelle«, was die Reformierten anwenden, um die Herausforderung des Glaubens, die Verpflichtung zum Zeugnis kundzutun.

Ein unerwartetes historisches Zusammentreffen stärkt in diesem Augenblick die waldensische Seite: Franz II. stirbt, Katharina von Medici nimmt den Dialog wieder auf. Die Reformierten in den von Frankreich noch besetzten Gebieten des Chisone- und Pragelato-Tals ergreifen erneut die Initiative und tun sich mit den Leuten aus dem Luserna-Tal zusammen. Am 21. Januar 1561 findet auf den Höhen von Bobbio im Weiler Podio eine

112

Volksversammlung statt, in deren Verlauf ein bedeutsames Dokument gutgeheißen wird, der sogenannte Schwur von Podio.

Damit werden die waldensischen Gemeinden in den Alpen sich ihrer Selbständigkeit und ihrer Verantwortung bewußt. Sie werden von nun an nicht mehr einfach eine Figur auf dem reformierten Schachbrett sein, die Avantgarde von Genf, und auch nicht nur eine Zone an der Peripherie des französischen Protestantismus. Sie sind selbständige Gemeinden und beschließen, ihren eigenen Weg zu gehen. Zum ersten Mal in Europa fassen bäuerliche Gemeinden, die vielleicht ein Dutzend Intellektueller an der Führungsspitze haben – eben ihre Pastoren – den folgenschweren Beschluß, sich der absoluten Macht des Souveräns entgegenzustellen nicht in einer Volksrevolte, in einem der zahlreichen mittelalterlichen Bauernaufstände, sondern in einer militärisch und juristisch koordinierten Aktion zur Verteidigung ihres Rechts auf Reform der Kirche.

So hat die dritte Phase der Ereignisse begonnen. Die Waldenser gehen zum Angriff über. Sie plündern die Kirche in Bobbio, greifen die Garnisonen an und stecken die Forts in Brand. Die Herzoglichen setzen sich zur Wehr. Es kommt zum Krieg. Die eigentlichen kriegerischen Operationen beginnen am 14. Februar und ziehen sich bis Ende April hin.

Theoretisch verfügt della Trinità über ein Heer von einigen tausend Mann. In Wirklichkeit ist da wenig von einem Heer zu sehen: ein paar Adlige zu Pferd mit ihren Armbrustschützen und dahinter Banden von Freiwilligen auf der Jagd nach Beute. Wir befinden uns ja noch im tiefsten Mittelalter, in der Zeit des kriegerischen Karls I., als die Adligen ihre Bauern anwarben und sie mit Piken und Degen ausstatteten.

Costa della Trinità hat Pra del Torno ganz richtig als das Herz des waldensischen Aufmarsches erkannt, aber er hat zwei grundlegende Fehler begangen: Er betrachtet das verschanzte Gebiet als eine Festung klassischen Typs und vergißt dabei die natürliche Lage. Deshalb hält er die Eroberung für ein Kinderspiel.

Er verbeißt sich im Angriff auf diese paar Häuser ganz hinten in einem zugeschneiten Gebirgstrichter, ohne jemals dorthin zu gelangen. Dabei zersplittert er seine Kräfte auf den bewaldeten Abhängen oder in den Schluchten des Talgrundes.

Die Angriffe schlagen einer nach dem anderen fehl. Die Situation verschlechtert sich im Laufe der Wochen. Auf waldensischer Seite gibt es erneut Akte von Mut und Tapferkeit, die, erfüllt von der volkstümlichen Tradition, Züge halblegendärischer Epik annehmen: Schleuderer, die mit Felsstücken den Feind in Verwirrung bringen und feindliche Anführer, die in die Wildbäche hinabstürzen. Carlo Trucchietti von Perrero wirkt lächerlich in seinem Eisenpanzer und wird von einem Bauern im Schnee bewegungsunfähig gemacht.

Wir haben von Epik gesprochen. In Wirklichkeit ist es eine Welt, die himmelweit entfernt ist von der von Ariost in seinem Orlando il Furioso dreißig Jahre zuvor erdichteten Welt, einer Welt der Ritter und ihrer Damen, die gegen die Muselmanen kämpfen. Es ist die Welt der Davidgestalten, die dem Goliath trotzen, der Gideone, die mit ihren dreihundert Hirten die Midianiter schlagen.

Der biblische Bezug ist nicht formgerecht; er bringt nur das waldensische Selbstbewußtsein voll zum Ausdruck. Er verleiht der Dimension ihres Kampfes Ausdruck. Eines der Charakteristika reformierter Geisteshaltung ist gerade ihre Vertrautheit mit dem Alten Testament. Es besteht kein Bruch zwischen den Gläubigen Israels und der christlichen Gemeinde; vielmehr ist das Schicksal Israels das genaue Abbild des Kampfes der Reformation: Propheten gegen den verderbten Klerus, Predigt gegen die Götzenverehrung, gläubige Könige wie Josia gegen abtrünnige wie Jerobeam. Angewandt auf das waldensische Schicksal suggeriert dieser Bezug auf das Alte Testament die Analogie der Kämpfe des Volkes Gottes gegen seine Feinde. Darin findet sich das biblische Bild vom waffenlosen Gläubigen wieder, der den mächtigen und kampfgewohnten Feind im Namen und mit der Hilfe Gottes besiegt.

Das kleine Angrogna-Tal wird wie die Hügel Kanaans zum Schauplatz der großen Taten Gottes, wo sich seine Macht offenbart. Gott führt seinen Kampf gegen die »Papisten«, wie er ihn gegen die Philister geführt hatte. Der Feind wird geschlagen, der heraufziehende Nebel – das alles sind Offenbarungen seiner Macht, seines Eintretens für die Wahrheit.

Der militärische Zusammenstoß bekommt so etwas wie einen liturgischen Charakter. Vorausgegangen ist das Gebet, begleitet wird der Kampf von den Anrufungen Gottes durch das versammelte Volk. Verboten ist die Repressalie, die Plünderung und unnötige Gewalttat. Sonderbarerweise aber wird der Kampf gerade durch diese seine theologische Dimension zu einem rationalen, kontrollierten, wirkungsvollen Geschehen.

Nach dem letzten, ebenfalls fehlgeschlagenen Angriff am 28. April greift Erschöpfung in den herzoglichen Reihen um sich. Die Rachepläne des Herrn della Trinità bleiben verbale Absichtserklärungen. In Wirklichkeit ist das Heer desorganisiert und erschöpft durch einen aufreibenden Guerillakrieg gegen einen Feind, den man nicht zu fassen bekommt.

Und jetzt bringen die Interventionen der Herzogin und Philipps von Racconigi, die die Entwicklung der Vorgänge aufmerksam beobachtet haben, die Entscheidung. Es kommt zu einem Friedensschluß.

Diese Vermittlung auf politischer Ebene und der Widerstand der Waldenser selbst dürfen nicht überbewertet werden. Eine spanische Lösung wäre sicherlich möglich gewesen. Der Herzog von Savoyen verfügte über die notwendigen Streitkräfte zur militärischen Beendigung des Krieges. Indes erinnerte sich der undurchsichtige Emanuel Philibert der Lektion Machiavellis, daß Politik nicht Leidenschaft, sondern Vernunft sei.

Ideal wäre es gewesen, den waldensischen Feind auszutreten wie einen Feuerbrand und ein ideologisch gesichertes Terrain zurückzuerobern – aber um welchen Preis? Mobilisierung der kümmerlichen Energien des Landes, Verwüstungen, Tote und die Unsicherheit einer ungünstigen internationalen Situation. Des weiteren: in den Korridor des Luserna-Tals gejagt zu werden, eingezwängt zwischen der Markgrafschaft Saluzzo und dem französischen Chisone-Tal. Das kann zwar heroisch, aber militärisch nur sinnlos sein. Besser den Brandherd einengen und das Feuer langsam ersticken. Man mache der Feindseligkeit ein Ende und suche eine Lösung, die es erlaubt, die Ehre des Fürsten zu retten, dazu die Stabilität des Staates und obendrein das internationale Ansehen, was man ja zum Wiederaufbau Piemonts braucht. Man handle, ohne den Feind anzuerkennen!

Ein namenloses Pergament

Die neue Situation findet am 5. Juni 1561 ihre offizielle Anerkennung bei der bereits erwähnten Begegnung in Cavour zwischen einer waldensischen Deputation und den savoyischen Gesandten. Das ausgefertigte Dokument sagt die Verzeihung des Herzogs für alle während des Krieges begangenen Handlungen zu und den Verzicht auf Schadensersatz für die Kriegsverluste und -zerstörungen, der zuvor auf 10 000 Scudi festgesetzt worden war. Die waldensischen Privilegien und Rechte werden anerkannt. Die Genehmigung zur öffentlichen Gottesdienstfeier an weit auseinandergelegenen Ortschaften Angrogna, Villasecca, Coppieri usw. wird zugestanden.

Dieses Dokument, auf herzoglicher Seite von Racconigi, auf waldensischer Seite von zwei Pastoren und zwei Deputierten unterzeichnet, stellt, juristisch gesehen, eine einmalige Tatsache dar. Wie soll man es vor allem vom formalen Gesichtspunkt aus definieren?

Es ist kein Vertrag; denn ein Herzog verhandelt nicht auf gleicher Ebene mit seinen Untertanen, die gegen ihn, gegen seine Gesetze und sein Heer rebelliert haben. Es ist aber auch kein Gnadenakt. Die waldensischen Deputierten sind sich darüber im klaren, keinen Gnadenakt zu unterzeichnen, sondern eine Übereinkunft.

An diesem Dokument aus der savoyischen Staatskanzlei besteht nicht nur ein formales Interesse; es handelt sich um einen Akt von revolutionärer Tragweite.

Zum ersten Mal wird in Europa der Grundsatz des »cuius regio, eius religio« durchbrochen, dieses Prinzip der Kirchenpolitik, das für das Nonplusultra der Moderne gehalten wurde, wonach die Untertanen die Religion des Landesherrn annehmen müssen. Hier tritt der Fall ein, daß ein katholischer Fürst auf seinem Territorium die Anwesenheit andersgläubiger Untertanen toleriert, sozusagen geistliche Rebellen. Er toleriert sie nicht nur, sondern er paktiert mit ihnen. Er anerkennt ihre legale Existenz und gibt juristische Garantien für ihren Gottesdienst. Noch wichtiger ist die Tatsache, daß ein katholischer Fürst die Existenz der »Häresie« toleriert und auf ihre Vernichtung verzichtet.

Die melodramatische Geste Philipps II., der sein Reich, seine Güter und sein Leben zur Vernichtung der »Lutheraner« anbietet, stand noch wie eine Mahnung über den europäischen Fürstenhöfen. Das kleine Alpenherzogtum sucht stattdessen einen anderen Weg und riskiert dabei den Abscheu des katholischen Europa und die Verdammung durch die römische Kurie, die lebhaft protestierte.

Gewiß, der Herzog erscheint nicht selber. Er setzt sich nicht an den Verhandlungstisch. Wie könnte er das auch, ohne seine Ehre zu verlieren? Er gibt nicht nach – er gesteht zu. Aber die Unterschrift des Fürsten Racconigi ist eine reale Verpflichtung, die die Voraussetzungen für die Zukunft der savoyischen Politik schafft. Die waldensische Frage ist eine Frage politischen, nicht ideologischen Ranges. Es ist eine Rechnung auf der Passivseite. Die waldensische Frage ist kein Schuldgefühl, an der das Gewissen zu tragen hätte. Die Übereinkunft von Cavour bestimmt nicht nur die Richtung der savoyischen Politik, sondern auch das Leben der waldensischen Gemeinden.

Die gut lesbaren Unterschriften (es sind keine Kreuze!), die die waldensischen Bauern auf dem Pergament leisten, verpflichten ihre waldensischen Gemeinden zu einer unvorhergesehenen Verantwortung. Die genannten Orte, die Grenzen des waldensischen Gebietes, die erworbenen Rechte, die geöffneten Gotteshäuser – das alles sind von jetzt an unverzichtbare Programmpunkte waldensischen Lebens, Stellungen, aus denen es kein Zurück mehr gibt, in denen man nur beharren und bleiben oder sterben kann.

Nach ihrer Rückkehr in die Berge sahen die waldensischen Deputierten die Ebene vor sich liegen wie die Barben von Chanforan. Piemont liegt hier noch einmal zu ihren Füßen, aber nicht mehr wie dreißig Jahre zuvor als ein Land, das es zu entdecken galt mit der Aussicht auf eine große Zukunft, als eine Welt, in der die Hoffnung auf eine Reformation lebendig war und umging. Jetzt ist dieses Land ein verlassenes Land, aus dem Tausende von Familien geflüchtet sind, ein Land ohne Kirchen und Predigtstellen, ein Land, in dem die Inquisition gerade dabei ist, die letzten Lebensregungen zu ersticken. Aber gerade in dieser geistlichen Wüstenei muß die Predigt des Evangeliums aufrecht erhalten bleiben um jeden Preis, auch ohne Zukunftsaussichten, einfach um der Ehre Gottes willen.

Cavour ist in gewisser Weise das Gegenstück zu Chanforan. Dort droben hatte sich eine Aussicht aufgetan und wurde die Hoffnung geboren, Piemont in ein neues Land umzugestalten, erneuert durch die evangelische Predigt. Nun ist man auf die Berge zurückgejagt worden und nur innerhalb bestimmter Grenzen geschützt, aber eben doch eingesperrt!

Cavour ist aber auch der Augenblick, da man die Summe aus den letzten Jahrzehnten zieht, in denen die Kämpfe, die Debatten, die vollzogenen Entscheidungen und die übernommene Verantwortung zusammengefaßt werden. Resultat: Die reformierte Offensive ist festgefahren und blockiert worden. Jetzt beginnt die Defensive!

Von nun an sind die Waldenser nicht mehr ein Bruchstück der protestantischen Diaspora, sozusagen ein Genfer Kommando, sondern eine Realität für sich. Gegenüber dem Papsttum und dem spanischen Italien werden sie zum Brückenkopf für das protestantische Europa südlich der Alpen. Sie bilden die vorderste Kampflinie an der Front der Gegenreformation. Die reformierte Offensive ist zu Ende, aber die waldensische Kirche ist geboren.

Der Unionsvertrag (1561)

Im Namen der Waldensergemeinden in den Alpen, im Dauphiné und in Piemont, die seit eh und je zusammengehört haben und deren Vertreter wir sind, versprechen wir mit der Hand auf der Bibel und vor dem Angesicht Gottes, daß unsere Täler sich in Glaubensfragen tatkräftig gegenseitig unterstützen wollen, ohne dabei den Gehorsam gegenüber den legitimen eigenen Souveränen zu verletzen.

Wir versprechen, uns an die Bibel zu halten, ohne sie anzutasten oder mit anderen Lehren zu vermengen. Solche Treue zu Gottes Wort ist in der wahren apostolischen Kirche immer selbstverständlich gewesen. Wir werden bei der heiligen Religion bleiben, auch wenn wir unser eigenes Leben in Gefahr bringen, damit wir unseren Kindern die Kirche rein und unangetastet hinterlassen, wie wir sie von unseren Vätern übernommen haben.

Wir versprechen unseren verfolgten Brüdern Unterstützung und Hilfe. Unsere Sorge gilt nicht unseren privaten Interessen, sondern der gemeinsamen Sache, und das ohne Ansehen der Person, nur im Aufblick zu Gott.

Quelle: Giuramento del Podio (Schwur von Podio), in A. Muston: Histoire populaire des Vaudois, 1862, S. 119.

Ein Brief des Arztes Alosianus aus Busca in Piemont an die deutschen Fürsten

Den erlauchten Fürsten in Deutschland und den Pastoren der treuen Kirchen senden alle Gemeinden in Piemont ihre ehrerbietigsten Grüße. Im Jahre unseres Herrn Jesus Christus 1559.

Theobald Wilhelm, Schatzmeister in Mömpelgard (= Montbéliard), hat uns von dem tätigen Einsatz und der liebevollen Sorge berichtet, die Baron Heinrich von Mersperg und Belfort, deutscher Hauptmann im Dienst des französischen Königs, und alle treuen Fürsten in Deutschland uns und unseren Gemeinden haben angedeihen lassen, ebenso wie Peter Toussaint und Herald, Diener am Wort Gottes und Männer von großem Wissen und tiefer Frömmigkeit in der Stadt Mömpelgard.

Diese Fürsten – der erlauchte Herzog August I. von Sachsen, der treffliche Herzog Christoph von Württemberg, Landgraf Philipp I. der Großmütige von Hessen, Graf Georg von Mömpelgard und andere erlauchte Fürsten, deren Namen wir nicht kennen – haben nach Erhalt einer Botschaft der Herren von Bern und Genf, vertreten durch die frommen und gelehrten Delegierten Farel, Peter Viret und Theodor von Beza, in Sachen der christlichen Religion der treuen Gemeinden im Angrogna-, Luserna-, San-Martino-, Pragelato-Tal und anderen Tälern in Piemont, die sich zum unverfälschten Christus bekennen, alsbald jeder auf seine Kosten Gesandte an den französischen König Heinrich II. geschickt, einzig im Interesse der genannten Gemeinden mit der Bitte, er möge nicht zulassen, daß die Gemeinden in den Tälern um des Wortes Gottes willen verfolgt würden, sondern wolle sie in Frieden leben lassen... Das war für das Wort Gottes ein großer Sieg; daraus ergab sich ein erfolgreiches Wachstum der christlichen Gemeinden.

Für diese uns erwiesene große Wohltat sind wir, vor allem die Gemeinden aus den Tälern, unendlich dankbar allen Fürsten und christlichen Gemeinden in Deutschland. Da wir euch keine gleichgroße Wohltat erweisen können, beten wir zu dem allmächtigen Gott, er wolle es euch reichlich belohnen. Denn durch euer Bemühen, eure Gebete und die besondere Gnade Gottes ist uns die Freiheit, öffentlich und ohne Furcht und Gefahr das Wort Gottes im Herzen der Täler zu predigen, zugestanden worden ... Deshalb haben wir beschlossen, euch diese Zeilen über die Gemeinden Christi in unserem Landstrich Piemont zu schreiben.

In den Tälern von Piemont und auf den Bergen, wo das heilige Evangelium unseres Heilandes rein und lauter und ohne Furcht vor den Gegnern Christi gepredigt wird und wo alle unheiligen Traditionen und papistischen Lästerungen verworfen und abgeschafft sind, werden öffentliche Gottesdienste abgehalten und die Sakramente nach der Einsetzung durch Christus und die Apostel verwaltet. Dreißig Diener der Gemeinden Gottes gibt es in den Tälern, die das Wort Gottes frei und offen heraus ohne Furcht vor den Feinden Christi verkündigen. Sie nehmen auch alle anderen Aufgaben der Kirche Christi wahr. Es leben dort etwa 40 000 Gläubige.

Auch in der Ebene gibt es sehr viele Gläubige. Es ist in dieser Gegend keine Stadt, fast kein Dorf ohne eine christliche Gemeinde, sei es heimlich oder öffentlich. Und wenn sie keine Pastoren bekommen können, so unterlassen sie es deshalb doch nicht zu beten; und diejenigen unter ihnen, die lesen können und eine gewisse Bildung haben, lesen die heiligen Schriften in den Privathäusern. In Turin gibt es sogar eine große Gemeinde Christi, wo ein Pastor heimlich in den Häusern reihum predigt, die Gläubigen im Wort Gottes unterweist und die Sakramente Jesu spendet. In dieser Stadt gehören viele Gläubige zu den ersten Familien des Bürgertums und des Adels. Man findet unter ihnen eine ganze Reihe Senatoren, Juristen und Ärzte – und die Magistratsbeamten wissen das. Aber nach dem traurigen Vorbild des Pontius Pilatus, aus Furcht, Hab und Gut und ihre Ämter zu verlieren, verurteilen sie nur zu oft die Gerechten und Heiligen Gottes zum Scheiterhaufen. Da diese Stadt Metropole und Hauptort dieser Region und Sitz eines Erzbischofs ist, sieht man fast alljährlich, seit es christliche Gemeinden gibt, Menschen, die um des Namens Christi willen standhaft dem Tod ins Antlitz blicken.

(Es folgt der Bericht über das Martyrium des Leonardo Sartoris aus Chieri, des Bartolomeo Hector aus Poitiers und des Pastors Goffredo Varaglia).

In der Stadt Chieri, die wesentlich größer ist als Turin, leben viele, die sich zum wahren Gott bekennen. Auch in Carignano gibt es viele Gläubige, die öffentlich am hellichten Tag, im Angesicht ihrer Gegner, sich an Sonntagen in den Privathäusern zum Gebet versammeln, das Wort Gottes lesen und hören und am Nachmittag sich zum Katechismusunterricht einfinden. Ich will die vielen Christen in anderen Städten Italiens gar nicht erwähnen, die wegen der Nähe des römischen Antichrist es nicht wagen, sich ebenso offen zu zeigen wie wir. Davon ist die Herzogin von Ferrara auszunehmen. An ihrem Hofe hat sie einen Pastor, der ihr und ihren Leuten die christliche Wahrheit verkündigt – und dies trotz der gegensätzlichen Haltung des Herzogs.

Das alles wollten wir euch von den Gemeinden in Piemont berichten, damit ihr euch mit uns über dieses heimliche Geschenk und göttliche Wunder der aufgegangenen evangelischen Wahrheit freuen könnt und damit ihr ebenso für uns zu Gott betet wie wir es für euch tun, daß die christlichen

120

24. Emanuel Philibert von Savoyen.
25. Margarethe von Frankreich, Herzogin von Savoyen.
26. Die »Barrikaden« im Angrogna-Tal; Kampfplatz während des Krieges 1560 bis 1561 (englischer Stich aus dem 19. Jahrhundert).

27. Titelblatt des Neuen Testaments, übersetzt von G. L. Paschale (1555).
28. Die »Blutstür« von Guardia Piemontese bei Cosenza in Kalabrien, so genannt zur Erinnerung an die Massaker von 1561.
29. Ruinen des alten Mérindol, eine der Waldensersiedlungen, die 1545 in der Provence vernichtet wurden.
30. Altes Waldenserwappen nach der »Lucerna Sacra« des Valerio Grosso (1640).
31. Teil eines holländischen Flugblattes über die »Piemontesischen Ostern« (1655), bekannt als »Die weinende Religion«.

Hier is den Raet van d'Inquisitie. Icy se void le Conseil d'Inquisitio

Hier vluchten de vervolgdhe in't felste van den winter

Hier braden de Vyanden de breinen der Kinderen op roosters.

Voyla Religion, qui pleure incessament, qu'on repand, sans pitie, le sarg de l'innocent!

Religie beschreit in tranen door t' gieten van t' onnoosel bloet.

Hier rollen't de hoofden op de vloer.

A. Hier wordense uyt haer wooninge verdreven, vluchten int gebergte 1663

B. Hier plunderen de Soldaten het vleck S. Ian de la tour. 1663

RT VERHAEL,
Van
Elendigen toestant, van

't Gewelt, de roof, en moort, klam op 'er Moorttoneelen
Daer yder quam op 't wreeft zijn perfoonaadje fpeelen.
Den eenen wiert gerooft, den ander 't lijf geknot,
De derde gerabraakt, de vierd' flachtrenz op 't fchavot.
De vijfde levendigh, aen 't aertrijk vast genagelt,
Een ander valt door 't loot, en buskruyt dat er hagelt
Hier zengtmen 't rauwe vlees, daer kerft men 't Lijf als Vis,
Gins buyst van Mensche fnieren den hellfchen offer...

Men fagh niet aen wie 't was, om te vertreden 't k
De wonden fijn beftroyt met zant en buskruyt,
Veel leden afgekapt, de Vrouw haer borften uyt
Gerukt: men wift noch perk, noch ftilftant, noch t
Men floegh de bloem der jeugt in 't bloeyent huy
Veel beeft hun eygen huys voor offer-dis gedien
Niemant wiert verfchoont, die d' ware Godt ma
Helena de la Tour, een vrouw van taghtich ma

32. Cromwell diktiert dem Dichter Milton seinen Protest zugunsten der Waldenser (Druck aus dem 19. Jahrhundert).
33. Moderator Giovanni Léger (auf dem Titelblatt seines Werkes).
34. Zerstörung der reformierten Kirche in der Pariser Vorstadt Charenton nach dem Widerruf des Edikts von Nantes (1685).

35. Henri Arnaud »Oberst und Pastor der Waldenser« auf einer Karte der Täler, gedruckt 1690 in Holland.
36. Viktor Amadeus II., Herzog von Savoyen.
37. Verteidigung der Waldenser im Tal von Subiasc (1686), Gemälde von S. Allason (19. Jahrhundert).

38. Kampf an der Brücke von Salbertrand über die Dora Riparia während der »Ruhmreichen Heimkehr« (englischer Stich aus dem 19. Jahrh.).
39. Wilhelm III. von Oranien.
40. Die Belagerung der Balziglia nach einem Schweizer Druck aus dem 19. Jahrhundert.

41. Die siegreichen Waldenser im Krieg der Liga von Augsburg gegen die Franzosen (1690).
42. Pietro Geymet.
43. Giacomo Marauda.

44. Felix Neff, der Apostel der »Erweckung«.
45. Graf Waldburg-Truchsess, Preußens Botschafter am Turiner Hof.
46. Der englische Domherr W. St. Gilly.
47. Charles Beckwith (1789–1862).

Gemeinden von Tag zu Tag wachsen, sich entwickeln und bewahrt werden...

Wir haben im Augenblick keinen geeigneteren Boten als unseren Bruder Theobald Wilhelm von Mömpelgard, um euch diesen Brief zu überbringen. Während der fünf Monate, da er in dieser Stadt mit zwei Hundertschaften seiner deutschen Soldaten in Garnison lag, hat er immer zusammen mit der Gemeinde der Gläubigen in Busca in unserer Kirche an der Predigt des Wortes Gottes und am Katechismusunterricht teilgenommen. Er hat uns oft ermahnt, am Glauben festzuhalten, weil er mit uns eines Sinnes ist im Blick auf die Religion Christi, des einzigen Mittlers... Denn Christus ist für unsere Sünden gestorben und zu unserer Rechtfertigung auferweckt worden. Wir sehen deshalb alle diejenigen als Antichristen und Ketzer an, die auf einem anderen Wege die Versöhnung mit Gott und das ewige Leben gewinnen wollen.

Wir haben eure Wohltaten immer vor Augen und möchten uns euer Wohlwollen erhalten. Darum bitten wir euch alle, die erlauchten Fürsten Deutschlands und eure Gemeinden, unsere Sache – wenn dies notwendig ist – in die Hand zu nehmen, wie ihr es bisher getan habt, damit Gott allenthalben durch euer Zutun verherrlicht werde. Wir beschwören euch inständig, in euren Botschaften an Heinrich II. von Frankreich für uns zu sprechen und beim Herzog von Savoyen, wenn dieser sein Staatsgebiet zurückgewinnt. Wir zweifeln nicht daran, daß euer beharrliches Bitten für uns beim französischen König und beim Herzog von Savoyen großes Gewicht haben wird.

Wir können euch versichern, daß, wenn es keine Verfolgungsgefahr gäbe, fast jedermann in dieser Provinz das Wort Gottes annehmen und sich zu ihm bekennen würde. Viele sind in großer Unruhe und Ratlosigkeit, da sie in den papistischen Lügen und Lästerungen gefangen sind. Sie haben seit eh und je darin gelebt und haben doch daran gezweifelt, daß sie Gottes Gebot, die heilige Kirche Christi und die wahre Religion seien. Sie sind aus Unwissenheit oder aus Furcht vor einem Irrtum nicht in der Lage, selbst ein richtiges Urteil zu fällen. Sie wissen nicht, wohin sie sich wenden sollen, und wagen es nicht, die wahre Religion Christi anzunehmen, solange darüber nicht ein allgemeines Konzil der Christen befunden hat.

Und das wird man nie genug betonen können, wie notwendig für die Einheit der Christen, für die Tröstung der Gewissen und für die Festigung des christlichen Glaubens in ganz Europa dieses Konzil ist. Dieses Konzil, sehr erlauchte Fürsten, im Interesse der christlichen Religion, euch kommt es zu, es zu fordern, es zusammenzurufen, euch – sage ich –, die ihr die Regierung des Reiches in euren Händen haltet und denen das öffentliche Wohl, der Frieden und das Heil aller Menschen so sehr am Herzen liegt. Dazu seid ihr in der Tat von Gott berufen und Kurfürsten des heiligen Reiches geworden.

Alle unsere Pastoren und Gemeinden grüßen euch in Christus. Seid abermals herzlich gegrüßt in Jesus Christus! Die Gnade und der Frieden unseres Herrn Jesus Christus sei mit euch allen! Amen.

Busca, am 13. April 1559

Quelle: Staatsarchiv Marburg, veröffentlicht im Bulletin de la Société d'Histoire Vaudoise Nr. 7, Mai 1890.

IV.

IM EUROPA DER GEGENREFORMATION

Die Hugenotten des Herzogs Lesdiguières

1564 stirbt Catlvin, der letzte Vertreter aus der Generation der großen Reformatoren. Im Jahr zuvor war das Konzil von Trient zu Ende gegangen, das die Linien des gegenreformatorischen Katholizismus abgesteckt hatte: eine strengere Lehre, um die Argumente der Reformierten ins Abseits zu drängen, und Rückkehr zum Geist des mittelalterlichen Gehorsams. Zur Durchsetzung dieses Programms wenden die unversöhnlichen, fanatischen Päpste ebenso wie die Jesuiten mit ihrer autoritären Politik und der Inquisition ihr altes, frisch instandgesetztes Instrument der mittelalterlichen Unterdrückung wieder an.

Mit der Inquisition erwacht auch wieder der Kreuzzugsgeist, der in großen Schlachten und Kämpfen sichtbaren Ausdruck findet: bei Lepanto gegen die Türken, gegen England in der Nordsee und in dem traurig-berühmten Massaker der Bartholomäusnacht in Frankreich. Wenn das waldensische Gebiet diesem massiven Druck der katholischen Gegenreformation Widerstand leisten konnte, so verdankt es das zum großen Teil seiner besonderen politischen und geographischen Lage. Alpines Gebirgsland, dünn bevölkert, schwer zu kontrollieren und als Grenzland dauernd von einer französischen Invasion bedroht. Angelehnt ans Dauphiné, eingekeilt zwischen der Markgrafschaft Saluzzo und dem Pragelato-Tal, beide in französischer Hand und auch sie reformiert, lebten die Waldenser damals in relativer Ruhe.

Die Religionskriege, die Frankreich in Aufruhr versetzten, haben nur am Rande Rückwirkungen. Die Situation wird in den Jahren um 1570 nahezu stabil, als Herzog Lesdiguières Gouverneur des Dauphiné wird. Dem hervorragenden hugenottischen General gelingt es, in den Alpen vom Susa-Tal bis zur Rhône ein weiträumiges Territorium zu schaffen, das zu einer der Bastionen der französischen Reformation wird. Der kulturelle, religiöse und politische Einfluß dieses Blockes macht sich auf den angrenzenden savoyischen Territorien natürlich fühlbar. 1592 dringt Lesdiguières in das Gebiet von Pinerolo, Cavour und in die Waldensertäler ein, hält sie ein paar Jahre unter seiner Kontrolle und ruft dort eine Bewegung zum Beitritt zur französischen Krone ins Leben. Dem savoyischen Gegenangriff gelingt es aber, nach einigen Jahren das Gleichgewicht wiederherzustellen. Zwischen 1588 und 1600 wird sogar das weiträumige Gebiet der Markgrafschaft Saluzzo erobert. Die gegen die piemontesischen Reformierten erlassenen Edikte werden unmittelbar danach auch auf dieses Gebiet ausgedehnt. Es kommt zu einem umfangreichen Exodus der Menschen in Richtung auf die reformierten Gebiete. Viele Familien lassen sich in den Luserna-Tälern nieder, andere im Dauphiné. Viele überqueren die Alpen und stoßen zu der schon zahlreichen piemontesischen Kolonie in Genf, wo sie einen eigenen Beitrag zur Industrie und zum Handwerk liefern. Mehr als ein Drittel der Genfer Apotheker sind Piemontesen; viele sind Mechaniker, Weber und Drucker.

Die Wiedereroberung der Markgrafschaft für den Katholizismus geschieht nicht ohne starke Widerstände. Noch 1590 verlangt der Gemeinderat von Dronero für seine Bürger das Recht, sich zu Predigten der reformierten Pastoren in das Pragelato- und Luserna-Tal zu begeben.

Auch so bleibt das Gleichgewicht instabil; denn inzwischen haben die Protestanten das Pragelato-Tal endgültig erobert, in welchem der katholische Gottesdienst unterdrückt wird, und zeigen noch einen starken Drang, das letzte Hochtal in den Waldensertälern, das bis jetzt ganz katholisch geblieben war, Pramollo im Chisone-Tal, zu erobern.

Die zeitgenössische Chronik, die davon erzählt, ruft den Geist und das Klima jener Jahre wach. Der reformierte Pastor von San Germano steigt an einem Sonntag in das Alpendorf hinauf, wo die katholische Kirche steht, und tritt dem katholischen Priester kühn entgegen. Am Schluß der Messe verlangt er von ihm Aufklärung über die Riten, die er gerade durchgeführt habe, und ihre Bedeutung. Der Priester kann seine Position nicht verteidigen. Der Reformierte beginnt seine öffentliche Predigt und legt seine Alternative zum Katholizismus dar, der aus »abergläubischen« Riten bestehe, die nicht einmal der Priester selber verstünde.

Dann zeichnet er das reformierte Christentum, das sich auf das Evangelium gründet. Die Bevölkerung schätzt ihre eigene Situation gut ein: von reformiertem Gebiet umgeben, schließt sie sich der Reformation an und unterdrückt den katholischen Gottesdienst.

Das Edikt von Nantes, das den Religionskrieg in Frankreich ohne überwiegende katholische Siegesposition beendet, läßt auch die Situation in Piemont erstarren.

Mönche und öffentliche Disputationen

Eines der Charakteristiken der Gegenreformation war die Erneuerung der religiösen Orden. Man darf ruhig sagen, daß die Mönche sich mehr als die Priester und Bischöfe für den katholischen Glauben schlugen, an vorderster Front natürlich die Jesuiten, die Kapuziner jedoch nicht weniger. Sie sind es, die die Kirchen wieder öffnen. Sie predigen, gründen Schulen und Seminare, schreiben Katechismen und polemische Bücher, um die reformierte Propagandawelle zum Stehen zu bringen. Es ist nichts Besonderes, es ist vielmehr unvermeidlich, daß Mönche auch den Angriff auf die Waldensertäler führen. Schon in den Jahren um 1560 sahen wir den Jesuiten Possevino am Werk. Sein Orden wird 1583 in Luserna seßhaft. Nach der klassischen Linie jesuitischer Politik läßt er sich im Hauptort nieder, um so die Zentren der Macht für den Glauben zurückzuerobern. Die Grafen von Luserna zeigten sich bei der Rekatholisierung ziemlich lau, auch wenn aus dem Grafenhaus jener Marc Aurel Rorengo hervorgeht, der einmal einen bedeutenden Posten im lokalen kirchlichen Leben innehaben wird.

Der Intervention des Priors Rorengo zum Beispiel verdankt man die Anwesenheit des anderen missionarischen Ordens, der Kapuziner, die sich in einem seiner Häuser in Torre Pellice niederlassen. Volkstümlicher und mehr der Predigt verschrieben, suchten die Kapuziner sich in mehreren waldensischen Ortschaften zu Häusern Zugang zu verschaffen, so in Bobbio, Villar, Rorà und Angrogna. Vergebens! Nach intensiver Aktivität, nachdem sie die Messe unter vier Augen über Jahre hinweg gefeiert hatten und dabei in der Bevölkerung auf eine Mauer von Feindschaft gestoßen waren, ziehen sie sich schließlich zurück. Die Tradition erzählt, daß die Waldenser, um bei der Vertreibung der Kapuziner vor dem Gesetz nicht straffällig zu werden, sie von ihren Frauen auf dem Rücken haben forttragen lassen.

1572 werden die beiden religiösen Orden St. Mauritius und St. Lazarus zu einem Orden vereinigt, um einen wirksameren Kampf gegen die Türken führen zu können (es ist die Stunde von Lepanto) und gegen die Waldenser, die so etwas wie die Türken von Piemont sind! Die missionarische Aktivität zielt nicht so sehr auf die Bekehrung der Bevölkerung ab – das ist ein Werk auf lange Sicht, sondern vielmehr darauf, den katholischen Gottesdienst wieder heimisch zu machen und so eine katholische Präsenz von Anfang an nachzuweisen, den juristischen Präzedenzfall zu schaffen.

Sie stoßen natürlich mit den reformierten Predigern zusammen. Es kommt zu öffentlichen Disputationen, zu Debatten, einer Art Round-Table. Daran nimmt die Bevölkerung auf öffentlichen Plätzen teil. Das dogmatische Thema ist nur der Vorwand, der Anlaß für den ideologischen Zusammenstoß. 1596 disputiert der reformierte Pastor Chanforan in San Germano mit einem Jesuiten. Im gleichen Jahr und wiederum in San Germano kommt Rostain mit einem Kapuziner über das Problem des Sakraments aneinander. Ein paar Jahre später polemisiert in Perrero Valerio Grosso mit einem Kapuziner. In San Giovanni stößt Appia mit dem Jesuiten Simeon über der Frage des Fegefeuers zusammen. Das waren keine Dialoge, sondern Redeschlachten, um die Kräfte des Gegners zu sondieren.

Der Grabenkrieg wird organisiert

Die Kraftprobe mit Emanuel Philibert hat die reformierten Gemeinden in den Tälern zwar ermutigt, zugleich aber große Probleme aufgeworfen. Das erste Problem ist ökonomischer Art. Der kurze, aber stürmische Krieg hat die Wirtschaft des Landes durcheinandergebracht. Die Wiederherstellung der Kriegsschäden lastet schwer auf der verarmten waldensischen Bevölkerung.

Das zweite Problem ist politischer Natur und spaltet sogar die reformierte Front. Die eine Partei – die wir als Maximalisten bezeichnen können – ist unbefriedigt. Sie betrachtet Cavour nur als eine Etappe auf dem Weg der Eroberung von ganz Piemont. Sie schlägt sich für eine intensive missionarische Aktion, für eine aktive Propaganda angesichts einer allgemeinen Erhebung, träumt weiterhin von einer in Turin gegründeten Reformation. »Gefährliche Illusionen«, antwortet die Partei der Genfer, die die Situation im internationalen Zusammenhang beurteilt und daraus schließt, daß der Augenblick keine entscheidende Aktion erlaube. Der Religionskrieg, der gerade in Frankreich ausbricht, bringt keine Lösung des Problems, vielmehr muß man die Positionen stärken, die Gemeinden organisieren.

Diese beiden Strömungen werden von den beiden größten Persönlichkeiten jener Generation repräsentiert: Scipione Lentolo und Stephan Noël. Der erste ein religiöser Neapolitaner, ein unruhiger Geist, in Genf gelandet und von dort nach Ciabas gekommen. Der andere ist Franzose mit Genfer Bildung. Lentolo wird 1566 vom Gouverneur Castrocaro aus den Tälern verjagt. Er zieht sich nach Graubünden zurück und setzt von dort aus seine Tätigkeit fort.

Diese beiden Positionen der piemontesischen reformatorischen Bewegung sind natürlich keine persönlichen Ideen, sondern sind zwei mögliche Linien innerhalb der piemontesischen Bewegung. Sie entsprechen zwei Reformlinien, die sehr scharf voneinander abgegrenzt sind: Genf und Frankreich.

Die Stadt Calvins hat in jenen Jahren (1555–1560) mit dem Sieg der calvinistischen Partei und der Gründung der Akademie ihre tiefe Umbildung erfahren. Die »Ordonnances« von 1541 haben der Genfer Kirche ihre Struktur gegeben: Älteste zur individuellen Kontrolle der Gläubigen, Diakone zur praktischen Gemeindearbeit an den Kranken und Armen, Diener am Wort für die Predigt. Das »Consistoire« ist die Versammlung, die hier Beschlüsse faßt und sammelt. Das größte Gewicht hat die »Vénérable Compagnie«, die Gesamtheit der Diener am Wort. Ihr obliegt es nicht nur, lehrmäßige Konflikte zu schlichten, die in der Gemeinde entstehen, sondern auch die Arbeits- und Lebensrichtlinien der Gesamtgemeinde festzulegen.

Es leuchtet ein, daß die Struktur der Genfer Gemeinde, die so eine Art kleiner Handelsrepublik war, mit der ihr eigenen Situation nicht überall nachgeahmt werden kann, um so weniger in einer noch halb feudalen Welt, wie die Alpentäler in Piemont es waren, in der der Kampf um die politische Freiheit eben erst begonnen hat, in der es obendrein eine bürgerliche Klasse gar nicht gibt, die die Situation in die Hand nehmen könnte.

Aber Genf ist nicht der einzige Bezugspunkt. Eine andere Organisationsform, die damals eben anfing, Wirklichkeit zu werden, ist hugenottisch, also französisch. Das typische Merkmal ihrer Struktur ist hier die Synode, die Versammlung, zu welcher die Pastoren eines Gebietes gehören und die Vertreter der Gemeinden, in der sich aber auch die Persönlichkeiten der protestantischen Partei zusammenfinden. In der französischen Situation verbindet sich die reformierte Gemeinde – die sozusagen von unten her wächst – mit der politisch-kulturellen Leitung von oben her. Und diese Verbindung ist sehr eng. Hier hat der Religionskrieg, der kurz nach dem savoyisch-waldensischen Krieg von 1560 ausbricht, im Unterschied zu diesem einen viel eher politischen Charakter und führt organisierte Kräfte, Heere und Parteien ins Feld.

Welchen Weg wird man in Piemont einschlagen? Das von seinen Bergen eingeschlossene Pragelato richtet sich am französischen Schema aus und schließt sich an das Dauphiné an. Die Waldensertäler dagegen suchen ihren eigenen Weg. Sie nehmen einerseits die Verbindung mit Genf auf und erkennen dabei dessen Führungsrolle in der Kirche an, andererseits aber nehmen sie die französische Synodalstruktur als Form für die Ortsgemeinde an. Sie betrachten die Genfer »Ordonnances« als richtungweisend, aber sie geben ihnen Leben im Lichte der Erfahrungen des Jahres 1560.

Die Organisation, welche die waldensischen Gemeinden sich damals geben, vereint beide Forderungen: eigenständiges volkstümliches Wachstum und lehrmäßige Übereinstimmung. In den Jahren 1563–64 richten sie Synoden ein wie die französischen Gemeinden, aber es sind mehr beschlußfassende Versammlungen der Gläubigen als Zusammenkünfte von »Männern der protestantischen Partei«. Sie legen mehr die Fundamente der inneren Organisation, der »Disziplinen«, als die Richtlinien der protestantischen Politik. Aber wie in Genf bekommen die Waldenser Pastoren für die Predigt, Älteste für die Leitung der Gemeinde, Diakone zur praktischen Gemeindearbeit an Armen und Kranken.

Angelpunkt bleibt der Pakt von Podio. Jenes freie Bekenntnis des Glaubens und der Solidarität war im Augenblick der Krise unterzeichnet worden, und mit ihm hatten sich die reformierten Gemeinden in Piemont im kritischen Augenblick zusammengeschlossen. Jener »Pakt« ist für die Waldenser kein zufälliges, inspiratives Ereignis, keine vergangene Tatsache, sondern ist ein Prinzip. Evangelischer Glaube ist für sie Treue zum Evangelium allein, die als brüderliche Solidarität in der Geschichte konkret gelebt wird. Ihre Kirche wird keine zentralisierte Organisation vom strengen Genfer Typ und keine Bewegung vom hugenottischen sozial-kulturellen Typ sein. Sie wird eine freie Gemeinschaft der Gläubigen sein, die sich von einer gemeinsamen Verpflichtung zur brüderlichen Solidarität verbunden wissen.

V.

IM ITALIEN DES GALILEO GALILEI

Scheiterhaufen und Kriege

Der Scheiterhaufen des Giordano Bruno im Jahre 1600 loht mit
seinen unseligen Flammen über dem ganzen beginnenden Jahrhundert. Er ist das Symbol einer neuen Epoche – der Epoche der
»Gesellschaft Jesu«, der Epoche der Unterdrückung und des Heiligen Offiziums. 1599 wird Thomas Campanella verurteilt und
rettet sich nur dadurch, daß er seine Richter glauben macht, er
sei verrückt. Aber er schmachtet 25 Jahre im Kerker. 1632 wird
Galileo Galilei verurteilt. Dieser Katholizismus ist nicht mehr
repressiv, sondern siegessicher und selbstbewußt.
1618 bricht der Dreißigjährige Krieg aus und schafft eine tragische, politisch-religiöse Verwicklung, die Mitteleuropa in eine
Umwälzung stürzt. Das lutherische Deutschland wird nur durch
die rechtzeitige Intervention des Schwedenheeres mit Gustav
Adolf an der Spitze gerettet; aber Österreich, Ungarn, Böhmen
und Polen werden für den Katholizismus zurückgewonnen.
1622 wird in Rom die Congregatio de propaganda fide gegründet
zur Verbreitung des Katholizismus in der Welt, aber auch zur
»Ausrottung der Häretiker« in den Ländern Europas.
Was wird aus den Waldensern im Rahmen dieser Großoffensive
werden? Wie später die Gebirgsjäger im Ersten Weltkrieg leben
sie angeklammert an ihre Steilhänge. Sie verkriechen sich in
Gräben und wissen vielleicht nicht einmal etwas von den großen
Schlachten an der europäischen Reformationsfront. In ihrer Region scheint ein Gleichgewicht der Kräfte zwischen Spanien und
Frankreich erreicht zu sein, so daß die Situation sich nicht radikal ändert. 1601 geht die Markgrafschaft Saluzzo endgültig an
Savoyen, aber dreißig Jahre später ergreift Frankreich erneut Besitz von Pinerolo und macht die Stadt zu einer Grenzfestung. So
sehen sich die Waldensertäler fast ganz von Frankreich eingeschlossen.

In diesem großen Zusammenhang sind die militärischen Abenteuer des Herzogs Karl Emanuel I. wie die Kavalkaden Don Quichottes – Träume, die sich in Nichts auflösen, genauso wie sein Angriff auf Genf.

Bürokratie und Bücher

Unterdrückt von der Gegenreformation ist Piemont kein Land großer geistiger Ereignisse. Es weiß nichts vom Scheiterhaufen des Giordano Bruno (auch wenn 1623 noch ein Bassano von Pancalieri verbrannt wird). Es ist das Land des Stempelpapiers, der Notare und verwirrender Gesetze. Es ist die Luft, wie man sie in Manzonis »Verlobten« atmet.

Die Gesetzgebung in religiösen Dingen ist wie ein Wald, in dem man sich verirrt: Am Freitag darf man nur mageres Fleisch essen, man muß die Feiertage halten, den Hut abnehmen, wenn man dem Sakrament begegnet. Da ist das Arbeitsverbot an Festtagen und an gebotenen Feiertagen. Man muß in die Kirche kommen, auch ohne daß ein Gottesdienst stattfindet. Die waldensischen Toten dürfen von nicht mehr als sechs Personen zu Grabe getragen werden ohne Kerzen, ohne Gebete, ohne Pastor. Und dann die Strafen! Einzug der Güter, 3000 Scudi Geldstrafe und die Todesstrafe. Es herrscht der Terror der Worte, das Delirium großer Gesten – wie bei den Statuen der barocken Kunst mit ihren verrenkten Armen.

Die Gesetze werden jedoch fast niemals angewandt. Es regiert die Willkür und Gewalttat. Als ein Muster der Politik à la Don Rodrigo müssen die Waldenser über zwanzig Jahre im Kastell von Torre den Gouverneur Sebastian Grazioli, genannt Castrocaro, erdulden, der mit seinen »bravi« (Mordgesellen) sein Unwesen treibt. Er dringt in die Synoden ein, führt Razzien durch und besteuert das Land, bestraft und kerkert ein, um sich zu bereichern. Es gelingt ihm, den Pastor von San Giovanni, Scipione Lentolo, zu vertreiben und so die Gemeinde einer ihrer bedeutendsten Persönlichkeiten zu berauben. Abgesetzt und selber eingekerkert läßt er als Erbe das Fort Mirabouc zurück, das im oberen Pellice-Tal als ein Kontrollposten zur Beherrschung der Straße nach Frankreich erbaut worden war.

Im Leben der Gemeinde gibt es in dieser Zeit keine großen Veränderungen. Man organisiert und ordnet die Verteidigung. Das Leben der kleinen waldensischen Welt wird wie bisher von den Synoden geleitet, auch wenn einzelne Persönlichkeiten noch immer ein beachtliches Profil haben. Die Männer der heroischen Generation sind nunmehr abgetreten, ein Noël und ein Lentolo. Schon treten neue Männer in den Vordergrund, die aus den Tälern selber kommen. Hier ist vor allem Antonio Léger aus Villasecca zu nennen, der wegen seiner persönlichen, intellektuellen Fähigkeiten zur Besetzung des delikaten Postens eines Geistlichen bei der holländischen Gesandtschaft in Konstantinopel von Genf angefordert wurde. Hier unterhält Léger Kontakte zu dem orthodoxen Patriarchen Kyrillos Lukaris. Dieser Kirchenfürst war von der calvinistischen Theologie stark beeinflußt. Er fing gerade ein Reformwerk im Raum der orthodoxen Kirche an, das jedoch vom Sultan alsbald unterdrückt wurde. 1638 ließ der Sultan ihn auf Anstiften der Jesuiten ermorden. 1637 kehrt Léger in die Täler zurück und bleibt dort sieben Jahre lang. Er muß dann nach Genf flüchten, um sich der Gefangennahme zu entziehen.

Die enge Verbindung zur reformierten Welt bleibt aufrechterhalten. Die strenge Orthodoxie wird an der waldensischen Grenze als theologische Linie eingehalten, wie das auch an anderen Grenzen etwa im Norden zu den Niederlanden hin zu beobachten war. Gerade hier entzündet sich durch den verzweifelten Kampf gegen Spanien eine radikale theologische Debatte zwischen den unversöhnlichen Calvinisten auf dem flachen Lande und den Arminianern des städtischen Bürgertums. Gegenstand der Debatte ist die Prädestination. In Dordrecht triumphiert 1618 bis 1619 der calvinistische Radikalismus. Die waldensischen Gemeinden wie alle anderen Gemeinden der lateinischen Länder schwenken auf die Thesen der Dordrechter Synode ein.

Es handelt sich nicht nur um eine Frage der Lehre, sondern um eine globale Sicht der Reformation. Nachgeben in einem Punkt kommt nach den Theologen von Dordrecht einem Nachgeben in allen Punkten gleich, und zum Schluß wird man von der katholischen Gegenreformation zermalmt. Nicht zufällig endet Pastor

Balcet im Pragelato-Tal, der sich weigert, die Canones von Dordrecht zu unterschreiben, als Katholik (wie auch der holländische Dichter van den Vondel im gleichen Jahr).

Das hindert nicht, daß das kontroverse Klima anhält, das die Offensive der katholischen Missionen charakterisiert hatte; aber die öffentlichen Diskussionen haben ihre Zeit gehabt. Jetzt polemisiert man mit Streitschriften.

Die Themen sind natürlich religiöser Natur; aber anstelle dogmatischer sind sie jetzt historischer Natur. Die Bildungsschlacht auf waldensischer Seite geht nicht um dogmatische Probleme, sondern um historische Wertungen. Die beiden Gestalten, die für Jahrzehnte das Feld beherrschen, sind auf waldensischer Seite der Moderator Pietro Gilles, auf katholischer der bereits erwähnte Prior Marc Aurel Rorengo. 1632 kommt es zwischen Gilles und Rorengo zum Zusammenstoß wegen des Letzteren Werk »Breve narratione dell'introduttione de gl'heretici nelle valli del Piemonte...«, worauf Gilles ihm entgegnet. Dann treten Belvedere und Grosso auf den Plan. Hunderte von Buchseiten füllen die Regale.

Werke, die für uns nur historischen Wert haben, die aber für die damalige Generation Gewicht und Streitwert hatten. Es handelte sich insgesamt darum, die Existenz der Reformation zu rechtfertigen und zu legitimieren. Das Problem ist kein streng waldensisches, lokales, sondern zieht die ganze europäische Kultur mit hinein. Die Katholiken haben ein Argument gegen die Reformierten: »Wir – sagen sie – existieren seit Jahrhunderten; ihr aber seid Schismatiker mit kaum einem Jahrhundert Lebensdauer.«

1616 war in Holland das einzigartige Werk des Balthasar Lydius unter dem bezeichnenden Titel »Waldensia« herausgekommen. »Es ist nicht wahr – sagte er –, daß die Reformierten erst ein Jahrhundert Lebensdauer haben, sie existieren vielmehr seit Jahrhunderten. Der Beweis? Die Waldenser und alle, die wie sie von der katholischen Kirche verfolgt worden sind.«

Es war nicht nur die alte Theorie der »Lombardischen Armen«, die so wieder aufgenommen wurde, sondern die reformierte Geschichtsschreibung des Matthias Flacius Illyricus. Das Schicksal dieser historisch und politisch kleinen Gruppe piemontesischer

Waldenser war theologisch gesehen von fundamentaler Bedeutung. Die Waldenser sind nicht nur der millionste Teil der protestantischen Welt – sie sind vielmehr ihre Wurzel, ihre historische Rechtfertigung. Die Tatsache, daß sie vor Luther da waren, beweist, daß die Reformation keine neuerliche Krise war, das Ergebnis einer Rebellion, sondern theologisch notwendig. Das Ideal des reinen Evangeliums war in der römischen Kirche immer vorhanden – die Waldenser beweisen das. Die Reformation ist deshalb keine Spaltung, sondern die Wiederherstellung der wahren Kirche Christi.

In gleicher Richtung bewegte sich auch Perrin, Pastor im Dauphiné, mit seiner »Histoire des Vaudois et des Albigeois«, die auf Drängen der reformierten Gemeinden Frankreichs geschrieben wurde.

In gleicher Weise entsteht die »Histoire Ecclésiastique des Eglises réformées autrefois appelés vaudoises« von Pietro Gilles, der das Werk Perrins bis auf seine eigene Zeit weiterführt und zum ersten klassischen waldensischen Historiker wird. Durch den Moderator Gilles sind die Täler in die reformierte Wirklichkeit integriert worden. Der Name »Waldenser« gehört von nun an der Vergangenheit an, die Gemeinden waren sogenannte alt-waldensische. Es ist interessant, daß sie es nur deshalb sind, weil so das hohe Alter der Reformation nachgewiesen wird.

Man darf an das Kuriosum erinnern, daß auf dem Titelblatt eines Werkes aus der damaligen Zeit »Lucerna Sacra« von Valerio Grosso zum ersten Mal das waldensische Wappen erscheint, das im Lauf der Zeit mit vielen Varianten berühmt geworden ist. In einem Oval erscheint, umgeben von den Worten »In tenebris lux«, ein Leuchter mit einer Flamme, die von sechs Sternen umgeben ist.

Die Pest

Auch in der Waldensergeschichte tritt 1630 die Pest auf wie in den »Verlobten«, eine der letzten schweren Epidemien in der europäischen Geschichte. In Manzonis Roman ist sie eine Art großer Reinigung, bei der die Bösen und Schlechten bestraft, die reuigen Sünder erlöst werden und die Armen ihren Frieden finden. In der Wirklichkeit der Waldensertäler ist es jedoch eine Katastrophe, die wie ein Krieg diese ganze, kleine reformierte Welt durcheinanderbringt.

Im Mai tritt sie in San Germano auf, im Juli hat sie das Pellice-Tal erreicht und bricht im Verlauf des Sommers mit außergewöhnlicher Gewalt aus. Die zeitgenössischen Berichte geben uns ein Bild der Situation, jenes geradezu klassische Bild: Tote liegen unbestattet auf den Straßen, Häuser stehen leer und werden von Räubern geplündert, die dann an ihrer geraubten Beute sterben, Ärzte und Apotheker bereichern sich mit ihrem unwirksamen Gebräu. Die Felder werden nicht mehr abgemäht, und die Trauben verfaulen an den Weinstöcken. Szenen der Demut wechseln mit Ausbrüchen gottloser Grausamkeit. Aberglauben und Opfergeist breiten sich aus.

Die Pest hatte schwerwiegende Folgen in den waldensischen Gemeinden. Vor allem sank die Bevölkerungszahl beträchtlich. Gilles spricht von 8500 bis 9000 Opfern. Alle höher gelegenen Dörfer waren menschenleer, und der Wald fraß sich immer mehr in sie hinein. Ganze Familien verschwanden von der Bildfläche. Diese Dezimierung der waldensischen Bevölkerung trug nur dadurch nicht zu ihrem totalen Verschwinden bei, weil die allgemeine Situation in Piemont so chaotisch geworden war, daß niemand daran dachte, diesen kritischen Augenblick zur Liquidierung der Reste des Waldensertums zu nutzen.

Sehr viel bedeutsamer waren die Konsequenzen auf kulturellem Gebiet. An der Epidemie starben dreizehn Pastoren. Die einzig Überlebenden waren Gilles in Torre und Valerio Grosso im San-Martino-Tal. Man mußte Genf dringend um Hilfe angehen.

Die Anstellung neuer Pastoren, die allesamt an der Genfer Akademie ausgebildet worden waren, brachte tiefe Erschütterungen in das Gefüge der Waldensergemeinden.

Da sie keine Gelegenheit hatten, sich allmählich in eine bestehende Tradition einzuleben, gestalteten die Neuangekommenen die waldensischen Gemeinden nach Genfer Muster um, nach dem einzigen ihnen bekannten Schema. So verschwanden die familiären, patriarchalischen Züge der waldensischen Welt. Die Diener am Wort wurden nicht mehr mit »barba« bezeichnet, sondern mit »Monsieur« angesprochen (und ihre Frauen mit »Mademoiselle«) nach guter europäischer Bildung, das Prestige des Moderators ist größer geworden.

Besondere Bedeutung hatte eine andere Tatsache: die Aufgabe der italienischen Sprache im Gottesdienst. Diese Sprache war bis zu diesem Zeitpunkt in den Waldensergemeinden verwendet worden; denn sie ließ den zweisprachigen Charakter der Bevölkerung erkennen. Sie war aber vor allem deshalb gesprochen worden, weil sie die Ausbreitung der Reformation in Piemont begünstigte. Die neuen Pastoren sind jedoch nicht in der Lage, sie zu sprechen. So wird Französisch die offizielle Sprache der waldensischen Gemeinden und bleibt es bis Mitte des 19. Jahrhunderts.

Es handelt sich um eine neue Bildungsorientierung, die den europäischen Charakter der waldensischen Welt betont und sie immer enger mit dem internationalen Protestantismus verbindet; aber im Blick auf Piemont wächst die Isolierung. Die Reformierten leben nunmehr mit dem Blick rückwärts gewandt. Wie ein Vorposten nur existieren kann dank seiner rückwärtigen Straßenverbindungen und vor sich den Feind, so leben die waldensischen Pfarreien immer mehr mit dem Blick nach Genf und Leiden, umgeben vom Schweigen der Feindseligkeit einer Welt, deren Sprache sie noch nicht einmal sprechen.

Gilles, der das Manuskript seiner Geschichte schon fertiggestellt hatte, muß sie in Französisch noch einmal schreiben. Und wenn er 1644 noch die italienischen »150 heiligen Psalmen« veröffentlicht, so wird nach ihm zwei Jahrhunderte lang kein Waldenserpastor mehr auf Italienisch schreiben.

VI.

DER BLUTFRÜHLING

Der König und die heiligen Krieger

Nach einem kampf- und schicksalsreichen Jahrhundert zeigt die reformierte Kampffront um die Mitte des 17. Jahrhunderts noch Mut und Vitalität, aber sie erscheint doch beachtlich schwächer als ein Jahrhundert davor. Unter dem Druck der katholischen Offensive wird sie in die Defensive gedrängt. Die rund dreißig Jahre zwischen 1655 und 1690 sind die dramatischsten Jahre der waldensischen Geschichte.

Eng damit zusammenhängend vollzieht sich auf internationaler Ebene der große Zusammenstoß zwischen den beiden Kulturen: der katholischen und protestantischen, repräsentiert von den Großmächten Frankreich und England. In Frankreich führt der junge Ludwig XIV. sein politisches Zentralisierungssystem im Dunstkreis von Frömmelei und Kriechertum durch. Die dissidentischen Kräfte des Adels und der Parlamente werden unterdrückt, alles konzentriert sich in der Person des Herrschers.

In England versucht der junge Karl I. den gleichen Weg zu gehen: Autoritarismus und Anglo-Katholizismus; aber hier geschieht das Gegenteil: Die Dissidenz besiegt den König. Die Bewegung der antimonarchischen und antikatholischen öffentlichen Meinung wird vom niederen Landadel, von schottischen Presbyterianern und von Dissidenten verschiedener Prägung getragen und mündet um das Jahr 1640 in eine große Revolution ein.

Alle diese Leute schlagen sich nicht um Geld wie die Kaufleute des Königs, sondern für eine Idee. Sie waren sich dessen bewußt, nicht nur die eigenen Rechte zu schützen, sondern auch den wahren Glauben. Der König wird von diesen »Bürstenköpfen«, wie sie von den Perückenadligen verächtlich genannt werden, besiegt und zum Tode verurteilt. Die Revolution der Puritaner macht unter der Führung ihres größten Exponenten Oliver Cromwell verschiedene Phasen durch. Schließlich nimmt er unter dem Titel eines »Lordprotector« die Geschicke des Landes in die Hand und regiert, religiös und sozial profiliert, mit klugem Realismus.

In Piemont laufen diese beiden Linien der europäischen Politik in der Witwe Karl Emanuels I., der Regentin Christina, zusammen. Als Schwester Ludwigs XIII. anfällig für die neue französische Politik, ist sie zugleich auch die Schwägerin Karls I., des enthaupteten englischen Königs. Wie alle katholischen Monarchen erkennt sie die Gefahr, welche die reformierten Gemeinden mit ihrem Drang nach Unabhängigkeit für autoritäre Regime bilden. Und die Reformierten leben kaum 60 Kilometer von Turin entfernt.

Die Unterdrückung wird dadurch zu einer historischen Zwangsläufigkeit. Ein katholischer Monarch kann nur über Untergebene regieren, die schweigen und gehorchen; die Reformierten aber fordern immer wieder Gedankenfreiheit.

Der Ring schließt sich

Zuerst traf es die Gemeinden im Pragelato. Solange Lesdiguières Gouverneur im Dauphiné war, hatten sie besondere Privilegien und genossen alle Vorteile des Edikts von Nantes, aber 1627–29 zwingen die königlichen Kommissare dem Tal erneut den katholischen Gottesdienst auf. In langem, mühevollem Drängen erreichen der Prior von Mentoulles und die Jesuiten die Rückgabe der katholischen Gotteshäuser und Kirchengüter. Der Zehnte muß wieder entrichtet werden. Immer nach klassisch-gegenreformatorischem Vorbild versuchen sie, die Behörden, die Schloß- und Burgherren, die Bürgermeister u. a. für den Katholizismus zu gewinnen.

Die Schikane dieser Offensive wird durch die Bestimmung des Edikts ermöglicht, die den Gottesdienst in den »Ländern jenseits der Berge« verbietet. Politisch gehört das Land zum Dauphiné und ist deshalb französisch; geographisch liegt es auf dem Ostabhang der Alpen. Welche Auslegung soll man also dem Edikt geben? Das Schicksal des Pragelato zeigt, wie das Gesetz in den Händen einer Unterdrückermacht selbst zum Instrument der

Unterdrückung wird. Die von einem autoritären politischen Willen angewandten Edikte ersticken langsam den reformierten Glauben im Tal.

In den Waldensertälern ist die Beziehung zu den herzoglichen Behörden durch den Vertrag von Cavour geregelt, aber der Kampf ist geblieben. Auch hier schlagen sich die Reformierten für die Sicherung ihres Lebensraumes und kämpfen darum, das Netz zu lockern, das sie umstrickt. Infolge der wirtschaftlichen Notlage haben die »Luserneser« – wie man die Waldenser im Pellice-Tal nennt – Ländereien erworben und sind bis auf die Gemarkung Fenile, etwa zwanzig Kilometer von ihren Gemeindegrenzen entfernt, vorgestoßen. Diese Art waldensischer Kolonisation wirft erneut das alte Problem der Eroberung der Ebene auf und versetzt den Turiner Hof in Alarm.

Um das Jahr 1640 mehren sich die Zwischenfälle im Gebiet um Campiglione und San Giovanni im Landstrich zwischen den Hügeln um Ciabas und dem Dorf Luserna. Die Waldenser widersetzen sich dem Versuch, hier katholische Gottesdienste abzuhalten. Sie haben auch unter offener Verletzung der Edikte eine Kapelle erbaut. Die herzoglichen Behörden verfügen die Niederreißung. Die Waldenser beginnen mit dem Wiederaufbau. 1641 verfügt der Gouverneur die Einziehung der Güter von etwa hundert Familien, die sich außerhalb der gebotenen Grenzen niedergelassen haben. 1653 wird das Kloster in Villar Pellice von einer Gruppe von Hitzköpfen in Brand gesteckt. Der Zwischenfall ist undurchsichtig, aber Pastor Manget wird angeklagt. Pastor Léger wird zwei Jahre später der Prozeß gemacht wegen der Ermordung des Priesters von Fenile, den ein Vorbestrafter umgebracht hatte.

Die an den entnervenden Kampf gegen die Edikte und Provokationen gewohnten Waldenser betrachten dies alles als eine normale Verwaltungsmaßnahme. Das veränderte politische Klima kommt ihnen nicht zum Bewußtsein. Sie verstehen nicht, daß die fanatische Congregatio de propaganda fide und der französische Imperialismus die Liquidierung der Reformierten in den Alpen beschlossen haben. Als an ihren Grenzen die ersten massierten Truppenkontingente eintreffen, ist es für eine andere Lösung zu spät – es bleibt nur noch der Zusammenstoß.

Das Massaker

Auf der einen Seite stehen die herzoglichen Truppen in einer Stärke von 4 000 Mann, mehr ein zusammengewürfelter Haufen kommunaler Milizen unter dem Kommando des Markgrafen von Pianezza, des adligen Musterknaben der italienisch-spanischen Gegenreformation, religiös veranlagt, berechnend und bedingungslos davon überzeugt, daß »der Zweck die Mittel heiligt«. Auf der anderen Seite steht die waldensische Bevölkerung, eng geschart um ihren Moderator Léger, den Neffen Antonio Légers, schon als junger Mann voller Vitalität und Mut, aber unvorbereitet auf die neue Situation wie die ganze reformierte »Elite«. Sie war es höchstens gewohnt, Prozesse und Beschwerden durchzufechten, aber keine Kämpfe zu bestehen.

Alles erinnert an die Ereignisse von vor einem Jahrhundert, an 1560: ein fanatisiertes katholisches Heer, die gewohnte Doppelzüngigkeit des savoyischen Souveräns, die fehlende Vorbereitung der Waldenser.

In Wirklichkeit liegen die Veränderungen tiefer. Was an der waldensischen Haltung am meisten auffällt, ist eine Art Fatalismus, Resignation, mehr ein Erleiden der Ereignisse als ein Erleben in der Dimension des Glaubens. Die Versammlungen des ersten Religionskrieges waren von Predigten und Fasten bestimmt. Das gehört der Vergangenheit an. Verschwunden ist auch die dramatische Spannung jener Jahre zwischen der Treue zum Souverän und dem Gehorsam gegenüber dem Evangelium. Was jetzt geschieht, wird eher als eine Art Naturkatastrophe angesehen, wie etwa die Pest oder eine Hungersnot. Man kann nur hoffen, daß der Herzog dieser Geißel ein Ende macht.

Der Marsch des Pianezza ist wie ein mittelalterlicher Kreuzzug, wie ein Pogrom. Zum Fanatismus der Bauern von Piemont kommt die antiprotestantische Leidenschaft der irischen Flüchtlinge, die in ihrem Vaterland die Unterdrückung durch Cromwell durchgemacht haben. Die Banden plündern, während eine waldensische Deputation nach der anderen »mit Worten der Unterwerfung und Kniefällen« sich überschlägt. Es gibt hier keinen organisierten Plan. Der mächtige savoyische Staat will in

Wirklichkeit nur die Kräfte des savoyischen Widerstandes prüfen und sich eine starke Position schaffen.

So ist der Monat April 1655 zu Ende gegangen. Pianezza beginnt als Zeichen der Loyalität der Bevölkerung gegenüber ihrem Souverän mit der Einquartierung seiner Truppen in den Waldensergemeinden. Die Folgen dieser militärischen Operation sind vorauszusehen. Die Weigerung wäre einem Akt des Ungehorsams gegenüber dem Souverän gleichgekommen. Nach langer Unschlüssigkeit stimmen die Waldenser zu. Die Besetzung entartet im Handumdrehen zu einem richtigen Massaker. Es ist durchaus legitim, daran zu zweifeln, ob dieses Massaker nicht von vornherein geplant war. Das tragische Geschehen geht in die Geschichte unter dem Namen »Piemontesische Ostern« ein.

Am 24. April wird Pra del Torno im Sturm genommen und geplündert. Dorthin war die Bevölkerung geflüchtet. Was bis dahin das Bollwerk jeden Widerstandes gewesen war, das Heiligtum der großen Siege, ist nur noch ein Trümmerhaufen. Das gleiche Schicksal widerfährt in den folgenden Tagen Villar und Bobbio. Überall wiederholen sich dieselben Szenen: Die waffenlose Bevölkerung wird massakriert oder sadistisch gefoltert. Wer entkommen konnte, flüchtet vor dem Terror auf die Berge, während die Soldaten beutebeladen zu Tal steigen.

Am 3. Mai setzt Pianezza in den für den Katholizismus wiedergewonnenen Gebieten eine große Zeremonie fest, in deren Verlauf er im Beisein der Truppen und der überlebenden Bevölkerung das Kreuz aufrichten läßt »als Glaubens- und Waffenzeichen Sr. Kgl. Hoheit« – wie in Eisensteins Film »Alexander Newski« die Deutschritter die Messe feiern und das Kreuz aufrichten vor dem großen Kreuzzug gegen die Slawen.

Gianavello, der puritanische Bauer

Auch die Waldenser finden in diesen Tagen wie die Slawen in Eisensteins Film ihren Alexander Newski.

Es ist ein Bauer im Hochtal von Rorà, Josua Gianavello. Auf das Massaker, das wie eine Naturkatastrophe über seine Landsleute hereinbrach, reagiert er mit improvisiertem Widerstand. Seine

Schar bestand nur aus ein paar Dutzend schlecht bewaffneter Männer. Es gelingt ihm durch Intelligenz und Geschicklichkeit, die herzoglichen Truppen in blutigen Kämpfen zurückzuschlagen. Für kurze Zeit bleibt Rorà das letzte freie Territorium im Pellice-Tal.

In diesen Tagen des verzweifelten Widerstandes spielt sich das historische, aber auch geistliche Drama der Waldensergemeinden ab. Als Gianavello und seine Leute, vom Feind überrannt, machtlos der Zerstörung ihrer Kultur zusehen müssen, entdecken sie auch ihre prophetische Berufung. Wie die schottischen Puritaner, so erfahren auch sie, daß die Gegenreformation keine religiöse Kraft, sondern eine Theologie der Gewalt und des Todes ist, in Turin ebenso wie in London. Der Turiner Hof ist kein politisches Regime mehr, mit dem man zusammenleben kann, sei es auch nur in ständiger Spannung – für die Waldenser ist er nur mehr ein Werkzeug, das ihnen den Tod bringt. Es gibt keine »reformierten« Untertanen eines katholischen Herzogs mehr, sondern nur noch Seelen, über die man verfügt und denen vorgeschrieben wird, was sie zu glauben haben. Rechtlos geworden, werden sie sich aber vor Gott für ihre Haltung verantworten, kämpfend und sterbend als freie Männer.

Pianezza setzt die militärische Aktion erbarmungslos fort. Nach dem Fall von Rorà wechselt er ins Chisone-Tal hinüber, wo die Waldenser vergebens die Vermittlung des französischen Gouverneurs in Pinerolo anrufen; aber sie können die unbesetzte Grenze überschreiten, um sich auf französisches Gebiet und ins Pragelato abzusetzen. Am 8. Mai unterwirft sich das ganze Germanasca-Tal, um zu retten, was noch zu retten ist. Am 10. Mai ergibt sich Prali.

Nach dem Massaker werden Edikte erlassen: Alle führenden Persönlichkeiten der waldensischen Gemeinden, darunter Léger und Gianavello, werden in den Bann getan und mit einem Kopfgeld von 200 bis 600 Dukaten belegt. Gesetzmäßig wickelt sich das Schauspiel im damaligen Stil ab: Im Verlauf einer großen Zeremonie im Turiner Dom, an der zivile und kirchliche Behörden teilnehmen, schwören vierzig Waldenser mit ihren beiden Pastoren ab und sagen der »verächtlichen Sekte Calvins« ab. Die Rückeroberung der reformierten Gebiete in Piemont ist sozusagen ab-

141

geschlossen. Ein neues Arbeitsfeld tut sich für die katholischen Missionare auf. Was man in Turin aber nicht weiß, ist, daß in Europa ein Sturm losbricht.

Das protestantische Europa im Aufruhr

Am 23. April flüchtet Léger nach Frankreich. Zehn Tage später läßt er von Paris aus das protestantische Europa in einer ausgezeichneten journalistischen Nachricht wissen, daß der waldensische Widerstand zusammengebrochen ist. Er gebraucht einen klaren politischen Ausdruck; modern würde man sagen: Das Luserna-Tal darf nicht zum Karfreit am Isonzo der protestantischen Welt werden. Und er bittet um Hilfe für seine friedliebenden, wehrlosen Leute. Der Schluß ist einmalig: Eine von Adligen geführte und von Mönchen fanatisierte Soldateska – das ist das Antlitz der Gegenreformation, die Europa bedroht.
Die Reaktion erfolgt unmittelbar. Die Situation der Waldenser wird am 17. Mai dem englischen Staatsrat vorgetragen, und zwar nicht wie eine normale politische Angelegenheit, sondern als ein theologisch-geistliches Ereignis. Das Massaker unter den Waldensern ist kein laienhafter Völkermord, es ist das Massaker von Heiligen und hat eine apokalyptische Seite: Es ist die unerwartete Offenbarung der Macht des Antichrist. Deshalb solidarisiert sich das puritanische England mit den Brüdern in der Ferne jenseits der Alpen und nimmt ihr Martyrium zum Anlaß für ein nationales Fasten. Die Prediger schildern mit glühenden Worten dieses Martyrium. Zorn und Trauer hat der Dichter John Milton in seinem berühmten Sonett Ausdruck verliehen:

Räche, o Gott, deine erschlagenen Heiligen!
Ihre Gebeine liegen in der Einsamkeit der eisigen Alpen,
Nur weil sie Wächter deiner Wahrheit waren,
Als unsere Vorväter noch die Steine anbeteten.

Verzeichne mit unauslöschlichen Lettern im Buch des Lebens
Das Wehklagen deiner umgebrachten Schafe,
Die savoyische Ungeheuer aus dem alten Stalle raubten
Und Mütter mit ihren Kindern in die Abgründe warfen.

Die Täler wiederholen bis hinauf auf die Berge ihre Klage,
Und die Berge geben sie weiter bis zum Himmel.
Säe ihr Blut und ihre Asche aus,
Überall, wo der dreifache Tyrann herrscht,
Hundert und Aberhundert von ihnen mögen ausgehen,
Die in Erkenntnis deiner Wege
Stärkung finden vom Schaden Babylons.

Die Empörung erfaßt ganz Europa und wird genährt von der unvergleichlichen Leistung holländischer Drucker. In wenigen Tagen ist der Buchmarkt wie von einer Lawine mit Reportagen, Drucken und Stichen überschüttet, welche die mit allem Sadismus in den Tälern begangenen Greueltaten wiedergeben.

Vergeblich versuchen die savoyischen Gesandten die harten Tatsachen herunterzuspielen. Die öffentliche Meinung in Europa hat ihre Entscheidung getroffen: Die Savoyer verdienen weder Gnade noch Respekt.

Der Protest ruft zu unmittelbaren politischen Aktivitäten. Am 25. Mai schickt England eine Protestnote an den Herzog und ruft die europäischen Staaten von Dänemark bis Transsylvanien zur Intervention auf. Einen Monat später ist ein außerordentlicher Gesandter, Sir Samuel Morland, am Turiner Hof. Sein angelsächsischer Akzent hat vielleicht manchen Höfling lächeln lassen, während er seine lateinische Rede verliest, die Milton zu dieser Gelegenheit verfaßt hat. Ihre Hoheit die Königin begreift aber, daß die waldensische Frage nicht mehr von irischen Sergeanten gelöst werden kann – sie droht zu einem Bergsturz zu werden.

Die »guten Untertanen« der reformierten Religion sind zu Rebellen geworden wie die englischen Puritaner. Gianavello und Jahier, das Haupt der Schar von Pramollo, beginnen einen Partisanenkrieg ohne Pardon, dessen Preis die katholischen Ortschaften in der Ebene bezahlen, Osasca und San Secondo. Es ist der französische Religionskrieg mit einem Schuß Puritanismus zuviel. »Barbetti« wird gleichbedeutend mit »Partisanen«. Das wird ein Jahrhundert lang bis in die Cevennen der Camisarden hinein so bleiben.

Graf Marolles antwortet mit systematischen Razzien. Auf Plünderung wird mit Plünderung geantwortet, Gefangene werden nicht gemacht. Der Kampf ist auch nicht mit dem Rückzug des schwerverwundeten Gianavello und dem Tod Jahiers im Hinterhalt zu Ende. Vielmehr gewinnt der Guerillakrieg an Selbstbewußtsein und weitet sich aus. Es kommen Freiwillige aus dem Pragelato. Hugenottische Offiziere übernehmen die Leitung der militärischen Operationen und verfügen am Ende auch noch über eine Kavallerie. Am 26. Juli wird Torre erobert, sein Kloster geht in Flammen auf. Es ist eine deutliche Antwort an die Congregatio de propaganda fide: Die Gegenreformation wird nicht zum Ziel kommen.

Der Turiner Hof wird durch den Würgegriff eines Partisanenkrieges im eigenen Haus und unter hartem internationalen Druck zum Nachgeben gezwungen. Im Beisein des französischen Gesandten, der als Vermittler fungiert, beginnen in Pinerolo Verhandlungen mit der waldensischen Delegation, die von englischen und schweizerischen Diplomaten unterstützt wird.

Das am Ende der Zusammenkunft öffentlich zugänglich gemachte Dokument anerkennt das Existenzrecht der waldensischen Gemeinden gemäß dem Vertrag von Cavour, in Wirklichkeit aber weicht es sehr davon ab. Es ist ein herzogliches Edikt, eingewickelt in den zweideutigen Namen »Gnadenpatent«. Es ist also am Ende ein Souverän, der seinen rebellischen Untertanen Verzeihung gewährt. Es gibt kein Recht mehr, es gibt nur noch die Gnade des Souveräns.

Die Gebannten

Das »Patent« beruhigt die öffentliche Meinung und die protestantischen Regierungen, soweit es die Existenz der reformierten Gemeinden zu garantieren scheint; in Wirklichkeit aber handelt es sich nur um einen Waffenstillstand. Die waldensische Kampflinie ist zurückerobert, aber über ihr liegt die Drohung eines katholischen Angriffs – und Gianavello hatte das kommen sehen. Das Symbol dieser Drohung liegt hier vor aller Augen, das Fort S. Maria. Mit dem Bau wurde kaum vierzehn Tage nach dem Erlaß des »Patents« begonnen. Es wurde in Rekordzeit fertiggestellt. Das Fort beherrscht mit seinen Kanonen den Ort Torre und das ganze Pellice-Tal.

Es ist aber nicht nur das Fort. Da ist auch die dauernde Verletzung der Klauseln der Übereinkunft selber: beschlagnahmte Ländereien, die nicht zurückgegeben wurden, geraubte Kinder, die man nicht wiederbekam, Strafen, Prozesse – eine Strategie der Spannung insgesamt, die mit Überlegung kalkuliert und ins Werk gesetzt wurde. Es handelt sich nicht um die Wiederholung des Kampfes zu Beginn des 17. Jahrhunderts, es ist etwas anderes. Für den katholischen Absolutismus ist der juristische Druck eine ganz nüchterne Rechnung. Er ist das Mittel, um den Widerstand einer Bevölkerung zu brechen (so im Pragelato-Tal) oder um ihn zu provozieren (so in den Waldensertälern).

Die Situation verschlechtert sich von Woche zu Woche. Léger ist als Moderator der Waldensergemeinden zurückgekehrt und wird in eine Reihe von Prozessen verwickelt, weil er in S. Giovanni gepredigt und Gelder aus Holland unterschlagen habe – eine Anklage, die sich als falsch herausstellte. Gianavello bekommt sein Bauernhaus in Vigne nicht zurück, das der Gemeinde Rorà weggenommen wurde und zur katholischen Gemeinde Luserna kam, auch nicht seinen Sohn, der als Geisel in der Hand der herzoglichen Polizei bleibt. Man versucht, die waldensische Front zu zerschlagen, indem man die Anführer trifft, über die das Volk unzufrieden ist. Als die Krise in eine Volkserhebung ausartet, hat die savoyische Diplomatie leichtes Spiel, dies alles als eine Insubordination hinzustellen. Es ist ein Krieg der »Gebannten«, der »Banditen«.

Der Volksguerillakrieg entflammt von neuem. Handstreiche gegen die katholischen Ortschaften folgen einer auf den anderen. Gewitzigt durch frühere Erfahrungen lassen Gianavello und seine Scharen dem Markgrafen Fleury keine Ruhe, der für die öffentliche Ordnung die Verantwortung trägt. Das bürgerliche Leben befindet sich in Auflösung. Die Männer leben im Gebirge. Die Gerichte fällen mit überraschender Eile Todesurteile in Abwesenheit.

Léger wird der stillschweigenden Duldung der rebellischen Scharen angeklagt und zum Tode verurteilt. Er muß die Täler verlassen. Sein Verschwinden ist gleichbedeutend mit internationaler Isolierung der waldensischen Revolte. Die bis jetzt schutzlose Märtyrer, Opfer der Unterdrückung, waren, werden jetzt als unzufriedene Rebellen angesehen. Die müde, enttäuschte Bevölkerung, auf die die Last des Krieges zurückfällt, trennt sich immer mehr von ihren Partisanen; sie verlangt nach einem normalen Leben. Die Partei der Nachgiebigen gewinnt immer mehr an Einfluß. In einer stürmischen Synode werden Gianavello und seine Gefährten fallen gelassen und aufgefordert, sich zurückzuziehen. Die Lösung wird erneut am Verhandlungstisch gesucht. Von Dezember 1663 bis Januar 1664 lösen »Konferenzen« in Turin mit Hilfe der Schweizer Deputierten die offenen Probleme. Sie werden mit dem »Patent« vom 14. Februar abgeschlossen: Amnestie für alle, ausgenommen die verurteilten »Gebannten«, die in dem Patent von 1655 genannt werden, Verbot des Gottesdienstes in San Giovanni und Teilnahme eines herzoglichen Delegierten bei der Synode. Diese letzte Klausel, scheinbar harmlos angesichts der Befriedung, wird in Wirklichkeit zur Krise der reformierten Gemeinde in den Tälern. Sie bedeutet das Ende ihrer Selbständigkeit. Scheinbar geht sie aus diesem Jahrzehnt der schrecklichen Krise heil hervor; aber innerlich ist sie zerstört, resigniert und ihrer führenden Köpfe beraubt. In diesem grauenvollen Jahrzehnt von 1655 bis 1665 hat die waldensische Welt im kleinen das Drama des europäischen Protestantismus durchlebt: Die puritanische Revolution ist von der absolutistischen katholischen Monarchie abgewürgt worden. Ludwig XIV. hat über Cromwell gesiegt.

Ihr Wahrzeichen ist nunmehr das Exil. Léger, der Intellektuelle, der zum Anführer seines Volkes geworden ist, irrt unstet durch Europa. Der freie Bauer Gianavello, der gewohnt war, seine gepflügten Äcker und die Wälder seines Tales zu bewachen, führt eine bescheidene Kneipe in einem Genfer Stadtviertel, wo nur das einfache Volk hinkommt.

Abends, in der Stille ihrer Häuser, kämpfen diese beiden Männer, die ihre Heimattäler niemals wiedersehen sollen, ihren letzten Kampf und schreiben ihre Erinnerungen und Hoffnungen nieder. So entstanden zwei Klassiker der waldensischen Literatur: die monumentale »Histoire générale des églises évangéliques des Vallées du Piémont...«, erschienen 1669 in Leiden, wo Léger sein Leben als Pastor beschloß, und die verschiedenen

146

militärischen Instruktionen, die Gianavello für seine Glaubensgenossen verfaßte.

Légers Werk steht auf hoher Bildungsstufe mit Hinweisen, Zitaten und Dokumenten, in denen der waldensische Moderator sich bemüht, den evangelischen Charakter der Waldensergemeinden unter Beweis zu stellen und dazu auf drei Argumente zurückgreift: ihr historisches Alter (das ist die traditionelle These von der waldensischen Apostolizität), die Reinheit der Lehre (mit einer kritischen Übersicht über die mittelalterliche waldensische Literatur) und die erlittenen Verfolgungen (mit seinem eigenen persönlichen Zeugnis).

Die Instruktionen Gianavellos sind sehr viel bescheidener. Es sind nur wenige Blätter, in Französisch oder schlechtem Italienisch abgefaßt, mit einer Reihe praktischer Ratschläge für eine wirkungsvolle Verteidigung der Täler. Verschieden, fast möchte man sagen entgegengesetzt – in formaler Sicht –, gehören sie dennoch zusammen durch gleiche Leuchtkraft des Glaubens und ihre einmalige religiöse Leidenschaft.

VII.

DIE VERBANNUNG

Der Schatten von Versailles

Man schreibt das Jahr 1685. Genau dreißig Jahre sind seit dem Blutfrühling 1655 in den Waldensertälern vergangen. Europa hat sein Antlitz verändert. In England ist die puritanische Republik zerfallen. Die Stuarts sind wieder auf den Thron gekommen und nehmen die katholische Politik wieder auf. Das calvinistische Bürgertum in den Niederlanden widmet sich seinen Handelsbeziehungen. Es ist sich selbst genug und lebt geruhsam in seinem Liberalismus. Ludwig XIV. hingegen zwingt Frankreich in die Form absoluter Autokratie. Er ist nicht nur der Sohn der Sonne wie einst die ägyptischen Pharaonen, er ist sogar »Sonnenkönig«. Zu ihm schaut jetzt ganz Europa in ehrfurchtsvoller Scheu auf, zu ihm und zum Schloß von Versailles, jener großen Bühne, auf welcher der König sich nach einem beinahe liturgischen Zeremoniell zwischen seinen Würdenträgern bewegt, die vor ihm auf den Knien liegen.

Das Frankreich Ludwigs XIV. besteht aber nicht nur aus Höflingen, die sich die Musik von Jean-Baptiste Lully und die Komödien von Molière anhören und ansehen – es ist eine mächtige Nation mit einflußreichen Ministern, mit weitreichenden Handelsbeziehungen und einer außergewöhnlich starken Militärmacht.

Die letzte Widerstandskraft im Innern dieses weiten Imperiums, das letzte andersdenkende Element sind die protestantischen Gemeinden. Sie genießen durch das 1598 von Heinrich IV. erlassene Edikt von Nantes eine beachtliche Autonomie, auch wenn sie nicht mehr wie zu Anfang des Jahrhunderts einen Staat im Staate darstellen.

Nach Jahren legaler Repressionen und gewalttätiger Nötigung durch königliche Truppen, durch jene berüchtigten Dragonaden, kommt das Jahr 1685 heran und damit der Widerruf des Edikts. Die reformierte Religion wird durch königliches Gesetz abgeschafft. Frankreich soll nur »ein Gesetz, einen Glauben, einen König« haben.

Die französischen Hugenotten jedoch beugen sich nicht. Trotz aller Verbote verlassen sie ihr Heimatland und flüchten auf protestantischen Boden: nach Holland, Deutschland und England. Hunderttausende von Verbannten überfluten Europa. Sie bringen aber nicht nur ihr Leid und Heimweh mit, sie bringen auch Geld mit sich, Techniken, Arbeitsmethoden, Kultur und Bildung – und zu alledem noch eine gewaltige antikatholische Leidenschaft.

Der Widerruf gilt natürlich auch für alle Territorien am Osthang der Alpen, für das Pragelato- und das Chisone-Tal.

Während der ersten Hälfte des 17. Jahrhunderts war das ganze Pragelato-Tal protestantisch (1629 findet der Turiner Erzbischof dort keine Spur mehr von katholischem Glauben). Trotz seiner Beziehungen zu den waldensischen Gemeinden war es doch voll in den französischen Protestantismus integriert. Mit dem Erscheinen der Jesuiten im Jahr 1659 begann auch in diesem Tal die Rückeroberung durch den Katholizismus nach dem gleichen System wie in Frankreich selbst. Im Juli 1685 wird der reformierte Gottesdienst im ganzen Tal verboten. Die Gotteshäuser werden niedergerissen bis auf drei, die für den katholischen Gottesdienst benutzt werden.

Eine Reihe von Familien folgt dem Beispiel der französischen Glaubensbrüder und flüchtet mit einigen Pastoren nach Hessen.

Das Januaredikt

Die Waldenser beobachten mit wachsender Sorge, was rings um sie vorgeht. Sie fürchten das Schlimmste, und das nicht ohne Grund. Im Januar 1686 erläßt der junge Herzog Viktor Amadeus II. auf Drängen seines Onkels Ludwigs XIV. ein Edikt mit folgender Auflage: Entfernung der Pastoren, Schluß mit dem Gottesdienst, alle Kinder werden katholisch getauft. Das Schicksal der reformierten Kirche ist besiegelt.

Die Waldenser, bestärkt durch ihre Erfahrungen, suchen Zeit zu gewinnen. Sie bekräftigen nachdrücklich ihre Loyalität gegenüber dem Herzog, verteidigen aber auch ihr eigenes Recht auf Grund des Vertrages von Cavour. Sie bitten in der Zwischenzeit inständig um die Intervention der protestantischen europäischen Welt.

Die Pastoren sehen die ausweglose Situation. Es bleibt nichts anderes übrig als die Flucht nach dem schmerzlichen Vorbild der französischen Hugenotten. Es fehlt auch nicht an Enthusiasten, die die ruhmreiche Vergangenheit ins Gedächtnis rufen und zum Widerstand aufstacheln. Einige Unbesonnene sind in ihrer Erregung schon dabei, sich mit Waffen in der Hand zusammenzuscharen.

Am 6. März werden in klarer Verletzung des Edikts Gottesdienste und Taufen gehalten, die man vorsichtshalber in den vorhergehenden Wochen unterlassen hatte. Es handelt sich um Dinge, die nicht unbedingt sein mußten. Die Delegierten der Schweizer Kantone wissen das wohl, als sie am Turiner Hof nach einer Lösung des waldensischen Problems suchen. Sie werden frostig aufgenommen. Nach tagelangem Warten gelingt es savoyischen Beamten, ihnen eine Begegnung mit den Waldensern zu vermitteln. Sie versuchen, diese Menschen in ihrer verständlichen Erregung davon zu überzeugen, daß es besser wäre, sich zu unterwerfen. In einer stürmischen Versammlung legen sie die Situation dar, was jetzt die einzig mögliche Lösung ist: das Exil. Eine Verbannung ist jedoch im Edikt nicht vorgesehen: man sucht sie auf dem Verhandlungsweg zu erreichen.

Während die Waldenser noch diskutieren, nimmt Marschall Catinat, der Kommandeur der französischen Truppen in Italien, in Pinerolo die Parade seiner Bataillone ab. Das ist für den savoyischen Hof eine unmißverständliche Warnung: Entweder Savoyen löst die Frage, oder wir intervenieren. Am 12. spielt sich im Tal von Roccapiatta der letzte Akt der Ereignisse ab. Auf der einen Seite steht die Lösung durch Auswanderung, unterstützt von den Schweizern und den Pastoren, auf der anderen der bewaffnete Widerstand. Die Tatsachen sprechen eine harte Sprache: Auf der einen Seite das Schweigen des protestantischen Europa und die von Catinat am Chisone zusammengezogenen Dragoner, auf der anderen Seite steht der geheimnisvolle Zauber einer jahrhundertealten Berufung in letzter Stunde. Die Leiden-

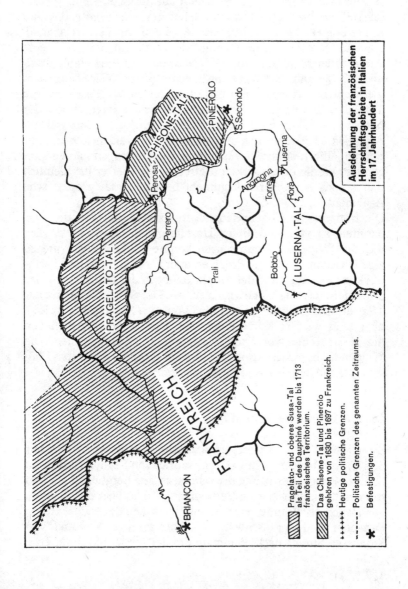

schaft schlägt hohe Wellen; aber das Recht der Frauen und Kinder behält die Oberhand. Man nimmt das Exil an.

Just in diesem Augenblick erscheint auf der Szene eine Persönlichkeit, die bis jetzt im zweiten Glied gestanden hatte, die aber in der Folgezeit eine wichtige Rolle spielen wird: Henri Arnaud. Der aus dem Dauphiné stammende Pastor hat wie alle seine Amtsbrüder seine Studien in der Schweiz und in Holland absolviert. Er hat dann Kontakte zur hugenottischen Welt bekommen, vielleicht hat er neue Informationen gewonnen. Fest steht die Tatsache, daß nach seiner leidenschaftlichen Intervention der bewaffnete Widerstand beschlossen wird. Auf Grund welcher Argumente? Arnaud hat zweifellos an die waldensische Tradition appelliert: an die heroischen Unternehmungen der Vergangenheit, an die gottgewirkten Befreiungen; aber er hat ziemlich sicher noch ein anderes Argument benutzt – das prophetische Argument.

Die französische Hugenottenwelt, besonders die Welt der Verbannten, ist von einer tiefen Unruhe umgetrieben. Da sie sich nicht im Widerstand ausdrücken konnte, bildet sie sich um zu einem Traum. Exaltierte Prediger, aber auch einflußreiche Pastoren kündigen aufgrund der Prophezeiungen der Offenbarung das Ende der Herrschaft Ludwigs XIV. an. Der Sonnenkönig ist das Tier, das die Heiligen verfolgt, wovon die Offenbarung spricht; aber Gott wird in Kürze eingreifen. Die Berechnungen lassen dieses Eingreifen vor Ende des Jahres 1686 vorhersehen. Die Waldenser brauchen also nur ein paar Wochen Widerstand leisten . . ., und der Sieg wird ihnen zufallen.

Die drei schicksalsschweren Tage

Der französisch-savoyisch-waldensische Blitzkrieg dauert nur drei Tage. Marschall Catinat und Gabriel von Savoyen schließen in einer Zangenbewegung die waldensischen Berghöhen ein und rennen die improvisierten Verteidigungslinien über den Haufen. Der Rauch der Brände zeichnet das Vorrücken der französischen Dragoner und der »schwarzen Brigaden« von Mondovi von Stunde zu Stunde nach. Peumian, Pra del Torno und Rorà, Orte des Widerstandes vergangener Siege, werden zu Schauplätzen blutiger Gemetzel. An der Spitze dieses Volkes auf der Flucht stehen nicht mehr Männer wie Lentolo, Léger, Gianavello, sondern der Notar Forneron mit seiner weißen Fahne als Parlamentär, um eine ehrenvolle Übergabe zu erreichen.

Der 3. Mai ist vergangen. Die Gefangenen sind kolonnenweise im Tal aufgestellt. Unaufhörlich strömt der Regen herab. Systematisch werden Wälder und Höhlen durchgekämmt. Pausenlos werden die letzten Widerstandskämpfer in die Abgründe geworfen, an den Bäumen aufgehängt, wo ihre verstümmelten Leiber verwesen. Auf der Gran Guglia weht die Waldenserfahne noch ein paar Tage lang; aber auch diese letzte wütend verteidigte Bastion fällt am 7. Mai.

Das Land, durch das Viktor Amadeus II. Anfang Juni zusammen mit seinem militärischen Stab bis zum Fort Mirabouc reist, ist nunmehr formal rekatholisiert; aber es ist zur Wüste geworden, leer wie die Hugenottendörfer im Frankreich seines Onkels Ludwigs XIV. Von den 14 000 Seelen, die die Waldenserkirche vor dem Kriege vermutlich zählte, sind mehr als 2 000 umgekommen. 8 500 sind in die piemontesischen Kerker gewandert, die übrigen haben durch ein mehr formales als überzeugtes Abschwören ihres Glaubens überlebt.

Die »Unbesiegbaren«

Nach dem Abzug der Truppen kommen die wenigen Überlebenden wieder zum Vorschein und organisieren sich. Man spricht anfangs von nächtlichen Angriffen, Handstreichen und Plünderungen. Gianavellos Guerillakriegstechnik wird deutlich erkennbar. Diese in die Geschichte unter dem Namen »Die Unbesiegbaren« eingegangenen Partisanen werden im Lauf des Sommers zu einem nicht unerheblichen Problem für den Staat.

Die traditionelle savoyische Vorsicht, die den Kompromiß dem Zusammenstoß vorzieht, löst das Problem hinter den Kulissen durch Schweizer Vermittlung. Die Partisanenscharen sollen das Recht zur Auswanderung bekommen, einschließlich der Freilassung ihrer Familienangehörigen, ehrenvollen Abzug mit ihren

Waffen und Garantie durch gestellte Geiseln. Im Herbst ist auch diese Seite der Geschichte abgeschlossen.

Was die »Unbesiegbaren« zurücklassen, sind zerstörte Häuser, ausgerissene Weinstöcke und abgeschnittene Obstbäume. In den Augen des jungen Herzogs und seiner Höflinge wird diese Wüstenei in kurzer Zeit wieder aufblühen und ein Garten katholischen Glaubens und katholischer Kultur werden, endlich befreit von dieser reformierten Pest.

In Wirklichkeit wird dieser Traum sich nicht erfüllen. Der Verkauf der von der Domäne eingezogenen Äcker der Waldenser ist eine elende Angelegenheit trotz aller bürokratischen Behandlung und trotz der Bedenken der Notare und herzoglichen Beamten. Die Reichen kaufen sie auf. Die katholischen Kleinbauern können es nicht, wenn sie sich nicht beim Staat verschulden wollen. Die Franzosen haben dieselbe Politik im Chisone-Tal durchgeführt. Am Ende verwendeten sie alle Einnahmen zur Bezahlung der großen Königsmesse, die man täglich im Dom von Pinerolo sang!

Das Gebiet wieder zu bevölkern, ist ein weiteres Problem. Immer mehr waldensische Flüchtlinge kommen zurück. Die katholisch geworden sind, sind unzuverlässig. Die eingewanderten Savoyarden schlagen im Land keine Wurzeln. Sie verkaufen das Saatgut und verheizen die Obstbäume. Sie nehmen die finanziellen Beihilfen entgegen, und dann verschwinden sie wieder. Nach einem Jahr mühevoller Arbeit sind noch keine tausend Neusiedler gewonnen.

Das Desaster wird auch nicht durch besondere ideologische Maßnahmen des savoyischen Hofes behoben: Entsendung von Missionaren, Einrichtung neuer Pfarreien und ansehnliche Stiftungen an die Kirchen. Der letzte Sieg der italienischen Gegenreformation besteht doch immer nur in der Vernichtung einer zivilisierten Welt.

Aus den piemontesischen »Lagern« in die Verbannung

Nach tagelangem Warten auf den Sammelplätzen werden die Gefangenen nach Turin und an vierzehn weitere Gefängnisorte in Marsch gesetzt. Es handelt sich dabei meist um Festungen, Ge-

fängnisse und alte Schlösser, in denen sie unter den unmensch-
lichsten Verhältnissen zusammengepfercht werden ohne Nahrung, ohne Wasser, ohne Stroh zur Lagerstatt, von Krankheiten
dezimiert und von der Kälte, obendrein heftig bedrängt vom
Klerus, der für das Abschwören die Freiheit verspricht. In der
Hauptburg der Turiner Zitadelle werden einige Notabeln und
neun Pastoren mit ihren Familien eingesperrt, völlig isoliert, um
den Widerstand ihrer Gemeindeglieder zu brechen. Bei ihrem
Versuch, das Abschwören zu erpressen, wird keine Ruhe gegeben. Wie ein Jahrhundert zuvor in Kalabrien werden Menschen
verkauft. Die Durchlauchtigste Republik Venedig verhandelt
über den Kauf von 2 000 Ruderern für ihre Galeeren. Frankreich
macht ein Angebot in derselben Richtung. Die Zahlen sprechen
für sich selber. Nach Carmagnola kommen 1 400 Gefangene, in
wenigen Monaten sind von ihnen nur mehr 400 übrig. In Trino
überleben von 1 000 noch ganze 45 Menschen.

Die Schweizer Kantone bemühten sich auf diplomatischem Wege
zugunsten dieser unglückseligen Glaubensgenossen. Auf eine
erste Anfrage des Landtages von Baden im Aargau gibt der Herzog überhaupt keine Antwort. Erst nach vielen Mahnungen sagt
er eine Überprüfung des Problems zu.

Es bleibt nur eine Lösung: die Verbannung. Der Herzog indes
willigt aus politischen und wirtschaftlichen Motiven nur wider-
willig ein. Die Waldenser selbst sind auch nicht alle bereit auszu-
wandern. Viele träumen von einer möglichen Änderung der politischen Situation, sie träumen von einem Wunder.

Im September beauftragt der Landtag von Aarau die Brüder
Kaspar und Bernhard von Muralt, seine Bevollmächtigten am
savoyischen Hof, mit der Lösung des waldensischen Fragenkom-
plexes. Im Oktober kommt es zu ersten Abmachungen; es beginnen die Vorbereitungen für die logistische Organisation. Erst
im Januar, genau ein Jahr nach dem vernichtenden Edikt, erlaubt
der Herzog den Gefangenen die ersehnte Auswanderung.

Man hat sich trotzdem im voraus abgesichert: Die Waldenser
dürfen nicht in den an das Herzogtum Savoyen angrenzenden
Kantonen untergebracht werden, sondern müssen weiter nach
Norden geschickt werden und in den protestantischen, deutsch-
sprachigen Kantonen unterkommen, so weit weg wie nur irgend

möglich. Die Pastoren dürfen nicht mit in die Verbannung gehen. Sie werden als Geiseln in Turin festgehalten, ebenso alle, die katholisch geworden sind. Sie werden zur Ansiedlung in das Gebiet von Vercelli in Marsch gesetzt.

So wird eine der schmerzensreichsten und leidvollsten Seiten der Waldensergeschichte aufgeschlagen: Der lange Marsch dieser paar hundert den piemontesischen »Lagern« entkommenen Frauen, Greise und Kinder mitten im Winter durch das Susa-Tal, über den Mont Cenis und durch Savoyen, ein Exodus nicht von Kriegern, sondern von Gespenstern auf dem Weg in die Freiheit.

Die erste von den dreizehn Kolonnen brach am 17. Januar auf, die letzte kam am 10. März nach Genf. Von den 2 700 Waldensern, die sich für die Verbannung entschieden hatten, kamen in Genf 2 490 an. Die anderen starben unterwegs, wie etwa die Gruppe, die aus dem Gefängnis von Fossano kam und auf dem Mont Cenis vom Sturm überrascht wurde. Oder sie verirrten sich oder wurden, wenn es Kinder waren, ihren Eltern geraubt, um katholisch erzogen zu werden.

Unermüdlich, wohldurchdacht und immer gegenwärtig begleiteten die Schweizer Delegierten als Wächter diese verirrte und terrorisierte Herde. Sie richteten ihr Augenmerk immer auf eine gesicherte Unterstützung und darauf, daß kein Kindesraub vorkam. Dabei schickten sie Beschwerden an die verantwortlichen Befehlsstellen und protestierten auch bei Hofe, wenn Grund dazu vorhanden war.

Das war eine unschätzbare Leistung auf moralischem Gebiet. Tatsächlich wäre sie nicht absolut notwendig gewesen. Denn die herzoglichen Offiziere, die mit dem Transport dieser Masse von Flüchtlingen beauftragt waren, waren alle brave piemontesische Katholiken, nicht französische Dragoner, die die in Uniform gesteckte Brutalität waren. Sie führten ihren eigentlichen Auftrag mit bürokratischer Sorgfalt aus, auch mit dem Minimum an Humanität, das ihnen erreichbar war, um diesen langen Leidensweg erträglich zu machen.

Umso größer war deshalb ihr Erstaunen, als sie nach Erreichen der Grenze vom einfachen Genfer Volk wütend angegriffen, mit

Schmähungen und Vorwürfen überhäuft und jeder nur möglichen Schandbarkeit bezichtigt wurden.

Unsere guten piemontesischen Offiziere fanden sich nicht mehr zurecht bei diesem Schauspiel, da eine ganze Stadt auf den Beinen war, an der Spitze der Bürgermeister und die Pastoren in Amtstracht. Fast kniefällig wurden die 45 aus Trino Entkommenen aufgenommen. Die Kranken und die Sterbenden rissen sie mit wetteifernder Herzlichkeit und Liebe an sich und nahmen diese zerlumpten Gestalten an ihr Herz, fast als wären es Reliquien.

Vielleicht verstanden sie, daß dieser Empfang in Genf mehr war als ein einfacher Akt brüderlicher Liebe. Das Volk, das drüben über der Brücke lärmte, waren nicht nur junge Leute, es war das protestantische Volk, das seine Märtyrer aufnahm. Es war eine Welt, die von Genf bis Schottland und bis nach Brandenburg verstummte, aber in ihrem Schweigen schwelte zugleich ihre Empörung.

Als der letzte Konvoi die Brücke passiert, ist die waldensische Geschichte südlich der Alpen, nach 500jährigem Widerstand, zu Ende. Die wenigen Hundert Waldenser, die in Piemont überleben, sind kein Volk mehr, sie sind ein Haufen vom Unglück gezeichneter Menschen. Zwangsweise katholisch gemacht, sterben sie in den Reisfeldern um Vercelli, sind sie unterwegs auf der Suche nach ihrem Heimatland. Die geraubten Kinder werden zu Hausburschen oder zu Pagen in Livree erniedrigt.

Josua Gianavello: Anweisung für den Guerillakrieg

Liebe Freunde und Brüder in Christus!

Diese wenigen Worte bringen euch meinen herzlichen Gruß und bezeugen euch meine Liebe, die ich für euch im Herzen hege. Ihr werdet es mir abnehmen, daß ich mir sorgende Gedanken über euch mache. Sollte Gott tatsächlich euren Glauben auf die Probe stellen wollen, wie man so sagt und was ich durchaus für möglich halte, bitte ich euch, bereitwillig das vorliegende Schreiben anzunehmen, wenngleich ich nicht den geringsten Zweifel an eurer Haltung und eurer Klugheit habe.

Eure erste Aufgabe ist die Erhaltung der Einigkeit untereinander. Daß eure Pastoren verpflichtet sind, ihre Herde Tag und Nacht zu begleiten, so daß sie geehrt und respektiert werden, wie sich's für Diener des Herrn auf Erden gebührt. Es sei ihnen nicht erlaubt, sich bei Kämpfen einer Gefahr auszusetzen, sie sollen sich vielmehr dem Gebet zu Gott widmen, den Kämpfern Mut zusprechen, die Sterbenden trösten, die Verwundeten in Sicherheit bringen lassen und den Familien in Not helfen. Sie sollen sich ausschließlich den Aufgaben widmen, die mit ihrem Amtsauftrag verbunden sind. Eine Ausnahme darf es nur für diejenigen geben, die ausreichende Fähigkeit und den Willen haben, am Kriegsrat teilzunehmen und kein Blut fürchten.

Die Pastoren sollen darum besorgt sein, das Volk zu versammeln; nach den gemäß dem Worte Gottes notwendigen Ermahnungen sollen sie Kleine und Große verpflichten, Gott Treue zu schwören, seiner Kirche und ihrem Vaterland, und das bis zum letzten Blutstropfen.

Wenn einer zu Tode gebracht werden soll, soll die Exekution nicht vollzogen werden, ohne daß der aus 30 bis 40 Hauptleuten zusammengesetzte Kriegsrat vorher das Urteil gesprochen hat. Kein Todesurteil darf vollstreckt werden, ohne daß der Pastor den zum Tode Verurteilten vorbereitet hat und auf dem letzten Weg begleitet. Die ihn erschießen sollen, sind zu bestimmen, damit Streitereien vermieden werden und Gott nicht beleidigt wird.[1]

Wer in euren Kompanien beim heiligen Namen Gottes schwört oder flucht, soll beim ersten Mal streng bestraft werden und, wenn er hartnäckig ist, soll er zum Tode geführt werden. Wenn ihr so handelt, dann werdet ihr sehen, daß das Schwert unseres ewigen Gottes mit euch sein wird ...

Nehmt auf keinen Fall Einquartierung (herzoglicher Truppen) bei euch auf, sonst seid ihr verloren. Die Massaker von 1655 sollen euch als warnendes Beispiel dienen. Solltet ihr unglücklicherweise angegriffen werden, verteidigt euch am ersten Tag, so gut es eben geht, ohne Offiziere, dann aber wendet alle Mühe auf, euch ordentlich zu organisieren. Wenn ihr es für richtig haltet, befolgt meinen Rat: Bildet zahlenmäßig kleine Abteilungen, zwanzig Mann je Kompanie mit einem Feldwebel, zwei Korporalen und einem Hauptmann. Ich bin der Meinung, es sollte bei uns keine Leutnants geben, um nicht dem Beispiel der Großen dieser Welt zu folgen.[2]

---

[1] Die Verurteilung ist kein Akt behördlicher Gewalt, sondern ein Beschluß, der im Rahmen der Solidarität des Kampfes gefaßt wird.

[2] Der Dienstgrad des Leutnants war in den königlichen Heeren den Adligen vorbehalten.

Man soll das Kommando einem Bürgermeister anvertrauen, wenn man einen findet, der imstande ist, den Hauptleuten aus jedem Ort Befehle zu erteilen. Bildet einen geheimen Kriegsrat, der sich aus einem treuen und gläubigen Mann von jedem Tal zusammensetzt, dazu einen oder zwei mutige Pastoren und einen Oberkommandierenden, der über das ganze Volk in den Tälern die Oberaufsicht haben soll.

Das alles soll in einer ordentlichen Volksversammlung vor sich gehen. Wenn Gott euch die Zeit dazu läßt, sollt ihr für Brotgetreide sorgen und es auf den Bergen sicher verwahren, um damit die Notleidenden und die fliegenden Kompanien zu unterstützen.

Wenn irgend möglich, sollten die Papisten zum Verlassen der Täler gezwungen werden. Wenn welche sich euch anschließen wollen, sollen sie wie alle anderen in Sicherheit gebracht werden. Haltet vor allem die Verbindungswege zwischen den Tälern auch während des Winters offen.

Bei der Verfolgung des Feindes rückt immer in zwei Kolonnen vor, eine von vorn und eine in der Flanke, damit ihr nicht in einen Hinterhalt geratet. Die Hauptleute sollen nicht das Leben ihrer Soldaten aufs Spiel setzen, sondern ihre Männer schonen, denn sie sind Teil der Gemeinde Gottes, die man erhalten muß.

Alle starken und robusten Männer sollen beim Barrikadenbau keine Mühe scheuen. Wo ihr es für hilfreich erachtet, fällt die Bäume und laßt sie derart über die Straßen stürzen, daß der Feind nicht vorrücken kann.

Wenn ihr einen feindlichen Angriff zu gewärtigen habt, laßt eure Männer vor Tagesanbruch essen, daß sie Kraft haben für die Kämpfe ... Die Feldschlangen (kleinkalibrige Feldgeschütze, Anmerkung des Übersetzers) sollen erfahrenen Händen anvertraut werden; denn bei ihrem richtigen Einsatz vermeidet ihr unnötiges Blutvergießen, damit Gottes Zorn nicht über euch kommt ...

Ich füge noch hinzu: Heutzutage liegt die Stoßkraft des Feindes in seinen Bomben, Kanonen, Granaten, Artilleriewaffen und der Kavallerie. Das alles soll euch nicht entsetzen. Nach einem oder zwei bewaffneten Zusammenstößen werden die Dragoner, die euch wie Teufel vorkommen, zum Stehen gebracht von den Leuten, die Gott fürchten und für seine Sache kämpfen ...

Ich vergaß, euch zu sagen: Blast niemals zum Rückzug; denn eure Truppe verliert dadurch den Mut, und der Feind faßt sich wieder ein Herz ...

Wenn der Feind nach meiner Annahme sich in Villar festsetzt, dann deckt die Dächer ab, aber laßt die Schiefer auf den Mauern. Der Feind wird nicht unter freiem Himmel lagern können. Laßt keine Brücken oder Stege über den Pellice unzerstört ...

Habt acht darauf, daß die Hauptleute nicht ans Plündern denken. Das überlasse man den Soldaten, um ihren Mut zu heben. Man soll hernach sich an die Verteilung der Beute machen, und dann sollen die Hauptleute ihren Teil nach Beendigung des Feldzuges bekommen, so Gott will ... Schießt nicht, so lange der Feind nicht schießt. Schießt auf die Offiziere ... Wenn ein Regiment oder eine Kompanie ihre Offiziere verliert, ist das schon eine halbe Niederlage. Der Herr gebe euch Klarheit des Geistes und erhalte euch die Ehrfurcht vor seinem Namen ...

Quelle: G. Gianavello: »Memorie ed avvisi dati alli Religionari per ripararsi in caso d'attacco«, veröffentlicht von Arturo Pascal im Bull. der SHV, No. 49, Seite 46 ff.

VIII.

DIE HEIMKEHR

Der Glanz der Marschälle verblaßt

Die Schweizer haben die waldensischen Flüchtlinge vom Tode errettet; das Problem der Unterbringung konnten sie aber nicht lösen. Der Herzog von Savoyen hatte die Auswanderung zugestanden, jedoch nur unter der Bedingung, daß die Waldenser nicht im Grenzgebiet blieben, sondern weiter im Norden angesiedelt würden.

Im Mai 1687 ernennt der Landtag von Aarau Kommissare, die auf deutschem Boden entsprechende Wohnsitze suchen sollen. Im Laufe des Herbstes werden die ersten Gruppen nach Württemberg und in die Pfalz in Marsch gesetzt. Ein weiterer Landtag in Aarau im Februar 1688 bestand auf der Durchführung dieses Beschlusses trotz heftiger Opposition von seiten der Waldenser und trotz der Druckmittel, die zu ihren Gunsten von Holland angewandt wurden. Diesmal ist Brandenburg als Zielland ins Auge gefaßt. Offenbar läßt sich aber auch so keine Lösung des Problems finden. Im Herbst des gleichen Jahres werden die Waldenser aus Württemberg vertrieben – wir wissen nicht, aus welchen Motiven. Auch aus der Pfalz müssen sie zwangsweise in die Schweiz zurückkehren wegen des Pfälzischen Erbfolgekrieges, den ihr Erzfeind Frankreich gegen Österreich, England, die Niederlande und Spanien führt.

Der Winter 1688/89 vergeht unter großen Schwierigkeiten. Der Plan mit Brandenburg wird von den Schweizern und dem Kurfürsten Friedrich III. vorangetrieben, findet aber bei den Waldensern keine bereitwillige Aufnahme. Sie sehen die Entfernung von dort bis in ihre Heimat immer größer werden. Trotz all dieser Verzögerungen und Schwierigkeiten siedeln sich etwa tausend Waldenser gegen Ende 1688 in der Stadt Stendal und in den umliegenden Gebieten an, die ihnen als Wohnsitze zugewiesen worden waren. Sie organisieren sich als selbständige Kolonien mit ihren Pastoren, Richtern und Lehrern.

Die Waldenser sind aber nur ein Tropfen in dem großen Menschenstrom der protestantischen Flüchtlinge, der sich auf den Straßen Europas nach Norden wälzt auf der Suche nach Land, nach Häusern und nicht zuletzt nach Frieden.

Was das protestantische Europa nur mühsam versteht – jeder hugenottische oder waldensische Flüchtling kennt es; denn er hat es erlebt und erlitten: Der Imperialismus Ludwigs XIV. wird die Menschen zu einem Heer gebrochener Galeerensträflinge machen, die über das Ruder gebeugt in Ketten liegen! Deshalb brodelt es in dieser Welt der Verbannten in Holland genauso wie in der Schweiz von Leidenschaft und Träumen; sie harrt angstvoll auf *ein* Ereignis, auf den Sieg über die Bestie, die in Versailles wohnt. Auch die Waldenser träumen, wenn auch bescheidener, nur davon, in ihre Berge zurückzukehren.

Im Juli 1687 findet ein erster Versuch statt – und mißglückt. Ein weiterer Versuch im Wallis mißglückt genauso. Die besorgten Schweizer Behörden zwingen den Verbannten eine Unterwerfungserklärung auf und die Verpflichtung, sich von den Grenzen zum Herzogtum Savoyen zu entfernen. So erlischt die Hoffnung auf Heimkehr. Es bleibt nunmehr den wenigen hundert Waldensern kein anderer Weg als die Integration in die Hugenottenkolonien in Deutschland.

Mit dem Widerruf des Edikts von Nantes hat der Imperialismus Ludwigs XIV. nicht nur im Innern, sondern auch auf internationaler Ebene seinen Höhepunkt erreicht. Europa wird französisch und katholisch sein. Es wird von dem Willen eines Diktators und von den Jesuiten beherrscht. Das noch vorhandene protestantische Europa stellt keine Alternative, keine kulturschöpferische Kraft mehr dar, sondern nur noch ein Konglomerat kleiner Interessen. Die Niederlande, die den französischen Bataillonen die Stirn geboten haben, sind von der politischen Bühne abgetreten. England scheint in diesem Augenblick auf dem Weg zum Katholizismus. Deutschland ist zerstückelt.

Aber gerade jetzt versagt die französische Staatsmaschinerie. Die Sonne von Versailles verliert immer mehr von ihrem Zauber. Neue Bündnisse enstehen, und politische Situationen wandeln sich völlig. In dieser antifranzösischen Bewegung wirkt in der öffentlichen Meinung die Empörung über den Widerruf des

Edikts und die darauf folgenden Hugenottenmassaker wie ein Ferment. Keinem protestantischen Land kann es gleichgültig sein, ob die Verhältnisse wieder normal werden oder nicht.

Als 1688 die englische Revolution ausbricht und Wilhelm, der »Stadholder« von Holland, zum Nachfolger Jakobs II. berufen wird, ist deshalb die Zeit für eine radikale Lösung reif.

Wilhelm ist ein Oranier und wie sein Vorfahr Wilhelm der Schweigsame, wie Coligny und Cromwell gehört er zu den wirklichen Politikern protestantischen Glaubens. Er kämpft nicht nur für das Gleichgewicht der Macht oder den nationalen Triumph, sondern für eine Idee. Ludwig XIV. verkörpert in seinen Augen den Imperialismus in doppelter Hinsicht: das Ende der politischen Freiheit der bürgerlichen Republik Holland und Englands und den Tod der evangelischen Welt.

Dieser Edelmann aus der Provinz, nervös und kränklich, versteht es jedoch, die europäische Entrüstung in ein aktives politisches Engagement umzusetzen. Er webt mit Überzeugungskraft und Geld ein Netz neuer Bündnisse, die Frankreich in Schach halten. Seine Politik ist nicht die eines Friedrich Wilhelm von Brandenburg, des Großen Kurfürsten und seines Sohnes, des »Refugiums« für Glaubensflüchtlinge, er versteht sich auf eine Politik der Intervention und der Befreiung.

Wie dreißig Jahre zuvor sieht sich die waldensische Geschichte mit der Geschichte Europas verbunden und wird frei durch die Intervention der beiden großen protestantischen Mächte England und Holland.

Einer der schwachen Punkte auf der politischen Landkarte Europas ist Piemont. Hier also müssen die Abgesandten Wilhelms Kontakt mit den Waldensern aufnehmen und sollen eine militärische Expedition vorbereiten, um im Rücken Catinats eine Guerillafront aufzubauen.

Das gut organisierte Expeditionskorps besteht mit Offizieren, Ärzten und Feldgeistlichen aus tausend Mann: 60 Prozent davon stellen die Waldenser. Die Vorbereitungen laufen in absoluter Verborgenheit und Geheimhaltung ab, bis Mitte August der Befehl zum Aufbruch kommt.

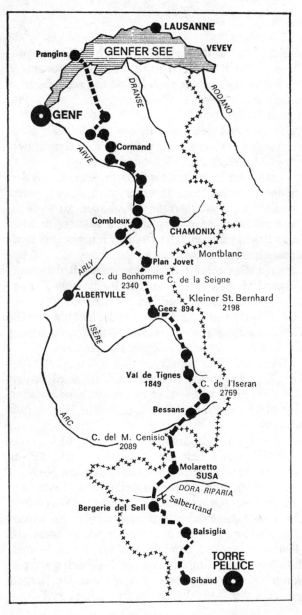

Marschroute der »Ruhmreichen Heimkehr« vom Genfer See bis in die Waldensertäler (1689)

Der lange Marsch

Der abenteuerliche Marsch dieses protestantischen Kommando-
unternehmens quer durch Savoyen ist in die Geschichte als die
»Ruhmreiche Heimkehr« eingegangen. Sie wurde schließlich zu
einer der bekanntesten Seiten der Waldensergeschichte. Die 900
Mann setzen in der Nacht zum 17. August über den Genfer See,
gehen in Yvoire an Land und nehmen die zweihundert Kilometer, die sie von den Waldensertälern trennen, in Gewaltmär-
schen unter die Füße, steigen über Hügel und Berge.

Die Kolonne, voraus und hinter ihr die Geiseln, die man aus den
Dörfern längs der Marschroute mitgenommen hatte, um jeden
Widerstand zu bannen, kommt, ohne aufgehalten zu werden,
voran. Die übermüdeten oder verwundeten Männer werden
längs des Weges liegen gelassen. Die Überraschung und die ungewöhnliche Marschroute ermöglichen es, den savoyischen Truppen zu entkommen. Der einzige Zusammenstoß mit den Franzosen bei Salbertrand im Susa-Tal in der Nacht vom 2. zum
3. September endet trotz starker Verluste mit dem Sieg der Waldenser. Beim Auftauchen dieser Art »Fremdenlegion« verläßt
die in den Tälern ansässig gewordene katholische Bevölkerung
die Dörfer und flüchtet in die offene Ebene. Das Germanasca-Tal
wird auf diese Weise kampflos befreit.

In Prali, wo die Expedition neu zusammengestellt wird, fehlen
30 Prozent der Kampfstärke. Sie sind in Feindeshand gefallen
oder unterwegs zurückgeblieben. Viele französische Hugenotten
sind desertiert.

In seiner ersten Predigt, die Arnaud in dem von den »Idolen« des
katholischen Gottesdienstes befreiten Gotteshaus hält, legt er
den 129. Psalm aus. Er versucht, seinen Gefährten den Sinn des
Abenteuers verständlich zu machen. Sie sind in ihre Heimat zurückgekehrt, weil diese protestantische Stellung zurückerobert
werden mußte, damit die Predigt des Evangeliums im katholischen Piemont wieder zu hören sei. Ihr Marsch ist nicht ein
Marsch von Heimwehkranken, sondern ein Marsch von Gottes-
streitern. Schon Reynaudin hatte in seinem Tagebuch geschrieben: »Man kann nicht wiedergeben, was wir auf den Bergen
gelitten haben; aber der Gedanke, in unsere Heimat zurückzu-

kehren, um dort das Reich Jesu Christi zu bauen und das Reich der Götzen und des Antichrist zu zerstören, hat unseren Eifer immer neu entfacht.«

Dieser Wille wurde erneut laut in Sibaud auf den Höhen über Bobbio während einer Versammlung am 11. September. Man schloß einen Pakt der Einigkeit, einen »Covenant«, um einen Ausdruck der englischen Puritaner zu gebrauchen. Er gibt am besten wieder, was man damals empfand.

Dieses protestantische Mini-Heer spielt seine Rolle in dem großen antifranzösischen Kampf. Es formiert sich immer aus Waldensern und ist deshalb genährt von jenem Gemeinschaftsbewußtsein, das jahrhundertelange engagierte Kämpfe und Debatten geschaffen haben. Die Milizionäre tragen auf ihren Hüten oder an der Feldbluse das orangerote Band, die Farbe der Oranier und nunmehr der antifranzösischen Koalition. Der gegenseitige Eid zwischen den Offizieren und den Soldaten ist kein Zufall. Er bringt im Gesamtbild des protestantischen Kampfes das verschworene Sendungsbewußtsein zum Ausdruck, das ein Charakteristikum der waldensischen Geisteshaltung ist.

Nicht zufällig geht der geschriebene Text, der zusammen mit der Bibel den ideellen Angelpunkt des Unternehmens bildet, aus den »Instruktionen« Gianavellos hervor.

Die kleine Volksmiliz fordert deshalb Catinat und sein Heer gleich zweimal heraus, einmal auf militärischer Ebene, weil sie die gefährliche Rolle einer Volkserhebung spielt, vor allem aber auf ideologischem Gebiet, weil sie nicht als Berufsheer auftritt und den Krieg nicht als Schauplatz der Herrschaft, sondern als eine Konfrontation ideeller Wirklichkeiten versteht.

»Die Waldenser sofort liquidieren«, befiehlt Catinat; aber das Unternehmen geht nicht nach Plan. Und als der Winter einbricht, ist der Guerillakrieg in Piemont in vollem Gange. Man muß also die waldensischen Banden wohl oder übel in ihren Gräben lassen droben auf den Felsen, die das Dorf Balziglia im Talgrund von Massello im Germanasca-Tal überragen.

Der längste Tag

Der monatelange Guerillakrieg und die Einsamkeit lockern den Zusammenhang und die Disziplin des Expeditionskorps. Der hugenottische Kommandant selber ist nicht mehr mit dabei. Zurück bleiben die 300 Waldenser, ohne jede Möglichkeit, der Falle zu entkommen. In diesem Augenblick tritt Henri Arnaud ins Rampenlicht der Geschichte. Er hat schon bei der Organisation der Heimkehr eine bestimmende Rolle gespielt; aber von nun an wird er zum militärischen und geistlichen Führer der kleinen waldensischen Gruppe, wie Gianavello es 1655 war.

Die beiden Männer vergegenwärtigen beispielhaft die beiden waldensischen Gemeindetypen im 17. Jahrhundert: Gianavello, der in seinem Boden verwurzelte Bauer, Henri Arnaud, der intellektuelle Weltbürger. Um den ersten versammeln sich die puritanischen Milizen, die im Kampf für den Ewigen sich engagiert hatten, um den zweiten die Welt des englisch-holländischen merkantilen Bürgertums mit seinem Wissen um die neuen Werte, die Welt Cromwells und Wilhelms von Oranien.

Arnaud, nicht selten autoritär und stolz, löst seine Aufgabe, indem er zu der protestantischen Liga Kontakt hält und seine 300 Mann fest zusammenhält. Wenn diese Handvoll Verzweifelter, begraben unter dem Schnee, von Hunger und Angst gequält, nicht zu einer Räuberbande entartete, sondern zunehmend in ihrem Berufungsbewußtsein zu einer echten reformierten Gemeinschaft wird, so ist das ihm zu verdanken, dem harten Rhythmus seiner Predigten, die zu keinem Augenblick Unsicherheit oder Nachgeben aufkommen lassen, sondern die Blicke auf die Schlacht im Frühling ausrichten, die dann die letzte sein wird.

Und so kommt der 2. Mai heran. Die 4 000 kampfbereiten französischen Dragoner unter dem Kommando des Marquis De Feuquière haben sich in der ganzen Länge des Tales versammelt – auf dem Felsen die 300 abgerissenen Bauern, in kleinen Häuflein in ihren Gräben zusammengedrängt, auf den Gipfeln der Schnee. In der Stille, die dem Sonnenaufgang vorausgeht, feiern die Waldenser ihren letzten Gottesdienst. Der Gesang, der über das Tal dahinhallt, hat nichts Liturgisches an sich. Es ist der hämmernde

Rhythmus des 68. Psalms, vertont von Goudimel und in die Sammlung reformierter Lieder eingegangen:

> Gott, zeige dich, und in einem Blitz
> werden wir die Feindesscharen
> sich zerstreuen sehen,
> wie Nebel im Wind ...

Es ist das letzte Glaubenszeugnis der reformierten Kampffront in Italien vor dem Angriff.

Der erste Angriffsversuch nach einem ganzen Tag wütender Kämpfe bleibt im Gehölz des senkrechten Abhanges während eines Schneesturmes stecken. Er lebt wieder auf, nachdem die Stellungen der Waldenser mit Kanonen beschossen wurden, welche piemontesische Bauern bis hier herauf gezogen hatten, und wird wieder genau so wütend geführt. Die Waldenser müssen das befestigte Gelände aufgeben. Die Überlebenden sammeln sich auf dem letzten Bergvorsprung in Erwartung des tödlichen Endes. Aber eben jetzt geschieht das Unvorhergesehene. Während sie in der Nacht die Biwakfeuer zählen, die sie einschließen, werden die Waldenser von einem dichten, undurchdringlichen Nebel eingehüllt, und es gelingt ihnen, zu entkommen. Die Depesche De Feuquières, die er schon nach Paris gesandt hatte, meldete die Gefangennahme der »barbetti« als schon vollzogen. Sie aber waren über die Bergkämme geflüchtet.

Etwas ebenso Unvorhergesehenes, aber von noch größerer Tragweite geschah wenige Tage danach und änderte das waldensische Schicksal: Viktor Amadeus II. bricht das Bündnis mit Frankreich und verbündet sich mit England und Österreich.

Die Waldenser sind gerettet! Aus den Kerkern kommen die letzten Gefangenen, die Pastoren. Die Verbannten kommen aus Deutschland und der Schweiz zurück. Um den überlebenden Kern der Dreihundert schließt sich die dezimierte und völlig erschöpfte, aber doch wohlbehaltene alte Gemeinde wieder zusammen.

Der Übergang ins englische Lager bedeutet für Piemont nicht nur, seine Truppen aus dem Mailänder Gebiet an die Alpenfront zu verlegen. Es bedeutet auch, die Politik zu ändern, die englische Kultur anstelle der französischen anzunehmen, auf das Parlament in London statt auf das Schloß in Versailles zu schauen. Die englischen Diplomaten, die nach Piemont kommen, um Kontakte zu knüpfen, begrüßen diesen Wandel. Es handelt sich um Männer, die auf der Linie der Politik Wilhelms von Oranien stehen. Es sind z. T. aus Frankreich geflüchtete Hugenotten. Das Gewicht der englischen Diplomatie ist so groß, daß im Lager des Lords Galloway in Avigliana eine Synode der reformierten Gemeinden von Piemont abgehalten wird mit sechs Pastoren und 24 Ältesten. In Turin entsteht sogar in Kürze eine Gemeinde.

In dieser neuen Politik hat die waldensische Frage natürlich einen erstrangigen Platz. Der Herzog ist gezwungen, 1694 ein Toleranzedikt zu erlassen, das ab jetzt die Existenz der Waldenser in ihrem Wohngebiet garantiert.

Der Pakt von Sibaud

Nachdem uns Gott in seiner Gnade in das Land unserer Väter zurückgeführt hat, um hier den reinen Gottesdienst unserer heiligen Religion wieder einzurichten, und das große Unternehmen, das der Gott der Heerscharen für uns bis jetzt so gnädig gelenkt hat, auch weiterhin zur Erfüllung kommen ließ, schwören wir Pastoren, Hauptleute und anderen Offiziere und versprechen vor Gott bei Verdammnis unserer Seelen, unter uns die Einigkeit und Ordnung zu bewahren, so lange Gott uns am Leben erhält, und wenn wir uns auch bis auf drei oder vier Mann zusammengeschmolzen sähen.

Und wir Soldaten versprechen und schwören heute vor Gott, den Befehlen aller unserer Offiziere zu gehorchen und ihnen bis zum letzten Blutstropfen treu ergeben zu sein.

Und damit die Einigkeit, welche das Herzstück aller unserer Belange ist, unter uns unverbrüchlich sei, sollen die Offiziere den Soldaten Treue schwören und diese den Offizieren. Alle zusammen versprechen darüber hinaus unserem Herrn und Heiland Jesus Christus, nach dem Maß unserer Kräfte den Rest unserer Brüder dem grausamen Babylon zu entreißen.[1] Mit unseren Brüdern wollen wir sein Reich aufrichten und auch aufrecht erhalten bis zum Tode. Unser ganzes Leben lang wollen wir uns an die vorliegende Abmachung halten.

Quelle: Text bei Ernesto Comba: Storia dei Valdesi, S. 249.

---

[1] Unter den Reformierten des 16./17. Jahrhunderts bezeichnete man mit dem Bild von der sündhaften Macht Babylons – Offenbarung 18 – die römisch-katholische Kirche.

Dritter Teil

DAS GETTO IN DEN ALPEN
(1700 – 1848)

I.

DAS GETTO ENTSTEHT

Der Tragödie letzter Akt

Der Konflikt zwischen Wilhelm von Oranien und Ludwig XIV. ist letztlich der Konflikt zwischen dem Bürgertum und der absoluten Monarchie. Unter gewissen Aspekten ist es auch noch ein Religionskrieg zwischen dem Protestantismus, verkörpert durch die englisch-holländischen Kaufleute, und dem Katholizismus des französischen Adels. Die französische Niederlage ist deshalb die Niederlage der Gegenreformation, der Jesuiten, des berühmten streitbaren Bischofs Bossuet. Was als große katholische Offensive angelegt sein mochte, war an den Klippen von Dover zusammengebrochen.

Dieser Krieg ist aber auch der letzte Konflikt, in dem die Religion sich ganz eng mit der Politik verband. Nach dem Frieden von Utrecht (1713) sind die religiösen Leidenschaften erloschen. Auch wenn die Frömmigkeit weiterlebt, so schlägt man sich nicht mehr um ein »Glaubensbekenntnis«. Die Toleranz wird zur Tugend, und die menschliche Vernunft ist als Geleit durchs Leben neben die Bibel getreten. Als Wilhelm III. von England im Jahre 1702 als letzter der protestantischen Staatslenker stirbt, tut sich ein neues Jahrhundert auf, dessen Merkmale der Skeptizismus der Philosophen und die Nüchternheit der Kaufleute sind.

Für unsere Geschichte bedeutet das einen radikalen Wechsel. Piemont schüttelt den französischen Einfluß ab und begibt sich in den englischen Einflußbereich. Es hat damit eine politische und kulturelle Entscheidung getroffen. Es hat sich für den protestantischen bürgerlichen Merkantilismus und gegen den mittelalterlichen katholischen Absolutismus entschieden. Es hat eine neue, nicht mehr umkehrbare Marschrichtung eingeschlagen. Das bedeutet, daß die protestantische Welt im Süden der Alpen in eine weniger leidvolle Geschichtsperiode eintritt und nicht mehr Gefahr läuft, zu zerfallen. Die Gefahr einer Unterdrückungsaktion ist damit keineswegs verschwunden. Die Edikte der Jahre 1690–

1694 sind von den protestantischen Mächten diktiert und beschützen die Waldenser, aber nur in den alten Grenzen, und lassen das Problem der französischen Territorien ungelöst.

Andererseits verliert die waldensische Seite im Klima der Entspannung, die auf die Religionskämpfe folgt, an Bedeutung. Sie ist nicht mehr die vorderste Linie einer Kampffront, sondern nur noch eine »Enklave«, ein protestantisches Inselchen auf katholischem Boden.

Es ist kein Zufall, daß gerade in diesem Augenblick der Demobilisierung der letzte Akt des tragischen Schicksals in Piemont beginnt. Was jahrzehntelanges Kriegsgeschehen nicht fertig brachte, bringt die Staatsräson in Savoyen jetzt fertig. In wenig mehr als zwanzig Jahren verliert die protestantische Welt in Piemont mehr als fünfzig Prozent ihres Territoriums und ungefähr sechzig Prozent ihrer Bevölkerung.

Es begann mit dem Perosa-Tal, das militärisch von den Piemontesen besetzt war und über das Viktor Amadeus II. im Frieden von Ryswyck (1697) zusammen mit Pinerolo die Herrschaftsrechte erhielt. In einem Edikt aus dem folgenden Jahr (1. 7. 1698) ordnet er die Vertreibung aller französischen Untertanen aus den savoyischen Territorien an, die dort im Lauf der Zeit ihren Wohnsitz genommen hatten. Diese repressive Maßnahme trifft nicht nur die Reformierten in den erst vor kurzem annektierten Territorien, sondern auch die Reformierten besonders im Pragelato-Tal, die sich nach dem Widerruf des Edikts von Nantes in die Täler geflüchtet hatten. So werden nicht weniger als 3 000 Personen davon betroffen und sieben von den dreizehn Waldenserpastoren, darunter auch Henri Arnaud.

Der Weg in die Verbannung verlief für diese Reformierten weniger tragisch, war aber ebenso schmerzlich wie im Jahr 1686. Zunächst in die Schweizer Kantone aufgenommen, wurden sie dann endgültig auf deutschem Territorium untergebracht. In diesem für sie notvollen Augenblick fanden die reformierten Flüchtlinge in dem Gesandten der Niederlande, Pieter Valkenier, einen tatkräftigen Helfer, der nicht nur politisch zu ihren Gunsten intervenierte, sondern der sich darüber hinaus sehr darum bemühte, in seinem Heimatland die für ihre Unterbringung notwendigen Geldmittel flüssig zu machen.

Wie schon bei der vorhergehenden Verbannung versuchten die Waldenser, geschlossen unterzukommen und einheitliche Gemeinden zu bilden. Oft jedoch taten sie sich mit anderen reformierten Flüchtlingen hugenottischer Herkunft zusammen, veranlaßt durch ihre glaubensmäßige und sprachliche Verwandtschaft.

Von den 3 000 Flüchtlingen fand ein großer Teil Unterkunft in Württemberg. Im Raum Wiernsheim entstand Pinache, eine der bedeutendsten und aktivsten Gemeinden mit 117 Familien, die dort noch lange am Gebrauch ihrer heimatlichen Mundart festhielten. Etwas weiter nördlich davon wird dann in der Folgezeit Luserna (das heutige Wurmberg) entstehen. Im Raum Dürrmenz entstehen durch eine Gruppe von 115 Familien und etwa 90 später Hinzugekommene an den Ufern der Enz die beiden Dörfer Corres und Sengach. In Dürrmenz erhalten die Waldenser Niederlassungsrecht. Eine Straße, die »Welschstraße« (die Straße der Welschen), hat nach ihnen ihren Namen. Auch in Mühlacker ließen sich einige Familien nieder, und Henri Arnaud bekam dort ein Haus. Er wohnte jedoch in der Kolonie Schönenberg, wo er 1721 starb und eine Grabstätte in der kleinen Dorfkirche fand.

Im Oberamt Maulbronn ließen sich 300 Familien nieder. Dort entstanden die Kolonien Kleinvillars und das zahlenmäßig größere Großvillars. 1701 entstanden die beiden Kolonien Palmbach und Untermutschelbach.

Andere Flüchtlinge, hauptsächlich aus Usseaux, Mentoulles und Fenestrelle, die in der Zwischenzeit das Pragelato-Tal verlassen hatten, um den katholischen Unterdrückungsmaßnahmen zu entgehen, gründen bei Heilbronn das Dorf Nordhausen, welches wohl die einheitlichste Waldensergemeinde war. Dies geschah im Jahre 1700. Im gleichen Jahr gründen etwa hundert Leute aus Bourset und Villaretto die Gemeinde Neuhengstett.

Zahlreiche Flüchtlinge begaben sich nach Hessen, das schon bei der Verbannung 1686 viele Waldenser aufgenommen hatte. Der Landgraf Ernst Ludwig nahm sie gern auf, und sie siedelten sich in verschiedenen Gebieten seines Territoriums an. So entstanden durch die Flüchtlinge aus Mentoulles die Gemeinden Walldorf und Waldensberg auf dem Gebiet des Grafen Karl v. Isenburg, ferner Dornholzhausen, eine der ärmsten Gemeinden, auf dem Territorium des Landgrafen Friedrich von Hessen-Homburg. In anderen Kolonien war das Einleben erheblich schwerer. Die Leute verließen die angewiesenen Wohnsitze wieder und machten sich auf die Suche nach besserer Unterbringung. Durch sie entstanden gegen 1700 die drei Zentren Rohrbach, Wembach und Hahn.

Die ersten Unterbringungen waren bei weitem nicht endgültig. Viele Verbannte träumten weiterhin von einer Rückkehr in die alte Heimat, wie sie bei der früheren Verbannung von 1686 Wirklichkeit geworden war. Ganze Familien, die mit den Schwierigkeiten nicht zu Rande kamen und vom Heimweh geplagt wurden, versuchten die Heimkehr und zogen »unstet und flüchtig« durch das Land. Valkenier mußte ihnen lange und mühevoll zureden, um die Flüchtlinge dazu zu bringen, endgültig seßhaft zu werden. Wer die Rückkehr nach Piemont geschafft hatte, wurde dort zum Abschwören gezwungen.

Innerhalb der waldensischen Welt gehen die Wanderungsströme aus wirtschaftlichen Gründen weiter. Außer dem schon erwähnten Aufbruch aus Hessen, wo sie auf der Gemarkung Mörfelden untergekommen waren, machten sich 1701 die Waldenser in Richtung Württemberg nach Palmbach auf den Weg. Das zog sich ein ganzes Jahrhundert hin. 1720 wandern Waldenser von Baden nach Hessen und gründen Todenhausen. Dreißig Jahre später macht sich ein Teil von diesen Leuten zusammen mit Hugenotten auf die Wanderung und gründet Wiesenfeld. Eine württembergische Gruppe versucht ihr Glück in Berlin. Aus Mangel an Grund und Boden dringen sie bis nach Fredericia im dänischen Südjütland vor. Von dort kehren sie dann nach Hannover zurück und weiter nach Hessen, wo sie endlich 1722 in den Orten, die sie Gewissensruh und Gottstreu nannten, an der Oberweser zur Ruhe kamen.

Trotz aller Vermittlungen der unteren Regierungsämter und der tatkräftigen Hilfeleistungen der protestantischen Mächte, vor allem Englands und der Niederlande, gestaltete sich das Leben der Einwanderer anfangs recht schwierig. Das Land, das ihnen zugewiesen wurde, war größtenteils unbebaut und wenig ertragreich. Sie mußten sich Wohnungen schaffen, Saatgut und Acker-

geräte anschaffen und nicht zuletzt sich an das ganz andere
Klima in Deutschland gewöhnen. An das einfache, schwere Leben in den Bergen gewohnt, gelang ihnen sehr bald ein eigenständiges Leben. In Schönenberg betrieben sie den Anbau von
Maulbeerbäumen (das Dorf nannten sie »Les Mûriers« = die
Maulbeerbäume). Der Versuch mißglückte. Besser gelang ihnen
der Anbau von Kartoffeln, die zu ihrer täglichen Nahrung gehörten, aber in Württemberg nur wenig bekannt und als giftig verboten waren!

Die Ansiedlung der verbannten Waldenser war in Hessen leichter als in Württemberg. Landgraf Ernst Ludwig erließ im April
1699 Patente, die die Unterbringung und Ansiedlung der Waldenser regelten und wenig später vom württembergischen Herzog Eberhard Ludwig aufgegriffen wurden. Dieser hatte zunächst
lange damit gezögert, den waldensischen Bitten stattzugeben.
Sein Staatsrat war sehr zurückhaltend aus Furcht vor etwaigen
Drohungen Ludwigs XIV. von Frankreich und in Anbetracht der
notvollen Lage der Verbannten. Die protestantischen Länder üb-
ten einen merklichen Druck zugunsten der Waldenser aus: Holland, Brandenburg und England intervenierten, damit auf diplomatischem Wege und in wirtschaftlicher Hinsicht erhebliche
Mittel aufgewendet wurden.

Dieses Band zwischen dem protestantischen Europa und den
Waldensern bestand noch lange Zeit. Es darf an die Situation der
ganz armen Gemeinde Dornholzhausen erinnert werden. Als
Friedrich Joseph von Hessen-Homburg sich nach London begibt,
um 1818 Elisabeth, die Schwester Georgs IV., zu ehelichen,
kommt dem englischen Souverän die traurige, bedrängte Lage
dieser Gemeinde zur Kenntnis. Und der Hesse bekommt ein Geschenk in Höhe von 500 Sterling, von deren Zinsen die für das
Gemeindeleben nötigen Gelder abzuheben sind.

Die vom Herzog von Württemberg für die Waldenser erlassenen
Patente bestanden aus siebzehn Artikeln. Darin wurde den
Flüchtlingen zugestanden, ihre Gottesdienste unbehindert gemäß
ihrer Lehre in französischer Sprache abzuhalten. Sie dürfen sich
mit eigenen Synoden organisieren, Pfarrämter mit Ältesten und
Diakonen einrichten, eigene Pastoren und frei gewählte Lehrer
jeglicher Herkunft halten. Sie leisten dem Landgrafen den Treu-

177

eid, und dieser entsendet zur Synode einen Vertreter des Staates. Für ihre Gerichtsbarkeit sollen sie eigene Gerichte mit gewählten und vom Landgrafen bestätigten Richtern und eigener Polizei haben. Alle öffentlichen Ämter und Schulen stehen ihnen offen. Frei von jeder Form der Leibeigenschaft sind sie direkt dem Souverän unterstellt. Für die Dauer von 10 Jahren sind sie von Steuern und Abgaben befreit.

Der Inhalt der 33 Artikel zugunsten der Waldenser in Hessen ist derselbe, die Sprache ist jedoch verständnisvoller und die Zugeständnisse sind ein wenig großzügiger im Blick auf Steuernachlässe, den seelsorgerlichen Besuch der Gläubigen durch ihre Pastoren im gesamten Staatsgebiet, auch im Blick auf das Recht, Waffen zu tragen und im Falle eines Krieges eigene Truppenkontingente aufzustellen. Sie brauchten außerdem ihre Waffen nicht in fremdem Sold außerhalb des eigenen Territoriums einzusetzen.

Anlaß zu Schwierigkeiten gab es auf religiösem Gebiet. Die lutherischen Theologen gerade in Württemberg waren von der Gegenwart dieser reformierten Gruppen gar nicht sehr angetan. In Hessen war schon während der Verbannung im Jahre 1686 die Fakultät in Gießen um ihre Stellungnahme angegangen worden. Sie hatte sich positiv geäußert, sofern die Waldenser sich jeglicher Polemik enthielten und den Fürsten als Landesbischof anerkannten. In Württemberg war die Situation schwieriger. Hier bedurfte es mehrerer Sitzungen des Staatsrates und eines langen Gesprächs mit Henri Arnaud über die Geschichte und die Lehre der Waldenserkirche. Arnaud hatte seine Kirche als eine evangelische Gemeinschaft dargestellt und dahingehend präzisiert, daß es sich bei ihr um eine Gemeinschaft handle, die schon vor der Reformation existiert habe und allein auf der Bibel gründe. Sie habe deshalb ihr auch von den Reformierten unabhängiges Eigenleben geführt. Mit diesem Hinweis auf ihre historische Vergangenheit beabsichtigten die Waldenser, sich aus den konfessionellen Konflikten herauszuhalten und ihre ausschließliche Treue zum Evangelium zu bekräftigen.

Im Rahmen der oben dargestellten Konzessionen organisierten die Waldenser ihr kirchliches Leben in zwei unterschiedlichen Generalsynoden in Hessen und Württemberg. Die erste Synode

178

in Hessen wurde noch im Jahre 1699 abgehalten; in Württemberg dagegen fand die erste Synode unter Arnauds Leitung erst 1701 statt. In Hessen gab es nur noch eine weitere Synode, während die Synoden in Württemberg bis 1769 weiterdauerten. Die allgemeine Organisation der Kirche war nach waldensischem Muster: ein Moderator, ein Vizemoderator und ein Sekretär. Die benötigten Pastoren zu finden, war das notvolle Problem der Gemeinden. Sie mußten reformierten Bekenntnisses sein, französisch sprechen und sich mit einem so bescheidenen Gehalt zufriedengeben, daß sie oft vor der Unmöglichkeit standen, eine Familie zu versorgen.

Für mehr als ein Jahrhundert lebten die Waldenserkolonien als kleine Inseln mit eigener Lebensordnung, mit Schulen und Kirchen. Ihre Blicke galten weniger der neuen Heimat; sie gingen immer wieder zurück in die alte piemontesische Heimat, mit der sie durch die Erinnerung verbunden waren, auch wenn keine organisatorischen Bindungen mehr bestanden. Sie benutzten die französische Sprache für Gottesdienst und Unterricht, ihren Dialekt jedoch für das alltägliche Leben – im übrigen einen Dialekt, der nicht, wie man oft meint, eine Mischung aus Französisch und Italienisch ist, sondern eine eigene Sprache, die sich aus dem alten Okzitanisch ableitet, wie alle heutigen waldensischen Dialekte. Okzitanien ist eine alte Bezeichnung für das Languedoc.

Mit der Französischen Revolution und den napoleonischen Kriegen kam es zur Krise, vor allem durch äußere Anlässe: 1804 versiegten die englischen Geldquellen. Die Gemeinden sahen sich vor die Notwendigkeit gestellt, große Ausgaben für Gottesdienst und kirchlichen Unterricht auf sich zu nehmen. Die inneren Motive waren noch gewichtiger: Die deutsche Sprache verbreitete sich immer mehr unter der jungen Generation; das kulturelle Klima des neuen Jahrhunderts war sehr viel nationalistischer. Mehr als die Anordnungen der neuen lutherischen Fürsten von Württemberg nach 1797 trug die Situation selbst zur fortschreitenden Integration der Waldensergemeinden in die Landeskirche bei.

Seit 1808 mußten die Zivilstandsregister in deutscher Sprache geführt werden. Die Lehrer wurden zum Gebrauch der deutschen Sprache in den Schulen angehalten. 1821 stellt die Regierung 12 000 Gulden für diejenigen Gemeinden zur Verfügung, die auf

179

ihr Ernennungsrecht der Pastoren und Lehrer verzichteten und sich in die lutherische Kirche integrierten. Der Widerstand der älteren Generation, die sehr stark an die Tradition gebunden war, wird allmählich überwunden. Immer mehr deutschsprachige Pastoren sind lutherischen Bekenntnisses. 1823 findet die letzte waldensische Synode statt. In Hessen bleibt die Tradition länger erhalten. Zu Beginn des 19. Jahrhunderts wurde in Dornholzhausen der Gottesdienst noch in französischer Sprache abgehalten.

In unserem Jahrhundert bricht ein neues Interesse für die eigene Geschichte in den waldensischen Gemeinden auf. 1936 wird die »Deutsche Waldenservereinigung« mit Sitz in Schönenberg gegründet, wo Arnauds Haus als Museum eingerichtet wurde. Diese Vereinigung gibt seither etwa vierteljährlich ein Informationsblatt »Der Deutsche Waldenser« heraus mit dem Ziel, die Verbindung der einzelnen Gemeinden untereinander und mit den Waldensergemeinden in Italien aufrecht zu erhalten.

HAUPTKOLONIEN DER WALDENSER IN DEUTSCHLAND,
DIE IM SEPTEMBER 1699 ENTSTANDEN:

In Württemberg:
Dürrmenz mit den Ortsteilen Welschdorf, Queyras (heute Corres), Sengach und Les Mûriers (heute Schönenberg) – gegründet von 421 Waldensern aus dem Pellice- und Queyras-Tal. Die genannten Kolonien gruppieren sich um die Stadt Mühlacker zwischen Karlsruhe und Stuttgart.
Großvillars, Kleinvillars, Diefenbach, gegründet von 365 Waldensern aus dem Perosa-Tal (östlich von Bretten gelegen).
Gochsheim, gegründet 1698 von Waldensern aus dem Perosa-Tal (im Osten von Bruchsal).
Pinache, gegründet von 535 Waldensern aus Pinasca und Dubbione (zwischen Pforzheim und Vaihingen).
Perouse mit dem Ortsteil Serres, gegründet von 247 Waldensern aus dem Perosa-Tal (an der A 8, Ausfahrt Heimsheim).
Wurmberg (ehemals Luserna) mit dem Ortsteil Neubärental, gegründet von Waldensern aus dem Luserna-Tal (östlich von Pforzheim).
Canstadt, gegründet von Hugenotten und Waldensern (heute Stadtteil von Stuttgart).
In den folgenden Jahren entstanden durch weitere Zuwanderung und Ortsveränderung durch Waldenser in Württemberg folgende Kolonien:
Palmbach (ehemals La Balme) mit dem Ortsteil Untermutschelbach, gegründet von 23 Familien aus dem mittleren Chisonetal, die aus Mörfelden kamen – seit 1806 zu Baden gehörig (eigene Ausfahrt A 8).
Neuhengstett (ehemals Bourset), gegründet 1700 durch Waldenser aus dem Chisone-Tag (bei Calw).

Nordhausen (ehemals Mentoule), gegründet 1700 von 203 Waldensern aus Mentoule und Fenestrelle (südwestlich von Heilbronn).

In Baden:
Pforzheim, gegründet von Hugenotten und Waldensern (an der A 8).
Neureut (ehemals Welschneureuth) mit den Ortsteilen Mühlburg und Friedrichstal, gegründet von Hugenotten und Waldensern (nördlich und westlich von Karlsruhe).

In Hessen-Darmstadt:
Rohrbach (ehemals Roure), Wembach, Hahn, gegründet von 426 Waldensern aus dem mittleren Chisone-Tal, die anfänglich in Arheiligen bei Darmstadt wohnten (im Südosten von Darmstadt).
Pragelas, gegründet von Waldensern aus dem Pragelato-Tal, in Raunheim und Rüsselsheim. Diese Gemeinde löste sich bald auf und vereinigte sich mit der vorgenannten (südlich vom Mönchhofdreieck A 16).
Mörfelden mit den Ortsteilen Gundhof und Neukelsterbach, gegründet von Waldensern aus dem Chisone-Tal, die nach ihrem Zusammenschluß das neue Dorf Walldorf bauten, zuerst gegen 1717 erwähnt, damals wahrscheinlich Wald-Dorf = Dorf der Waldenser (an der A 10, Ausfahrt Langen).
Mentoule, aus Neu-Isenburg und Wächtersbach zusammengeschlossene Gemeinde.

In Hessen-Homburg:
Zwei Kolonien gab es seit 1686 mit Waldensern aus dem Chisone- und dem Pragelato-Tal, zusammen mit Hugenottengruppen:
Friedrichsdorf und Daubhausen-Greifental. Dazu kam 1699 Dornholzhausen, gegründet von 40 Waldenserfamilien (westlich von Homburg vor der Höhe).
Waldensberg, gegründet von 114 Waldensern (nördlich von Gelnhausen).

In Hessen-Schaumburg:
Zwischen 1687 und 1695 wurden von Waldensern aus dem Chisone- und dem Pragelato-Tal drei Kolonien gegründet:
Charlottenberg-Holzappel (westlich Limburg/Lahn).
Schwabendorf-Hertingshausen, zu denen 1699 einige benachbarte Gruppen hinzukamen (nördlich von Marburg).

In Hessen-Kassel:
Hofgeismar, gegründet von Waldensern aus dem Chisone- und dem Pragelato-Tal.
Die folgenden Kolonien wurden zwischen 1701 und 1722 gegründet durch Waldenser, die vor allem aus Württemberg kamen wegen der kärglichen Hilfsquellen:
Frankenhain (1701), Gottstreu und Gethsemane (hat nichts mit dem Garten Gethsemane zu tun, sondern ist aus »Götzmannshöhe« entstanden), St. Ottilien (1709), Gewissensruh (1722) – sämtliche nördlich von Kassel und an der Oberweser zwischen Höxter und Hann. Münden.

Das Verzeichnis der Waldenserkolonien in Deutschland ist mit Genehmigung der Società di Studi Valdesi vom 1. März 1980 der Festschrift zum 17. 2. 1949, verfaßt von Prof. Dr. Cav. Attilio Jalla, entnommen und erhebt nicht den Anspruch auf Vollständigkeit. – Irrtum bleibt vorbehalten.

Das Getto

Vierzig Jahre nach ihrer Heimkehr leben die Waldenser wie in einem kleine Getto in den piemontesischen Bergen, das abgeschieden und selbstgenügsam am Rande des gesellschaftlichen Lebens existiert, vergleichbar den jüdischen Gettos in den europäischen Städten. Eine kleine, aber nicht unterentwickelte Welt am Rande. Ihr eigen ist die typische Zerbrechlichkeit des Gettos (eine Zeit der Not, eine Überschwemmung genügen, um die schwache ökonomische Ordnung auf den Kopf zu stellen), aber diese eingeschlossene Welt hat auch ihre Lebenskraft.

Und diese Kraft brauchen die Waldenser, um ihre Welt wieder aufzubauen, die Kriege, Verbannung und Verschleppung zu einer Wüstenei gemacht haben. Familien sind neu zu gründen, Dörfer wieder aufzubauen, Felder sind erneut der Überwucherung durch den Wald zu entreißen. Über diese geduldige, hartnäckige, zivilisatorische Arbeit besitzen wir wenige, aber faszinierende Dokumente: die wunderbaren handgeschriebenen und handillustrierten, mit Temperazeichnungen ausgestatteten Grundbücher, die einige Gemeinden noch in ihren Archiven aufbewahren.

Zum Wiederaufbau braucht man Kraft, zum Überleben braucht man Ideale. Und noch einmal wird der reformierte Glaube die Ideale und die Haltung vermitteln – eben all das, was das Getto zum Überleben braucht.

Die Waldenser des 18. Jahrhunderts sind gewiß sehr verschieden von den Varaglia und Gianavello. Sie fühlen sich nicht mehr verpflichtet, eine neue Kultur zu schaffen, noch erleben sie ihren Glauben wie eine ethisch-politische Leidenschaft. Sie bestellen ihre Äcker planmäßig und haben ihre Freuden an einem Kartenspiel in der Kneipe oder am Scheibenschießen am »taulas«, an der Bretterwand. Sie haben einen gesunden Menschenverstand und sind anspruchslos. Die jungen Romantiker des 19. Jahrhunderts sind mit diesen Waldensern im Getto sehr streng ins Gericht gegangen. Sie haben ihnen vorgeworfen, keinen rechten Glauben zu haben: »Ihre Frömmigkeit war rein äußerlich ohne innere Wärme; sie waren Christen nur aus Tradition, ohne Überzeugung.« Vom geistlichen Gesichtspunkt mag dieses Urteil einige

Körnlein Wahrheit enthalten, historisch gesehen ist es nicht exakt.

Im Piemont Karl Emanuels III. ist einer Katholik oder »Bekenner« (d. h. der reformierten Religion), nicht damit er eine persönliche religiöse Überzeugung habe, sondern einfach deswegen, weil er entweder zur katholischen oder zur waldensischen Welt gehört. Der Rechtsstand, wir könnten auch sagen, das Personenstandsregister macht die Religion, nicht die persönliche Entscheidung eines Menschen. So ist das uneheliche Kind eines waldensischen Mädchens kein Religionsbekenner, sondern ein Katholik und muß ihr deshalb weggenommen werden, um in der Religion des Königreichs erzogen zu werden. Das Religionsbekenntnis wird so nicht zu einer Frage der Lehre oder des Lebens, sondern des Personenstandsregisters, eine gesellschaftliche Tatsache. Das kleine waldensische Getto findet seine Prägung nicht mehr in Predigten oder Kämpfen, sondern in einem Lebensstil, den wir als eine »Kultur« bezeichnen können.

Die damaligen Synoden bleiben Mittelpunkt des kirchlichen Lebens. Wer aber heute die Synodalprotokolle liest, gewinnt nicht den Eindruck großer Debatten oder theologischer Leidenschaften – es ist vielmehr eine kluge Verwaltung eines Kapitals an protestantischer Kultur im Interesse der Gemeinden.

Nehmen wir eine Synode heraus: San Germano 1745.

In Gegenwart natürlich des kgl. Delegierten, in diesem Fall des Giacinto Bernardino Castelli, Intendant Sr. Majestät für die Provinz Pinerolo, findet die Synode am 24. und 25. Februar statt. Hauptmann Jean Freyrie, genannt »la Plume«, fordert seinen Lohn für seine im Pfarrhaus von Maniglia ausgeführten Arbeiten. Bartolomeo Appia erbittet eine Studienbeihilfe für seinen Sohn in Holland. Pastor und Älteste werden aufgefordert, darüber zu wachen, daß man den Ruhetag nicht mit Spiel und Ausgelassenheit entheiligt, und der Moderator wird daran erinnert, daß er »alle Papiere, die unsere Gemeinde betreffen«, sorgfältig aufzubewahren habe. Nachdrücklich wird auf die Einhaltung des Verbotes von Hochzeiten oder Verlobungen am Sonnabend hingewiesen. Es wird festgestellt, daß die Feldgeistlichen, die »mit den waldensischen Truppen marschieren«, ihr Amt nur für die Zeit von sechs Wochen haben. Die Herren Goante und

Arnaud legen Berufung ein, weil im Gotteshaus ihre Familien-
bank weggestellt wurde. Für die Gemeinde Angrogna wird ein
Pastor angewiesen. Die Synode wird beendet mit der Festlegung,
daß am ersten Aprilsonntag »ein Danktag sein soll für den
Segen, der den Waffen Sr. Majestät, Unseres Souveräns, gewährt
wurde, und ein Fasttag, um den Segen des Himmels für die königlichen Armeen zu erhalten und den Zorn des Himmels zu ver-
söhnen, der gerechterweise über unsere Sünden entflammt ist.«
Das alles ist gewiß bescheiden für eine christliche Gemeinde;
aber eine Gemeinde von »Religionsbekennern« konnte und
mußte es tun, um zu überleben. Und dasselbe Schema wieder-
holt sich jedesmal in den kleinen Gettogemeinden. Die kleine
waldensische Intelligenzschicht versammelt sich, um ihre An-
gelegenheiten zu verhandeln; ein Dutzend Pastoren, 18 bis 20
Deputierte, die Ältesten, Grill und Frache, Bürgermeister Travers...
In diesem Gesamtbild versehen die Pastoren nicht nur religiöse
Dienste, sondern sie sind das Rückgrat der waldensischen Ge-
sellschaftsstruktur. Sie sind Berater und Verwaltungsleute, Hüter
der Sitte. Wenn dann am Abend der Pastor seine Kuh gemolken
hat, sich in seinem Bergdörflein in seine Studierstube zurückzieht
und schließlich zur Feder greift, um an seine Bekannten und
Freunde in Genf oder Leiden zu schreiben, so entledigt er sich
nicht nur einer privaten Verpflichtung, sondern er kommt einer
moralischen Pflicht nach. Er hält auf diese Weise den freien
Ideenaustausch aufrecht, den die waldensische Kultur zum Überleben immer von neuem braucht.
Es ist also nur natürlich, daß dem Amt des Vorsitzes in der
Synode, der Tavola, die sich aus drei Pastoren und dem Präsi-
denten, dem Moderator, an der Spitze zusammensetzt, wachsende Bedeutung zukommt. Sie tragen schließlich die Verantwortung für das einfache Volk. Sie verwalten die Hilfsgelder,
kontrollieren die Arbeit in den Schulen, die Rechtgläubigkeit der
Predigt, die Studien der Kandidaten im Ausland und halten Kontakt zu den europäischen Kirchen.
Diese Situation ist bei weitem nicht starr und unbeweglich. Auch
wenn es kein Kampfes-, sondern ein Konfrontationsklima ist, so
ist die Spannung zwischen dem Königreich Sardinien und dem

kleinen waldensischen Getto nicht weniger lebhaft und tief-
gehend, als es zur Zeit der Religionskriege war. Wenn auch die
Ausdrucksformen vielleicht weniger stürmisch sind, so sind die
Leidenschaften kaum geringer. Die Wirklichkeit der italienischen
Welt in den Salons, bei den gebildeten Mönchen und unter den
ärmlichen Volksmassen ist unvereinbar mit dem harten Leben
des Bergbauern von Bobbio und des Pastors Peyran. Die eine
Welt fußt auf dem Gehorsam der Diener, die Welt des Berg-
bauern auf der individuellen Verantwortung.
Der Krieg wird mit kulturellen Waffen geführt: mit Büchern,
Schulen und finanziellen Studienhilfen aus der protestantischen
Welt. Hinter Pomaretto und Prarostino stehen noch London,
Amsterdam und Genf.
Es ist ein unblutiger Krieg, der geführt wird wie eine Schachpar-
tie am Spieltisch mit Berechnung und Geduld, bei dem der
savoyische Hof auf Schachmatt zielt, d. h. auf bedingungslose
Übergabe des Gettos. Auf jeden savoyischen Zug folgt aber
immer ein Gegenzug, der das Spiel in Gang hält.
1730 werden alle Edikte gegen die Waldenser gesammelt, ein
juristisches Denkmal religiöser Diskriminierung ohnegleichen.
Die Waldenser werden in einem engen Netz von Verboten gefan-
gengehalten. Darin sollen sie ersticken. Aber noch sind keine
fünf Jahre vergangen, da gründen die hugenottischen Gemeinden
in Holland das Wallonische Komitee zur Sammlung von Geld-
mitteln, um Schulgründungen großen Stils durchzuführen, um
die Bildung des Volkes in den Waldensertälern voranzutreiben.
Bei der Beerdigung eines Waldensers dürfen, wie das Gesetz es
befiehlt, nur sechs Religionsbekenner dabei sein! Sei es drum,
aber sie werden lesen lernen!
1739 wird das »Königliche Darlehenswerk zugunsten der Katholiken und Katholischgewordenen in den konfessionell gemisch-
ten Tälern« gegründet mit dem Ziel, Äcker zu erwerben, die den
Waldensern gehörten, um so deren wirtschaftliche Geschlossen-
heit zu bedrohen. 1743 wird in Pinerolo der großartige Bau eingeweiht, den Vittone, ein Schüler von Juvara, errichtet hatte.
Hierin erhält das »Hospiz für Katechumenen« seinen Sitz, um
abschwörende Waldenser für die katholische Religion umzu-
erziehen. Das gesetzliche Mindestalter ist für Knaben auf 14, für

185

Mädchen auf 12 Jahre festgesetzt. Hier geschehen Gesetzwidrigkeiten aller Art.

1748 wird das Bistum Pinerolo zur Überwachung der Katholiken und der Religionsbekenner gegründet. Es ist wie ein Festungsbau Vaubans im französischen Militärsystem, wie der Turm auf dem Schachbrett. Die katholische Offensive beginnt mit dem Bau neuer Kirchen, der Schaffung neuer Pfarreien im Innern des waldensischen Territoriums. Das alles sind Maßnahmen zur Überwachung. Ein Pfarrer, der eine Messe liest, auch wenn nur ein Mensch daran teilnimmt – mit solchen Realitäten muß man rechnen, erst recht, wenn dahinter Gesetze stehen, welche die Mehrheit der Katholiken in Gemeinderäten und einen Katholiken im Amt des Bürgermeisters zwingend verlangen, auch wenn die Katholiken in der Bevölkerung in der Minderheit sind.

Das Wallonische Komitee antwortet darauf mit dem Plan der »Lateinschule«, einem höheren Lehrinstitut für mittlere Reife, die es den waldensischen Knaben erlaubt, sich mit den klassischen Sprachen vertraut zu machen, ehe sie ihre Studien im Ausland beginnen.

Tourn-Boncœur und der Sekretär Voltaires

Schauen wir uns diese Männer aus dem waldensischen Getto einmal etwas näher an! Bis jetzt waren sie Bauern gewesen und bleiben es, die ihre abschüssigen Berghänge terrassieren, um ihre größer werdenden Familien ernähren zu können. Einziger Ausweg, der ihnen bleibt, ist die Auswanderung, jahreszeitlich hinunter in die Ebene, für immer in die Armee. Eine Art kämpferische Tradition, genährt durch die Ereignisse des ausgehenden 17. Jahrhunderts, treibt sie zum Waffenhandwerk. Sie sind die Söhne der »Banditen«, der Gebannten mit ihren kämpferischen Namen »La Liberté«, »Sans-Chagrin«, »La Rose«, »Boncœur« (wie es jener Tourn seinen Kindern als Erbe im Familiennamen Tourn-Boncœur zurückließ) in schwarzen Ledergamaschen und grünem Mantel, Tamboure und Fouriere, aber niemals Offiziere. Das verbietet ihre Religion. Die Kriege des Jahrhunderts sehen sie sterben als die Tapferen bei Madonna dell'Olmo in der Ebene

186

von Cuneo, auf dem grandiosen Szenarium des Colle dell'Assietta gegen die Franzosen. Meistens aber kehren sie als Veteranen nach Hause zurück, um ihren Gemüsegarten zu pflanzen und mit ihren Erinnerungen die langen Winterabende in den warmen Ställen zu verkürzen.

In einer Gesellschaftsgruppe, die ihren Kampf auf kultureller Ebene führt, wie eben die waldensische es war, nimmt die Intelligenz einen Platz von allergrößter Wichtigkeit ein. Ein Dutzend Pastoren, ein paar Notare und einige Lehrer stellen die Führungsschicht dieser kleinen Welt dar. Wie im Rom der Republik rekrutieren sie sich aus ein paar Familien, die in der zweiten Hälfte des Jahrhunderts ein winzig kleines Bürgertum bilden werden.

Sie scheinen alle gleich, diese Männer in langem, weiten Überrock und schwarzen Strümpfen. Sie gleichen sich im Geschmack, in ihrer Herkunft und Karriere. Sie sind zuerst Schüler auf der Lateinschule, dann Studenten in Holland oder in der Schweiz zur Beendigung der Studien, um schließlich »Diener am Wort« zu sein in Prali oder in Bobbio Pellice, verheiratet mit einer Ausländerin, die eine kleine Barschaft mitbringt, ein Spinett und viele Beziehungen zur europäischen Welt. Das gilt für die Pastoren. Für die anderen bleiben die Literatur, das Recht oder der weite Weg des Hauslehrers durch ganz Europa.

Die Waldensergemeinden werden im 18. Jahrhundert jahrzehntelang von diesen Amtsträgern ordentlich und redlich geführt. Die Zeiten eines Léger und Arnaud sind vorbei. Für das Leben im Getto bedarf es jetzt nicht mehr der großen Persönlichkeit, sondern leistungsfähiger Gemeindekreise.

Es mangelt in dieser kleinen Welt nicht an interessanten Gestalten, an originellen, einmaligen Charaktertypen wie etwa jenem Brez, der 1798 mit 27 Jahren als Pastor in Holland starb, korrespondierendes Mitglied der Akademien in halb Europa, leidenschaftlich den Naturwissenschaften zugetan und Verfasser einer Geschichte der Waldenser, die wie ein Volksstamm gutmütiger Wilder dargestellt werden, die Gott in Wahrheit anbeten und ein einfaches, heiteres Leben führen. Oder jener Rudolf aus der Dynastie der Peyran, mehrmals Moderator, der ganze Hefte mit Notizen für Arbeiten füllt, die er nie veröffentlichen wird, und der nach volkstümlicher Überlieferung in seiner Jugend Sekretär bei Voltaire gewesen sein soll.

Aus dieser führenden Schicht heraus entsteht allmählich in der zweiten Hälfte des Jahrhunderts ein kleines, handeltreibendes Bürgertum, das den Landbesitz der bankrott gegangenen Adligen zurückkauft, Landgüter anlegt und kleine Industrien schafft. Wer hätte ein Jahrhundert vorher zur Zeit der »Banditen« gedacht, daß ein Waldenser es je erreichen würde, sich auf solch friedliche Weise in die Welt einzufügen?

Das berühmte Ciabas, Symbol des großen Kampfes der Reformation, ist halbverfallen und dient nur mehr als Strohablage; aber wenige Meter davon entfernt steht die Villa der Familie Peyrot, der »Holländer« wegen ihrer Handelsbeziehungen zu den Niederlanden. Und der Waldenser am Ende des Jahrhunderts ist nicht mehr der Kolporteur, der als Märtyrer mit seinen Büchern stirbt, oder der »Bandit« mit den »Instruktionen« Gianavellos im Kittel. Es ist vielmehr der alte Albert Peyrot, der in seinem Lehnstuhl die Fäden der ganzen Dynastie seiner Söhne, Schwiegersöhne und Enkel rings um die Welt von Livorno bis nach Edinburgh in der Hand hält.

Aber dennoch repräsentiert dieses kleine bäuerliche, stille Getto damals in Piemont trotz aller Enge und ein wenig schlaftrunken die Botschaft der protestantischen Reformation: ein Dutzend Pastoren, ein paar Kaufleute und eine Handvoll einfacher Bauern. Und die Reformation bedeutet für diese Leute Freiheit der Forschung, kritische Lektüre, intellektueller Wissensdurst, Bücher, Zeitungen und Debatten. Wenige haben Voltaire und die Enzyklopädisten gelesen, aber alle haben irgendwie die Luft des modernen Europa eingeatmet. Und als die Französische Revolution ausbrach, wunderte sich in den Tälern niemand darüber.

Die Gesetze im Getto (1740)

Bei einer Prozession oder wenn das Allerheiligste vorbeigetragen wird, haben die Häretiker, wo immer der Vorbeizug geschieht, zum Zeichen der Ehrerbietung ihre Kopfbedeckung abzunehmen.

(Edikt vom 25. Juni 1620)

Die angeblich reformierte Religion darf außerhalb der zugelassenen Grenzen nicht ausgeübt werden. Es bleibt den Predigern und Häretikern verboten zu predigen, Versammlungen und andere Amtshandlungen anderswo zu vollziehen oder irgendeiner Person zu assistieren. Es darf auch kein Häretiker außerhalb der zugelassenen Grenzen öffentlich oder privat Unterricht erteilen.

(Edikt vom 25. Februar 1602)

In folgenden Gemeinden werden die Religionsbekenner geduldet. Im Lusernatal: Angrogna, Torre, San Giovanni, Villar, Bobbio und Rorà. Im Tal rechts des Chisone: Inverso Porte, Inverso Pinasca, Pramollo, Pomaretto, San Germano und Chianuviere oder Villar Alto. Im San-Martino-Tal: Riclaretto, Prali, Massello, Salsa, Rodoretto, Traverso, Chiabrano, San Martino, Faetto, Bovile und Perrero. Im Bezirk von San Secondo: Roccapiatta, San Bartolomeo und Prarostino. Es bleibt den Talbewohnern untersagt, in ihren Kirchen etwas anderes als Gottesdienste abzuhalten.

(Edikt vom 20. Februar 1596)

Es bleibt den Religionsbekennern verboten, ihre Verstorbenen auf den Friedhöfen der Katholiken zu beerdigen. Es wird ihnen zugestanden, Friedhöfe an einem anderen Platz außerhalb der Gemarkung und von den öffentlichen Straßen aus nicht sichtbar und auf ihre Kosten anzulegen. Sie dürfen nicht mit Mauern, Zäunen oder in anderer Weise umgeben werden.

(Edikt vom 2. Juli 1618)

Es bleibt ihnen außerdem verboten, ihre Toten mit mehr als sechs Personen zu Grabe zu tragen, und zwar ohne Angriffs- und Verteidigungswaffen.

(Edikt vom 2. Juli 1618)

Die Kinder der Religionsbekenner sollen ihren Eltern nicht weggenommen werden dürfen unter dem Vorwand, die katholische Religion annehmen zu wollen, solange sie minderjährig sind, Knaben bis 12, Mädchen bis 10 Jahre.

(Edikt vom 18. August 1655)

Es ist den Waldensern nicht erlaubt, katholische Frauen zu heiraten, ebenso wenig häretische Frauen katholische Männer, ausgenommen, wenn vom Häretiker das zuverlässige Versprechen abgegeben wird, katholisch zu werden, und es alsbald eingelöst wird.

(Edikt vom 25. Februar 1602)

Es bleibt den Waldensern verboten, Versammlungen oder Synoden abzuhalten oder Gespräche zu führen ohne Genehmigung Sr. Majestät und ohne Teilnahme der von Sr. Majestät dazu abgeordneten Personen.

(Edikt vom 15. Januar 1602)

Die Katholiken der Täler können häretische Tagelöhner und Handlanger in Dienst nehmen und umgekehrt. Sie dürfen jedoch nicht mit ihnen zusammenwohnen oder sie sich für regelmäßige Dienste halten.

(Denkschrift vom 29. März 1602)

Die Religionsbekenner dürfen außerhalb ihrer Grenzen mähen und pflügen gehen. Dabei haben sie sich jeglicher Gespräche über Glaubensfragen zu enthalten. Es ist ihnen ebenfalls verboten, sich gegenseitig mit ihren Anwerbern über religiöse Dinge zu befragen oder auf Fragen in Sachen Religion zu antworten.

(Denkschrift vom 9. April 1603)

Quelle: Kompendium der Erlasse betreffs der Waldenser (1740) bei A. Armand Hugon: Storia dei Valdesi II, S. 236 ff.

190

II.

DIE REVOLUTION

Der Freiheitsbaum

»Der Freiheitsbaum ist vor dem alten Gemeindehaus heute Montag, den 27. Frimaire im 7. Jahr der Französischen Republik und im 1. Jahr der Freiheit Piemonts gepflanzt worden. Gott wolle uns in seiner Gnade dieser wertvollen weltlichen und geistigen Freiheit für würdig befinden, welche unsere Väter als Märtyrer so sehnlich herbeigewünscht haben.«

Man braucht wenig Einbildungskraft, um sich die Freude vorzustellen, die aus den Augen von Pastor Peyran strahlte, als er diese Notiz 1798 in sein Pfarramtsregister in Pramollo niederschrieb. Die Welt des Ancien Régime, gleichbedeutend mit Autoritarismus und Bigotterie, war vergangen. Am Horizont des kleinen waldensischen Gettos leuchtete jetzt das Motto der Revolution: Liberté, Egalité, Fraternité – es war fast wie eine Fahrt um das Kap der Guten Hoffnung.

Für die waldensische Intelligenz handelt es sich einfach darum, ein schon seit Jahrzehnten in Europa gehörtes Reden laut und kräftig zu wiederholen, das Reden von der Freiheit. Für das einfache Volk aber, das um den Freiheitsbaum tanzt und sich zur Nationalgarde meldet, ist die »Freiheit« sehr konkret geworden: Äcker können ohne große Umstände erworben werden, die Kinder können studieren, einen Friedhof gibt es für die Betagten – kurz, die erzwungene Abgeschlossenheit ist zu Ende.

Das savoyische Piemont scheint den Einsatz bei diesem Spiel nicht zu begreifen und betrachtet mit Schrecken die Ereignisse in Frankreich. Die Waldenser hingegen erfassen den Sinn. Jakobiner werden, das bedeutet für sie eine klare Entscheidung: Es heißt, das Neue wählen, das Morgen, und zwar ohne Bedauern. Sie sind gemäßigte Jakobiner, die weiterhin ihre Pflicht als Untertanen in allen Ehren erfüllen, solange der alte Viktor Amadeus III. regiert. Sicher ist jenes Volksfest etwas anderes als die Erstürmung der Bastille, in dessen Verlauf Graf Rorengo gezwungen wird, unter den Klängen witziger Lieder seinen Adelsbrief ins Feuer zu werfen, sondern es ist etwas Neues. Jetzt gibt es keinen »Don Rorengo« mehr. Er ist nur noch der »Bürger Rorengo« wie alle anderen auch.

Nicht gröhlend und in Hemdsärmeln, aber immerhin Jakobiner, ist es kein Zufall, daß in den Tälern die revolutionäre Sache nicht nur eine kleine Elite, Studenten oder Apotheker, wie in anderen Gegenden Italiens erfaßt, sondern das ganze Volk ergreift. Und es ist nur folgerichtig, daß der Moderator, der gute Pietro Geymet, bereit ist, an der provisorischen Regierung in Turin teilzunehmen. Dieser gutmütige, pausbäckige Kirchenmann in seinem meergrünen Gehrock, wie er uns auf dem unter der Erbschaft an die Seinen hinterlassenen Bild erscheint, ist unter einem extremistischen und rationalistischen Regime (man denke nur an Robespierre und die Göttin der Vernunft!) vollkommen auf seinem Posten. Er trifft keine eigenen Entscheidungen, sondern widmet sich in der allgemeinen Politik derselben Entscheidung, die seine Leute getroffen haben.

Kein Wunder daher, daß diese revolutionäre Regierung auf der Flucht vor der österreichisch-russischen Armee als letzte Zuflucht in ganz Piemont das Pellice-Tal wählt. Es ist kein Zufall, daß die Bevölkerung von Bobbio Pellice, geführt von ihrem Pastor, die Reste des zurückflutenden Heeres aufnimmt und die Verwundeten und die Kranken über die Grenze trägt in einer Art »Luftbrücke«, die nicht aus Flugzeugen bestand, sondern aus den Rücken kräftiger Männergestalten.

Mit den Freiwilligen der Nationalgarde und ihren Streifzügen über die Berge zusammen mit ihrem Oberst Marauda (einem Original: Kaufmann und Gelehrter, etwas durchtrieben und verwandt mit den Peyrots) schienen die heroischen Zeiten Arnauds wiedergekehrt zu sein. Die Revolution bestand jedoch nicht nur aus Abenteurern. Die blutige Niederwerfung von Carmagnola und Piscina durch waldensische Milizen war kein Ruhmesblatt und ließ beim einfachen Volk in der piemontesischen Ebene das Bild eines banditenhaften und extremistischen Waldensers zurück. Es war jedoch die unvermeidliche Folge einer Entscheidung: Man konnte nicht Republikaner sein und gleichzeitig von der alten Welt von einst träumen, vom Priester und vom König.

192

Man muß andererseits zugeben, daß die Männer der waldensischen Elite, die echten Geymet, Peyran, Appia und Genossen, politisch äußerst umsichtige Männer waren. Sie brachten den Übergang von Viktor Amadeus III. zur Republik, von der Republik zur russischen Besetzung, von den Kosaken zum Kaiserreich Napoleons fertig und wurden schließlich erneut Untertanen des alten savoyischen Souveräns, ohne die Interessen ihrer Leute preiszugeben. Sie vermieden nutzlose Abenteuer und gewaltsame Unterdrückungen. Mit Bonaparte reden sie über die »Heimkehr«, mit Suworow über die Verfolgungen. Sie spielen mit den Karten der Geschichte oder mit Argumenten der Vernunft, mit der Unbescholtenheit der Sitten oder mit der Treue. Die politischen Schicksale jener Jahre lesen sich wie eine Bestätigung der schrecklichen Enge des waldensischen Gettos und seiner tiefen inneren Kraft.

Unter den Flügeln des Adlers

Die Revolution endete im napoleonischen Kaiserreich.. Damit verschwand das waldensische Getto endgültig als juristische und soziale Wirklichkeit. Die neuen Gesetze gestehen allen Bürgern das Recht zu, den eigenen Glauben frei von jeder Diskriminierung zu bekennen. Die Äcker, die sie jahrhundertelang als Knechte urbar gemacht hatten, können sie jetzt wieder als Eigentum erwerben, die Kaufleute können Initiativen entwickeln, und Peyran kann seine Aufzeichnungen ohne Zensur veröffentlichen, Geymet Vizepräfekt in Pinerolo werden.

Diese Umbildung vollzieht sich im vollen Licht des Tages. Sie ist nicht mehr eine besondere Gunst des Souveräns, sondern ihr Recht. Das Katechumenenhospiz unseligen Angedenkens wird für immer geschlossen. Am Fuß des Hügels von San Giovanni beginnt man mit der Errichtung des ersten Gotteshauses außerhalb der Gettogrenzen. Es handelt sich nicht allein um eine Kultstätte, sondern um ein Denkmal, das von jahrhundertelanger Demütigung befreit. Die Freiheit besteht nicht nur darin, etwas wirken zu können; sie besteht auch in der Anerkennung der eigenen Realität und Menschenwürde.

Aber der kaiserliche Adler hatte nicht nur Flügel zum Schutz, er hatte auch Krallen, um Europa im Griff zu halten. Die kirchlichen Strukturen, von den Waldensern im Lauf der Jahrhunderte ausgebaut, in denen sie nicht nur die Möglichkeit zum Überleben gefunden hatten, sondern auch ihre Daseinsberechtigung, werden in wenigen Tagen durch kaiserliches Dekret außer Kraft gesetzt. Die Synode, der Moderator und die Tavola werden abgeschafft, alle Dienstvorschriften und Disziplinen werden annulliert. Die waldensischen Gemeinden werden dem französischen Protestantismus zugeschlagen und in »Konsistorien« unterteilt. Sie hören auf, als waldensische Gemeinden zu existieren.

Ebenso schnell wird auch die wirtschaftliche Lage der Pastoren und Lehrer anders, die durch die Einstellung der englischen Hilfsgelderzahlungen schwierig geworden war. Welche Lösung gibt es? Fürs erste werden die Kirchengüter der katholischen Pfarreien ohne Gläubige für den protestantischen Gottesdienst bestimmt. In der zweiten Phase bekommt der »waldensische Klerus« (so qualifiziert ihn der kaiserliche Amtsstil) ein Staatsstipendium. Mit einer Wendung um 180 Grad werden die waldensischen Diener am Wort aus zweitrangigen Häretikern zu Staatsbeamten.

Das alles geschieht auf juristischer Ebene. Noch tiefer griff die Umbildung auf kultureller Ebene. Wie die kaiserliche Freiheit das Ende des waldensischen Gettos und der waldensischen Kirche bezeichnete, so bezeichnete sie aber auch das Ende der waldensischen Welt. Der als kulturelles Element im Getto gelebte Glaube hatte keinen Daseinsgrund mehr. In einer Situation der Unterdrückung war die »Religion« ein Element der Kraft gewesen, hatte ihre Daseinsberechtigung. Jetzt in der Freiheit wird sie zweitrangig. Waldenser sein, »Religionsbekenner«, ist keine gesellschaftliche Qualifikation mehr, es ist nur eine ganz persönliche Frage. Waldenser sein bedeutete für den Moderator Geymet, teilzuhaben an einer Welt; aber jetzt bedeutete es nur noch, einer der vielen »citoyens« zu sein. Waldenser sein ist nur mehr eine individuelle Frage von begrenzter Tragweite. Das kleine waldensische Bürgertum fügt sich deshalb in die neue Wirklichkeit ohne Bedauern ein, geht verwandtschaftliche Beziehungen ein mit den besseren piemontesischen Familien, schickt seine

Sprößlinge zum Studium und macht Karriere. Das Volk rückt langsam und vorsichtig nach.

Die napoleonische Erfahrung war zu kurz, um tiefere Spuren zu hinterlassen. Was wäre aus dem Waldenservolk mit seinen »Concistoriali«, seinen besoldeten Pastoren und den Synoden in Frankreich geworden, wenn das Kaiserreich länger Bestand gehabt hätte? Man kann darüber nur Vermutungen anstellen. Wahrscheinlich hätte sich der Integrationsprozeß beschleunigt. Die Waldenser wären ohne große Erschütterungen in Piemont integriert worden. Um die Zeit im Getto zu überstehen, ohne ihre religiöse Tradition zu verlieren, brauchten die Waldenser eine ganz andere Erfahrung. Der gesunde Menschenverstand und die Vernunft der aufklärerischen Kultur konnten sie bis zur Revolution bringen, aber nicht weiter. Weitergeführt werden sie durch die Erweckung des 19. Jahrhunderts.

Andererseits hatten die zwanzig Jahre zwischen 1795 und 1815 für sie eine entscheidende Bedeutung. Das kleine Getto hatte bis jetzt im Schatten der protestantischen Internationale gelebt, die es über ihre Gesandtschaften hinweg beschützt und mit ihren Hilfsgeldern unterstützt hatte. Zum ersten Mal in seiner Geschichte sah das Waldenservolk sich der Tatsache gegenüber, Entscheidungen von sich aus treffen zu müssen. Die Milizionäre Maraudas in Carmagnola und Geymet an seinem Schreibtisch stehen jetzt vor einer neuen Wirklichkeit. Napoleon kann sie an das Dauphiné anschließen, sie sozusagen zu einem Anhängsel an Frankreich machen. Die piemontesische Ebene liegt offen vor ihnen, und sie werden sie nicht mehr vergessen können.

III.

DIE RESTAURATION

Hinter der Palisade

Als die waldensischen Deputierten sich in den königlichen Palast von Turin begaben, um dem aus dem Exil zurückgekehrten König von Sardinien ihre Huldigung darzubringen, glaubten sie zu träumen. In den Sälen, wo sie dem unberechenbaren Suworow und dem autoritären Bonaparte gegenübergetreten waren, stand ein Mann in weißer Perücke, der seine von seiner Frau geflickten Hosen vorzeigte, und das voller Rührung. Es war die Restauration, nicht jene englische oder österreichische, sondern die piemontesische. 25 Jahre Geschichte sind ausgelöscht, Rückkehr in die Vergangenheit; nicht ins Jahr 1790, ins Gestern, sondern ins Jahr 1730, ins Vorgestern.

Das übelberüchtigte Katechumenenhospiz öffnet wieder seine Pforten. Die Verbote, Bibeln zu drucken und einzuführen und Schulen zu eröffnen, treten wieder in Kraft. Pastor Alexis Muston hat eine Arbeit über die Waldenser ohne vorher eingeholte Genehmigung durch die Zensur veröffentlicht – ihm wird der Prozeß gemacht, er muß nach Frankreich flüchten. Das augenfälligste Beispiel aber steht in San Giovanni. Das neue waldensische Gotteshaus muß jetzt zwar nicht mehr abgerissen, aber es muß hinter einem Palisadenzaun versteckt werden, um die katholischen Dorfbewohner nicht zu beleidigen, wenn sie zur Messe gehen.

Alle Waldenser sind wie die von San Giovanni hinter ihrem Palisadenzaun in der Verborgenheit Religionsbekenner, also Leute, die offiziell existieren, aber in einem katholischen Staat wie dem Königreich Sardinien, der die römischen Riten streng beachtet, nicht existieren sollten. Auch sie restaurieren deshalb ihre kleine Welt, wie es der König mit seinem Reich tut, indem sie versuchen, so weit wie möglich zurückzugehen. Das heißt für sie: Beziehungen zur protestantischen Welt Europas wieder anknüpfen, Studienhilfen für ihre eigenen Söhne suchen, Bibeln heimlich importieren und den Kampf um das Stempelpapier wieder aufnehmen. Die Synode von 1823 ist unter diesem Aspekt bezeichnend. Die neuerlassenen Verfügungen formen das waldensische Getto von 1700 in eine kleine, gut organisierte Republik um mit ihren präzisen Ordnungen im Bezug auf die Pastoren, Lehrer, Unterstützungen, Studien und den Gottesdienst. Die Waldenser bereiten sich darauf vor, auf Jahrzehnte hinaus die klerikale Bedrängnis durchzustehen.

Alles scheint wie früher; in Wirklichkeit hat sich Europa gewandelt. Nur die alten Konservativen nähren die Illusion, die Zeit der Perücken und Menuette am Leben erhalten zu können. Die Jugend, die bei Leipzig im Kampf gegen Napoleon Blutopfer brachte, schaut vorwärts, nicht zurück. Sie hatte Fichte gelesen, nicht Voltaire. Diese Jungen waren schon Romantiker und davon überzeugt, daß das Herz mehr zählt als der Verstand.

Auch Italien ist, wenn auch langsam, im Umbruch. Der Vorhang des Schweigens und des Konformismus, der es durch das ganze 18. Jahrhundert von Europa isoliert hatte, beginnt, sich zu heben. Neue Ideen, neue Bücher machen die Runde, und oft sind es protestantische Ideen und Bücher. Vom Klima angezogen oder auch von Geschäften, halten sich immer mehr Ausländer in den Städten auf, eröffnen Fabriken und bauen Villen. Und schon spricht man über protestantische Kapellen mit Botschaftsgeistlichen. In Venedig besteht seit Mitte des 17. Jahrhunderts eine evangelische Gemeinde im »Fondaco dei Tedeschi«, in Triest eine lutherische und eine helvetische, in Livorno ist eine »Nation Hollandaise-Allemande« gegründet worden. In Turin wird der neue preußische Diplomatensitz ein Zentrum nicht nur des politischen, sondern auch des geistlichen Lebens mit dem Gesandten Graf Truchsess von Waldburg an der Spitze. Unter seiner Ägide entstehen die Gemeinden in Genua und Florenz, die zum größten Teil aus Schweizern bestanden. In Rom nimmt der preußische Konsul Berthold Georg Niebuhr an seinem Diplomatensitz die kleine Gemeinde auf. Sein Nachfolger Christian Karl Josias Freiherr von Bunsen läßt einer ganzen Reihe evangelischer Initiativen seine Unterstützung angedeihen. Die Botschaftsgeistlichen waren junge Pastoren, die zu bedeutenden theologischen Persönlichkeiten wurden: Richard Rothe und August Tholuck. In

Neapel vereint die evangelische Gemeinde Deutsche und Franzosen. Zahlenmäßig fällt das alles noch nicht ins Gewicht, aber es ist, wie wenn man ein Fenster zur Welt hin aufstößt.
Sogar die Waldenser merken diesen Wandel in ihrem kleinen Getto.

Ein Bischof voller Tatendrang

Frische Luft weht vor allem durch den piemontesischen Katholizismus. Es ist gewiß ein reaktionärer Katholizismus; er weist aber doch zugleich eine reiche Frömmigkeit auf (man denke an Don Bosco!). Er ist dynamisch und das sogar in der Diözese Pinerolo. Der neue Bischof Andreas Charvaz ist eine Persönlichkeit ersten Ranges. Wie seine Vorgänger kontrolliert er weiterhin die waldensische Minderheit und versucht, sie zurückzugewinnen. Er bedient sich der bestehenden Gesetze zur Unterdrückung jeglicher Freiheit in dem kleinen waldensischen Getto; aber er veranlaßt auch eine Offensive des Katholizismus in seinem Einflußbereich. Sein Plan ist es, und er wird in Übereinstimmung mit Carl Alberto in die Tat umgesetzt, in Torre Pellice, dem Zentrum des Tales, einen Missionssitz einzurichten und die kleine Kirche in einen grandiosen Komplex umzuwandeln, der dem Mauritiusorden unterstellt wird und Kirche, Schulen und Mission umfaßt. Wenige Jahre später gibt es nach dem Bau einer großen Kirche in Airali einen gleichen Eingriff klerikaler Präsenz.
Aber Charvaz geht noch weiter und erfüllt, was man als Entmythologisierung der waldensischen Welt bezeichnen könnte. Er zerstört aus polemischen Motiven, aber gestützt auf Dokumente und Recherchen, jene bis zum 17. Jahrhundert aufrechterhaltene Theorie, die aus dem Waldensertum eine sehr alte Bewegung machte, die geradewegs bis auf die Apostel zurückreichte. »Nichts von alledem«, sagt der Bischof von Pinerolo, »die Waldenser sind eine junge Erscheinung, nichts ist daran apostolisch. Sie sind eine Abweichung im Schoß des Katholizismus, ein Irrtum, der korrigiert werden muß.« Dogmatisch hatte er unrecht, aber historisch war er im Recht, auch wenn seine waldensischen Gesprächspartner es nicht zugeben wollten.

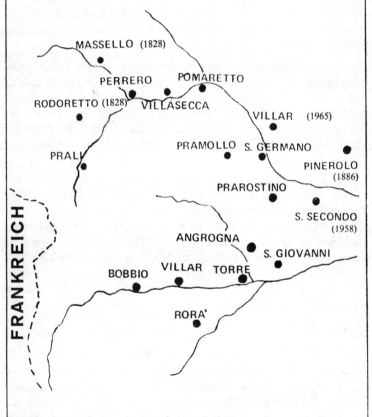

Preußische Diplomaten und englische Reisende

Aber gerade dieser Mythus: eine Waldenserkirche, die sich unbefleckt durch all die Jahrhunderte von der apostolischen Welt herleitet, übt einen unwiderstehlichen Zauber auf die neue Generation europäischer Protestanten aus, vor allem auf die Engländer. Diese nimmermüden Reisenden verlassen Nepal und fahren nach Neuseeland, um ihre Reiseeindrücke mit ihren »Notizen« zu beschreiben und Bilder zu skizzieren (was sich dann in ihren Reisebüchern wiederfindet, umgeformt in Drucke und Radierungen, die Künstler von Rang und Namen gemacht haben und die heute reißenden Absatz finden).

Auch die Waldensertäler sind auf ihre Weise eine exotische Welt, eine besondere Welt, die einen Besuch wert ist. Und da ist die Schar der Sims, Allen, Plenderleath, Gilly und anderer Reisegefährten an den Stätten waldensischer Geschichte und wechselvoller Schicksale. Alle verdienten eine Darstellung, aber wenigstens zwei sollen herausgehoben werden: William Allen und W. Stephen Gilly.

Als unsteter Edelmann hat Allen seine geistige Heimat bei den Quäkern gefunden und ist wie alle Quäker aktiver Pazifist. Beim Kongreß der Heiligen Allianz in Verona im Jahr 1821 nimmt er die Gelegenheit wahr, eine Reise in die Täler zu unterehmen. Von den würdevollen alten Pastoren und dem Elend, dem er unter der Bevölkerung begegnet, ist er tief aufgewühlt. Er kommt nach Verona zurück und bringt die ganze Diplomatenwelt in Bewegung, vorab seinen Freund, den Zaren Alexander I. Resultat: Der Gesandte von Sardinien sieht sich großen Unannehmlichkeiten gegenüber (wie heute ein Rassist in der UNO). Die Tavola erhält vom Zaren selbst eine große Geldsumme, die zum Bau des Hospitals in Torre Pellice bestimmt wurde.

Mit Gilly sind wir dagegen in der Welt der englischen Hochkirche. Ein gebildeter Kanoniker, Freund des Erzbischofs von Canterbury, bricht er eines Tages zu einer Reise durch den Kontinent auf der Suche nach Anhängern des Waldes auf und geht natürlich nach Lyon. Hier existiert von Waldensern nicht einmal mehr ein Schatten; aber irgend jemand lenkt seine Schritte gegen die

Alpen. Über seinen Besuch in den Tälern verfaßt Gilly ein soundsovieltes Reisetagebuch, das er König Georg IV. widmet. Und das war ein besonders glücklicher Umstand. Er entdeckt obendrein seine große Liebe zu dieser kleinen protestantischen Welt, die so weit von der seinen entfernt ist. Sein anglikanisches Auge, immer auf der Suche nach der apostolischen Sukzession, verwandelt die Täler in eine Art kleines Fragment der Urchristenheit. Er sieht aber auch die gegenwärtigen Notwendigkeiten. Ihm ist die Gründung des Collegio zu verdanken, das länger als ein Jahrhundert das Zentrum der lokalen Bildung sein sollte.

Auch die diplomatische Welt in Turin, wie in der Vergangenheit mit den waldensischen Problemen eng verbunden, wird erneut interessiert. Neben der diplomatischen Niederlassung Englands und der Niederlande, deren Interventionen gezielt die Bittschriften der Tavola an die sardinische Bürokratie begleiten, entsteht eine neue Interventionsmacht, die Gesandtschaft Preußens, das zur neuen protestantischen Großmacht aufgerückt war. Friedrich Wilhelm III. hatte 1822 zwei Stipendien für waldensische Studenten eingerichtet. Sie sollten aus dem königlichen Haushalt bezahlt werden. Von diesem Augenblick an gewann Berlin neben London und Genf an Bedeutung für das waldensische religiöse Leben. Graf Truchsess von Waldburg ist nicht nur ein sehr tüchtiger Beamter, der hartnäckig und zielstrebig die Befehle seiner Regierung in Berlin zugunsten der Waldenser befolgt, er ist auch persönlich ein gläubiger, kultivierter Mann. Er weiß sich der waldensischen Welt tief verbunden. Mag es sich darum handeln, Gelder für das Gotteshaus in Pomaretto flüssig zu machen oder den Zoll für Gesangbücher aufzutreiben, eine Sache zu einem guten Ende zu bringen oder einer Mutter das weggenommene Kind wieder zuzuführen – die Waldenser wissen, an wen sie sich wenden müssen, wenn sie Hilfe brauchen.

In dieser Liebe zum »waldensischen Getto« kommen verschiedene, manchmal auch gegensätzliche Elemente zusammen. Die Konservativen idealisieren es, die Romantiker verurteilen es; die einen möchten es erhalten und schützen, die anderen es erneuern. Alle anerkennen sie eine Dankesschuld für die lange Geschichte der Waldenser und wollen diese Schuld mit einer Solidaritätsaktion zum Ausdruck bringen.

Der Kampf der Erweckten

Die Ruhe der kleinen waldensischen Welt wird um das Jahr 1825 durch die Ankunft von Felix Neff unterbrochen. Er stammt aus Genf, hat den Militärdienst aufgegeben, um sich der Predigt des Evangeliums in den weltverlorenen Tälern des protestantischen Dauphiné zu widmen. Mit ihm dringt die europäische Erweckung hinter den Palisadenzaun von San Giovanni.

Sentimental wie alle Romantiker, leidenschaftlich und emotional ruft der Genfer die Waldenser zu ihrer geistlichen Berufung zurück, wobei er klipp und klar die behutsame religiöse Restauration verurteilt, in der sie dahinleben. Er hält nur wenige Predigten (Neff verschwindet, ehe es der Polizei König Carlo Albertos gelingt, ihn zu fassen), aber diese wenigen Predigten entzünden einen Feuerbrand. Die Anhänger der neuen Theologie attackieren hart die konservative Linie der Tavola. Die Pastoren reagieren mißbilligend auf die intoleranten Verlautbarungen der sogenannten »Erweckten«. Die Folge sind Ausschlüsse und Denunziationen.

Das waldensische Getto, bedroht durch den Druck des Monsignore Charvaz, abgeschnürt durch die sinnlose Gesetzgebung des Königreichs Sardinien, läuft Gefahr, zu zerbröckeln und von innen her ausgehöhlt zu werden. Die alte Intelligenzschicht, ehrenwerte, ernsthafte Männer wie Mondon, will das Vätererbe erhalten, es schützen, die Rechte verteidigen. Die »Erweckten« von San Giovanni wollen etwas anderes: Ihnen genügt es nicht, Waldenser zu sein; sie wollen wieder glaubwürdige Christen werden. »Religionsbekenner« sein, hat für sie keine Bedeutung; man muß ein »Bekehrter« sein. Die ersten denken in konservativen Vorstellungen, die anderen in Erneuerungsbegriffen.

Ohne es zu wissen, machen beide damit deutlich, daß das Getto des 18. Jahrhunderts nunmehr zu Ende ist. Es besteht nur noch auf dem Papier. Etwas Neues ist im Kommen, eine neue Art, »Waldenser« zu sein.

Der General

Einem Mann gelang es, den Bruch in der waldensischen Welt aufzuhalten. Mehr noch, er verstand es, die Synthese seiner eigenen geistigen Kräfte mit den Kräften der alten Aufklärer und der Dynamik der Jungen herzustellen – der Engländer Charles Beckwith.

Sein Porträt oder sein Bild, das ihn auf einen Stock gestützt und mit einem Holzbein darstellt, hing jahrzehntelang in allen Schulen, Pfarrwohnungen und Waldenserhäusern; denn keine Persönlichkeit, nicht einmal Gianavello, hat die Seele des Waldenservolkes so tief erfaßt.

Geistlich gesehen ist er ein Anglikaner wie Gilly, aber stärker von der Erweckung beeinflußt. Gesellschaftlich gesehen ist er ein Offizier des gehobenen Bürgerstandes. Seine Karriere sah er auf dem Schlachtfeld von Waterloo durch einen französischen Kanonenschuß, der ihn zum Invaliden machte, jäh zu Ende gehen. Kulturell gesehen ist er ein Kind jener englisch-amerikanischen Erziehung, die aus der philosophischen Lehre des Empirismus bestand, die als einzige Erkenntnisquelle die Sinneserfahrung, die Beobachtung, das Experiment gelten ließ und andererseits aus Gefühl, Respekt und Würde bestand. Er gehört zu jenen englischen Gouverneuren, die damals das Reich Seiner Majestät bauten.

Als er beim Lesen von Gillys Buch per Zufall die Existenz der Waldenser entdeckt hatte, verbindet Beckwith sein Schicksal mit dem ihren durch ein einmaliges Band der Liebe und Achtung. Er wird bis zu seinem Tode in den Tälern wohnen. Dabei wird er niemals eine Art Vizekönig sein und eine Kolonie daraus machen, sondern eine kleine, autonome, unabhängige »Nation« mit ihren besonderen Charakteristiken innerhalb der großen evangelischen Welt Europas.

Der General mit dem Holzbein baut seine Tätigkeit auf die unmittelbare Erkenntnis: Das Getto ist vorbei, man muß für das Morgen Vorsorge treffen. Es genügt also nicht, zu restaurieren, das System des 17. Jahrhunderts auf den heutigen Stand zu bringen. Es genügt aber auch nicht, den Glauben zu erneuern und dann in der Ordnung des Gettos weiterzuleben oder sich eine

Art inneres Getto zu schaffen, wie das bei vielen Erweckten der Fall war. Man muß das gesamte Leben des Volkes und der waldensischen Kirche neu ausrichten.

Während die Waldenser auf ihre Freiheit blicken, auf ihre Gotteshäuser, auf ihr Inneres und ihre Frömmigkeit, schaut Beckwith auf Italien. Eine große Persönlichkeit der europäischen Kultur bezeichnete es als ein »Totenland«, tot kulturell, politisch, geistig und geistlich. Wird in einem solchen Land ein christlicher Glaube neu entstehen können? Diese Frage schob der General den Waldensergemeinden ins Gewissen; damit das geschieht, muß man aber etwas dafür tun.

Das bedeutet: Eine neue Bildung tut not, die nicht nur aus Ideen besteht, sondern aus Überzeugungen, nicht für die »Elite«, sondern für das gesamte Volk. Und dafür sind Schulen nötig. Was für Schulen? Gilly träumt von einem »College« englischer Art in den grünen Wiesen an der Peripherie von Torre. Beckwith sieht (und nicht nur im Geist, sondern mit eigenen Augen, denn er besucht sie) die Dörfer, die an den Bergflanken hängen, ein Häuflein kleiner Häuser ohne Licht, ungesunde Ställe und Kinderscharen, die in den engen Gassen herumschwärmen, barfuß und schlecht ernährt. Und hier auf diesen Bergen und unter diesem Volk in seinem Elend will er sein Reich errichten.

Mit Methode und Geduld gelingt es ihm, in ein paar Jahrzehnten alle waldensischen Dörfer mit einer Schule auszustatten. Im Jahr 1848 werden diese Schulgebäude die stattliche Zahl von 169 erreichen, darunter die kleinen Schulstuben in den Dörflein und auch in den Hauptorten.

Der »General« schenkt nichts, er läßt arbeiten. Er greift nur ein, wenn die Talbewohner sich nicht einig sind über den Erwerb von Grund und Boden (und das Land war, weiß Gott, teuer), und damit die Arbeiten begonnen werden. Seine Bedingungen sind hart: Das Schulhaus muß solid sein, geräumig, modern. Seine Bildungsrevolution geht durch die Fenster der neuen Schulen, durch die die Sonne hereinscheint, echte, richtige Fenster, nicht mehr nur Schießscharten wie in Bunkern, wie es die Öffnungen an den Häusern bis jetzt waren, deren Lichteinlaß der Staat besteuert hatte.

Auf allen Baustellen kommt er mühsam angehumpelt mit seiner seidenen weißen Schärpe und seinen Orden, wobei er träge Bauaufseher zurechtweist und furchtsamen Kirchengemeinderäten Beine macht.

Die Schulen brauchen Bücher, Lehrer und Lehrmaterial. Deshalb baut man ein organisches Unterrichtssystem auf, das von der jungen Lehrerin im Carbonieri-Tal bis zu den Professoren des Collegio reicht. Die alte waldensische Intelligenzschicht des 18. Jahrhunderts (ein paar Pastoren und eine Handvoll Älteste) wird durch eine sehr viel dynamischere und komplexere Struktur von Schulmeistern, Lehrern und qualifizierten Laien ersetzt.

Beckwith' Einfluß reicht noch weiter und bezieht die leitenden Persönlichkeiten der waldensischen Kirche von morgen mit ein. Zur Vollendung ihrer Studien ins Ausland geschickt, werden die jungen Waldenser die offiziellen Universitäten, die protestantischen Akademien verlassen und auf die Bänke der neuen Schulen der Erweckung überwechseln. Wenn sie wieder in ihr Vaterland zurückkehren, nachdem sie für die neue Theologie gewonnen sind, sind sie zu neuer Verantwortung bereit.

Das schicksalsschwere Jahr 1848

Das albertinische Piemont trägt nicht nur das Antlitz von Charvaz und Solaro della Margarita, sondern auch von Roberto d'Azeglio und Cavour. Bei diesen Männern wird das Problem der waldensischen und jüdischen Minderheit zu einer Gewissensfrage. An sich belanglos bei der Fülle der Fragen politischer und sozialer Art, der jene Generation gegenüberstand, hat dieses Problem den Charakter eines moralischen Prüfsteins, an dem man nicht unachtsam vorbeigehen kann. Wenige Kilometer vor den Toren Turins, das im modernen Leben eine Hauptrolle zu spielen beabsichtigt, oder in den Städten Piemonts von Cuneo bis Casale gibt es noch immer Splittergruppen von Bürgern, die an den Rand der Gesellschaft gedrängt sind, »Gettos« als anachronistische Relikte einer überwundenen Zeit.

Der Kampf um die Verfassung, um das neue Piemont wird deshalb ein Kampf um die Freiheit der Waldenser und der Juden. In den Wochen des liberalen Frühlings 1848 breitet sich ein erwartungsvolles Klima aus und steckt sogar die Tavola an. Sie wagt eine Bittschrift an den Souverän um Aufhebung der Edikte. Eine öffentliche Petition zugunsten der Waldenser und der Juden findet begeisterte Zustimmungserklärungen. Die Spannung wächst und damit auch die Erwartung. Und da wird am 8. Februar die Verfassung verkündigt, am 17. Februar folgt das Gnadenpatent, das der waldensischen Bevölkerung ihre bürgerlichen und politischen Rechte zurückgeben und sie so allen Untertanen des Königreiches Sardinien gleichstellen soll: das Recht zum Studium, zur Berufsausübung und zum Landerwerb.

Im Blick auf die religiösen Rechte ändert das Patent nichts an der bestehenden Situation und präzisiert sie folgendermaßen: »Nichts aber wird erneuert, was die Ausübung ihres Gottesdienstes angeht...« Bürgerliche Freiheit also, aber keine Gewissensfreiheit!

Die Tatsache ist dennoch von großer Tragweite nach all den jahrhundertelangen Quälerein, daß man die Begeisterung gut versteht, die die Nachricht auslöst, die von zwei jungen Männern in einem langen nächtlichen Ritt voller Enthusiasmus in die Täler überbracht wird. Die waldensische Bevölkerung versammelt sich in ihren Kirchen wie in den schwersten Verfolgungszeiten, aber nicht mehr, um von dem Ewigen Hilfe zu erflehen oder zu fasten, sondern um mit Liedern und Stegreifreden ihren Gefühlen Ausdruck zu verleihen, in denen sich der schlichte Dank gegen Gott und die Dankbarkeit gegen den Souverän vereinen.

Der Abend steht ganz im Zeichen der Freudenfeuer auf den Berghöhen. Am 27. Februar zieht die waldensische Delegation durch die Turiner Straßen. Die Spitze des Zuges wird von der Bevölkerung mit dem Ruf umjubelt: »Es leben die Waldenser, nieder mit den Jesuiten!« Das Getto existierte endgültig nicht mehr. Man konnte wieder auf die Straße gehen, ohne von der entehrenden Bezeichnung »barbetto« verfolgt zu werden (auch wenn mehr als ein Jahrhundert vergeht, bis an der Basis – in der Schule und in der Fabrik – die juristische Realität die bisherige Gewohnheit hinter sich läßt). Jetzt kann man drunten in der Ebene den Hof käuflich erwerben, den man bisher nur von den Berghöhen herab betrachten konnte, man konnte Handel treiben oder einem Studium nachgehen.

Das Gnadenpatent des Königs Carlo Alberto (1848)

Carlo Alberto, von Gottes Gnaden König von Sardinien, Zypern und Jerusalem, Herzog von Savoyen usw., Fürst von Piemont usw.

In Ansehung der Treue und edlen Gefühle der Waldenser haben Unsere kgl. Vorgänger nach und nach und mit allmählichen Maßnahmen Gesetze z. T. abgeschafft oder gemildert, die vormals die bürgerlichen Rechte der Waldenser einengten. Und auch Wir haben in den Fußtapfen Unserer Vorgänger Unseren Untertanen immer mehr Erleichterungen zugestanden und ihnen sehr weitreichende Befreiung bei der Einhaltung der gleichen Gesetze gewährt. Nachdem aber jetzt die Gründe für jene Restriktionen weggefallen sind, kann die ihnen gegenüber schon angewandte fortschrittliche Behandlung voll durchgeführt werden. Wir sind aus freiem Antrieb entschlossen, sie aller mit den allgemeinen Bestimmungen unserer Gesetzgebung zu vereinbarenden Vorteile teilhaftig werden zu lassen.

Deshalb haben Wir nach Unserer sicheren Erkenntnis in königlicher Autorität und nach dem Beschluß des Staatsrates befohlen und ordnen folgendes an:

Den Waldensern wird der Genuß aller bürgerlichen und politischen Rechte Unserer Untertanen zugestanden. Sie dürfen Schulen im Inland und Universitäten im Ausland besuchen und akademische Grade erwerben. Neues wird jedoch nicht verfügt im Blick auf die Ausübung ihres Gottesdienstes und die von ihnen geleiteten Schulen.

Gegeben zu Turin am 17. des Monats Februar im Jahre des Herrn tausendachthundertachtundvierzig und im achtzehnten Jahr Unserer Regierung.

Quelle: Ernesto Comba: Storia dei Valdesi, S. 339.

Vierter Teil

EINE NEUE DIASPORA ENTSTEHT
(1848 – Gegenwart)

I.

DAS ITALIENISCHE VATERLAND

»Entweder werdet ihr Missionare sein . . .«

Das Jahr 1848 stellt einen fundamentalen Einschnitt in der waldensischen Geschichte dar, vergleichbar mit Bergamo, Chanforan oder der Heimkehr. Wie damals war es gleichzeitig auch ein kritischer Einschnitt, dessen Tragweite vielleicht weder die zeitgenössischen noch die späteren Historiker richtig gewürdigt haben. Nachdem die Euphorie der ersten Monate vorbei war, taucht die Problematik des Morgen auf.

Als der Vertreter des Königs sich zum letzten Mal an die Synode wandte, brachte er zum Ausdruck, die Waldenser seien jetzt ein Teil der »großen italienischen Familie«. Wie soll man aber als freier Bürger leben nach 300 Jahren Verfolgung und 150 Jahren Abschnürung? Wie sich in die Familie einfügen, aus der man jahrhundertelang ausgeschlossen war? Auch in diesem Fall scheinen sich wie bei anderen Gelegenheiten in der Vergangenheit zwei Frontlinien zu bilden, zwei Auffassungen vom Glauben. Auf der einen Seite stehen die im Klima der Aufklärung aufgewachsenen Menschen, auf der anderen die »Erweckten«: der preußische Gesandtschaftsgeistliche Amedeo Bert und Jean Pierre Meille, um nur zwei Namen zu nennen. Für die einen bedeutet das Ende des Gettos einen Schlußpunkt, für die anderen einen neuen Anfang.

Sich ruhig in die neue Situation einordnen und des eigenen Glaubens furchtlos leben, in Piemont einen kleinen reformierten Winkel bilden, gleichsam einen Schweizer Kanton, ist für nicht wenige Waldenser das Ideal. Stattdessen planvoll vorgehen, nach dem Evangelium leben und so zu einer Kirche werden, die in der Lage ist, sich dem Katholizismus entgegenzustellen, ist das Ideal der anderen, wohl einer Minderheit, die aber klare Perspektiven hat.

Beckwith hatte das Problem wenige Monate zuvor mit der ihm eigenen Klarheit intuitiv erkannt. Am Vorabend der großen Er-

211

eignisse des Jahres 1848 wendet er sich an die Tavola mit der klaren Erkenntnis: »Ihr werdet entweder Missionare sein oder überhaupt nichts!« Dies Wort stand nun vor den waldensischen Gemeinden wie ein mahnender Aufruf und ein Urteil. Sich für eine missionarische Existenz entscheiden, bedeutete, sich als lebendige Kraft in das große Abenteuer der nationalen Erneuerung einzuordnen. Es bedeutete schlicht und einfach, Italien zu entdecken.

Die Synoden jener Jahre verlaufen formal noch im Stil des 18. Jahrhunderts. Inhaltlich sind sie etwas anderes geworden, nicht mehr das kleine Parlament einer abgekapselten Welt, sondern offene Begegungsstätten, wo die Ideen der europäischen protestantischen Theologie umgehen. Die neuen Kirchenordnungen sehen vor, daß die Synodalen aus der Gemeinde heraus gewählt werden. Der Katechismus von Osterwald, der bisher jeden Sonntag ausgelegt wurde, räumt seinen Platz einer neuen Fassung. Der alte Psalter im Gottesdienst wird durch eine Sammlung religiöser Lieder ersetzt – alles kleine, aber doch bezeichnende Dinge.

Andere Beschlüsse haben größeres Gewicht – wie etwa die Pflicht, Italienisch zu lernen, um in der neuen italienischen Wirklichkeit sich leichter mitteilen zu können. An zweiter Stelle stand die Aufgabe, eine theologische Fakultät in Torre Pellice zur Heranbildung der neuen Pastoren zu gründen. Dadurch wurden die Beziehungen zu den europäischen Universitäten nicht abgebrochen. Die Stipendien für waldensische Studenten in Genf und Lausanne bestanden weiterhin. Ja, im Jahr 1822 hatte Friedrich Wilhelm III. eine Stipendiatenstelle in Berlin eingerichtet, die aus der Privatschatulle des Herrschers bezahlt wurde. Man wollte jedoch die jungen Pastoren in der Umwelt ihrer späteren Tätigkeit heranbilden. Dritter Beschluß war, die Gründung eines Verlagshauses zur Verbreitung von Bibeln, Traktaten und Büchern vorzusehen. Das Verlagshaus erhält den Namen »Claudiana« zur Erinnerung an Claudius von Turin, einen reformerischen Bischof im 9. Jahrhundert, der im mythischen Bild der Waldenser von ihrer Vorgeschichte seit den Aposteln eine Rolle gespielt hatte.

In alledem lebt und drückt sich das Bewußtsein der Erweckung in seiner besten Form aus: Überwindung eines auf sich selbst bezogenen, introvertierten religiösen Lebens. Der lebendigste Teil der Waldenserkirche entdeckt die Dimension der missionarischen Aktivität, entdeckt nach sieben Jahrhunderten den Elan der ersten Gemeinde der »Armen von Lyon«. Das kleine Getto in den Tälern wird aufbrechen wie Lyon im 12. Jahrhundert und sich für eine neu entstehende Diaspora öffnen.

Die Entdeckung Italiens

Die erste Begegnung mit der italienischen Wirklichkeit hatten die Waldenser 1840 in der Toskana, dem damals neuralgischen Punkt der kulturellen und religiösen Erneuerung, wo die Evangelischen aus Genf eine ihrer dynamischsten Kolonien gebildet hatten. Dort geben sie von ihrem evangelischen Glauben eindrucksvoll Zeugnis, und der liberale Katholizismus zeigte sich in den Persönlichkeiten eines Lambruschini und Ricasoli von seiner besten Seite. Das waren Männer, die das Evangelium liebten und die es verstanden, das Evangelium ihren Hörern in seiner kulturellen Bedeutung darzustellen. Nicht zufällig wird Don Milani auf denselben Hügeln in der Zeit nach dem Zweiten Weltkrieg seine einzigartige Tätigkeit ausüben.

Diesem Italien begegnen die vier Waldenserpastoren, die zum Italienischlernen dorthin geschickt wurden. Es ist für sie eine einmalige Entdeckung und wird es noch mehr sein für Bartolomeo Malan und Paul Geymonat. Sie wurden dorthin geschickt und sollten sich um die ersten evangelischen Gruppen kümmern, die in der Euphorie des 48 er Jahres sich gerade bildeten. Die bürgerlichen Herrschaften und das einfache toskanische Volk, die auch das Gefängnis in Kauf nehmen, um zusammenzukommen und die Heilige Schrift zu lesen, sind geistlich gewissermaßen wie die Spitze eines Eisbergs, der aus der Tiefe der Geschichte Italiens auftaucht. Hinter ihnen steht die Welt der politisch Verbannten, die aus Italien geflohen waren und in den freien Ländern Zuflucht gefunden hatten, in der Schweiz und in England. Es ist die Welt von Garibaldi, Mazzini und Rossetti. Das »Eco di Savonarola«, die erste evangelische Tageszeitung in italienischer Sprache, wird in London gedruckt und trägt auf der Titelseite den Namen des großen Florentiner Reformers aus dem 15. Jahrhundert. Sie nimmt von ihm den großen Traum von einem modernen Italien auf, in welchem die Religion ein Erneuerungsfaktor ist und nicht der Unterdrückung dient.

Es ist das große Ereignis der Römischen Republik des Jahres 48, wo nicht zufällig ein Neues Testament in italienischer Sprache gedruckt und verbreitet wird, das die päpstlichen Garden nach der Restauration eilends vernichten werden. Der junge Geymonat hatte das alles vorausgeahnt, als er seine Studien aufgab, um nach Rom zu eilen.

Wie der liberale italienische Frühling des Jahres 1848 in der Unterdrückung endete, so endete auch die kurze Tätigkeit der Waldenser in der Toskana. Malan wird vertrieben, Geymonat erneut in Handschellen bis zur Grenze eskortiert, weil er die Gesetze des Großherzogtums über die religiöse Propaganda verletzt habe.

Die zweite Begegnung der Waldenser mit der italienischen Wirklichkeit findet in Turin statt. Es ist nicht mehr das kleine Zentrum, wo sie Jahrzehnte hindurch im Schatten der protestantischen Gesandtschaften gelebt hatten. Es ist jetzt die »Hauptstadt« nicht nur des kleinen Königreichs Sardinien, sondern des werdenden Königreichs Italien. Es ist die Stadt, wo die besten Kräfte des italienischen Risorgimento sich konzentrieren.

Die Waldenser eilen dorthin nicht nur deshalb, weil das »ihre« Stadt ist als Piemontesen, sondern weil sie darum wissen, daß sich hier ein großer Kampf abspielt. Hier wird gerade das Italien von morgen geboren.

1850 übersiedelt J. Pierre Meille von Torre Pellice nach Turin. Er gibt seine Tätigkeit am Collegio und an der Zeitung »Echo des Vallées« auf, die er ein paar Monate geleitet hat. In Turin findet er eine reformierte Gemeinde vor, die von Pastor Amadeo Bert versorgt wird, die aber wegen ihrer Zusammensetzung und ihrer Sprache nicht den neuen Anforderungen entspricht. Denn es galt, Gottesdienste in italienischer Sprache abzuhalten, Versammlungen zu organisieren, die Herausgabe eines Wochenblattes »Buona Novella« in Angriff zu nehmen, mit dem man sich an der öffentlichen Diskussion beteiligte.

214

So entsteht sehr bald eine neue waldensische Gemeinde italienischer Zunge, die erste außerhalb der Täler. Zu ihr gehören zahlreiche Flüchtlinge aus allen Gegenden Italiens, darunter Bonaventura Mazzarella aus Apulien, Professor der Philosophie und später Deputierter, sowie Luigi De Sanctis aus Rom, ehemaliger römischer Priester und Ratsmitglied im hl. Offizium, jetzt zum Evangelium bekehrt.

Nur fünf Jahre nach der Verfassung wird im Jahr 1853 am Viale del Re das großartige Gotteshaus eingeweiht, für dessen Bau sich Beckwith und eine weitere namhafte Persönlichkeit rückhaltlos eingesetzt haben, der Bankier Joseph Malan, der vielleicht mehr als jeder andere den Geist seiner Generation verkörpert. Das Ereignis übertrifft bei weitem die zahlenmäßige Bedeutung der Protestanten!

Es ist natürlich verständlich, daß sich gegen die Eröffnung des Gotteshauses alle Kräfte des reaktionären Piemont wenden, vom Grafen Solaro della Margarita bis zur klerikalen Presse; dafür schlagen sich die liberalen Kräfte. Als Meille am Tage der Einweihung auf der Kanzel die Bibel niederlegt im Beisein des gesamten diplomatischen Corps, haben alle Anwesenden den Eindruck, daß nach 300 Jahren etwas einmalig Neues geschieht – die Reformation ist als Botschaft der Erneuerung nach Italien zurückgekehrt. In gleicher Richtung interpretieren dies Geschehen alle italienischen Verbannten, zu deren Sprecher sich Gabriel Rossetti in London macht.

Von Turin aus wirkt die Aktivität bis ins Aosta-Tal, ins Gebiet von Alessandria, in Genua ist sie noch lebhafter und offenkundiger als in der Hauptstadt. Hier erscheint 1852 Geymonat und organisiert den ersten evangelischen Gemeindekern. Von hier aus hallt die Predigt durch ganz Ligurien wider.

Für ein paar Jahre steht die Waldenserkirche im Blickpunkt aller evangelischen Kräfte in Italien. Sie umfaßt die alten reformierten Pfarreien in den Tälern und die Gruppen der neuen Gläubigen, die Bauern und die Intellektuellen. Leider war diese Einheit nur von kurzer Dauer und zerbrach in der Krise des Jahres 1854.

Auslösendes Motiv war die Auseinandersetzung wegen einer profanierten Kirche, welche die Tavola erworben hatte, um daraus eine Waldenserkirche zu machen, worauf sie dann auf Drängen Cavours verzichtete. Einige, darunter Mazzarella und De Sanctis, sahen darin einen mangelnden Zusammenhalt und organisierten nun ihrerseits »Evangelische Sozietäten«, die später die Freikirche ins Leben riefen.

Die tiefer liegenden Motive waren wahrscheinlich eine verschiedenartige religiöse Haltung, eine andere Theologie und kulturelle Faktoren.

Das heroische Jahrzehnt

Das Jahrzehnt zwischen dem zweiten Unabhängigkeitskrieg und der Einnahme Roms (1859–1870) sieht, wie die waldensische Sache sich mit überraschender Geschwindigkeit ausbreitet. Die einzelnen Etappen fallen mit der Bildung des geeinten Nationalstaates zusammen: 1859 Lombardei und Toskana, 1860 Sizilien und Neapel, 1866 Venetien.

Das zuerst auftauchende Problem war organisatorischer Natur. Die aus der Vergangenheit überkommenen Strukturen waren auf die neue Situation nicht anwendbar, einmal weil Piemont zu sehr am Rande lag, zum anderen, weil die neuen Gruppen der sich gerade organisierenden Gläubigen freiere Formen brauchten.

Die Lösung fand man in der Gründung eines besonderen Komitees, des »Evangelisationskomitees«.

Das Komitee war der Synode verantwortlich, aber es hatte die Freiheit, Pastoren und Lehrer dorthin zu schicken, wo es dies für opportun hielt. Es verfügte über einen eigenen Haushalt, es unterhielt eigene Räumlichkeiten und gab eigene Presseorgane heraus.

So wurde im Sprachgebrauch der waldensischen Welt und dann im ganzen evangelischen Italien der Ausdruck »Evangelisation« eingeführt. Evangelisieren bedeutete in erster Linie nicht, zur eigenen christlichen Konfession zu bekehren, sondern Interesse für das Evangelium zu wecken, in das italienische Gewissen jene Fermente kritischer Reflexion einzubringen, welche die protestantische Reformation nun schon seit Jahrhunderten in das kulturelle Gesamtbild der protestantischen Nationen eingebracht hatte. An den Kirchen und Kapellen jener Zeitspanne erscheint

48. Das »Collegio« in Torre Pellice nach einem Druck aus dem 19. Jahrh.
49. Das »Gnadenpatent« Carlo Albertos vom 17. Februar 1848.
50. J. P. Meille.

51. Waldenserkirche in Turin (das Gemälde hängt jetzt im Waldensermuseum in Torre Pellice).
52. Evangelischer Kolporteur mit seiner Last Bibeln und Büchern.
53. Evangelischer Almanach »Der Hausfreund« für das Jahr 1879, gedruckt in der Claudiana.

54. Evangelischer Kirchensaal der Waldenser in Lentella (Abruzzo).
55. Ein Waldenserdorf mit einer Beckwith-Schule (oben rechts).

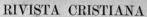

56. Emilio Comba.
57. Erste Nummer der »Rivista Cristiana« (1873).
58. Grundsteinlegung zur Kirche in Colonia Valdense in Uruguay.

59. Matteo Prochet.
60. Hugo Janni.
61. Waldenserkirche an der Piazza Cavour in Rom.

62. Jugendkonvent auf Sizilien (1938), in der Mitte des Bildes E. Buonaiuti.
63. Giovanni Miegge.
64. »Gioventù Cristiana« 1932 bis 1935.

65. Tullio Vinay predigt über 1. Korinther 13 vor dem Beginn der Bauarbeiten für Agape in Prali (1947).
66. Theologische Waldenserfakultät in Rom.
67. Waldenserkirche von S. Giovanni Lipioni (Abruzzo).

68. Teilansicht des »Centro Servizio Cristiano« in Riesi.
69. Synode bei der Jahrhundertfeier in Torre Pellice in der Casa Valdese.

in der Tat weder der Name noch das Wappen der Waldenserkirche, sondern die schlichte Inschrift »Evangelische Kirche« oder »Christliche Evangelische Kirche«.

Das Evangelisationswerk ist nicht organisiert und wird nicht vom grünen Tisch aus dirigiert, sondern es bewegt sich je nach den Umständen und Gegebenheiten in voller Freiheit. Die »Evangelisten«, das sind die Pastoren im Dienst des Evangelisationskomitees, übernehmen Risiken in eigener Verantwortung. Giorgio Appia folgt den Truppen im zweiten Unabhängigkeitskrieg und ist mit seinem Bruder Louis und einem Freund, Henri Dunant, beides Ärzte, auf dem Schlachtfeld von Solferino. Sie organisieren hier einen freiwilligen, nichtmilitärischen Hilfsdienst für die Verwundeten, der Schule machen sollte und zur Gründung des Roten Kreuzes führte. Nach Solferino geht Appia nach Brescia und Peschiera. Er sammelte die waldensischen Soldaten und ihre Freunde zu improvisierten biblischen Studien und verteilt Evangelien und Traktate.

Derselbe Appia landet 1860 in Palermo nach Garibaldis Expedition der Tausend. Er sammelt in einem Gasthaus ein paar in der Stadt ansässige ausländische Protestanten, dazu ein paar Studenten und bildet den ersten Kern der Ortsgemeinde. Das gleiche Vorgehen in Neapel ein paar Monate später.

In der Toskana erscheint Giovanni Ribetti gleich nach der Vertreibung des Großherzogs und nimmt die von Geymonat zehn Jahre zuvor begonnene Arbeit wieder auf. In Livorno polemisiert er in Großversammlungen gegen den offensichtlichen Aberglauben im römischen Katholizismus und ruft damit Proteste und Tumulte unter dem Klerus hervor. Bei Ausbruch des dritten Unabhängigkeitskrieges (1866) verläßt David Turino schnurstracks seine Mailänder Gemeinde. Er eilt nach Venedig, wo sich die Gemeinde im folgenden Jahr konstituiert.

Neben den genannten Persönlichkeiten gab es noch eine lebhaft tätige Schar von einfachen Gläubigen, die Zeit und Kraft einsetzten, um das Evangelium noch weiteren Kreisen bekannt zu machen: Hauptmann Cignoni, der heimlich Bibeln von Nizza nach seiner Heimatstadt Rio Marina schafft, ganze Familien wie die Andretti und Bellenci, die die Gemeindekerne in S. Fedele bei Como und in Catania gründen. Die typische Gestalt dieser ersten

Evangelisationsperiode ist jedoch der »Kolporteur«, der reisende Evangelist. Mit seiner Last an Neuen Testamenten und volkstümlichen Schriften nimmt er jede Gelegenheit wahr, um mit dem Bücherverkauf gleichzeitig ein Gespräch über das Evangelium zu beginnen. Oftmals entwickelt sich aus einem solchen Gespräch bei den Käufern ein religiöses Bewußtsein. Wie viele evangelische Gemeinden sind bei der Lektüre eines Schriftchens oder einer Bibel in einem verlorenen Winkel Italiens entstanden! Wie viele polemische Rededuelle mit dem fanatischen Klerus oder der ignoranten Öffentlichkeit mußten diese bescheidenen Boten des Evangeliums durchstehen! Wie viele Beleidigungen zeichneten ihren unermüdlichen Weg durch die italienische Provinz! Die innere Bewegung beim Lesen ihrer handschriftlichen Monatsberichte ist nicht geringer als beim Lesen waldensischer mittelalterlicher Codices. Die harte Wirklichkeit hinter diesen Seiten ist immer die gleiche: Mühsal, Schweigen, Einsamkeit und Zähigkeit.

Die Aufnahme des evangelischen Missionswerkes resultierte aus der klaren Entscheidung, sich an das Volk zu wenden und nicht an die Elite, an den Bauern von Coazze in Piemont oder Riesi auf Sizilien, ehe man sich an die bürgerlichen Intellektuellen wandte. 1861 die theologische Fakultät nach Florenz zu verlegen, ist kein politisch-kultureller Entschluß (die Provinzstadt Torre zugunsten der Hauptstadt der Kultur und Bildung aufgeben), sondern es geschieht aus dem Gebot der Stunde. Es bedeutet, die künftigen Pastoren und Evangelisten in das Herz Italiens zu bringen und auf seine Erfordernisse aufmerksam zu machen.

Die Politik des Verlagshauses Claudiana, das inzwischen auch nach Florenz verlegt worden war, zielte nicht auf den Traktat, sondern auf die Broschüre, nicht auf das bildungsträchtige Werk, sondern auf den »Amicio di Casa« (den »Hausfreund«), auf den volkstümlichen Almanach mit dem Kalender, den Mondphasen und kleinen Ratschlägen, zielte auf den »Amico dei Fanciulli« (den »Kinderfreund«), vielleicht die erste Zeitung, die einzig und allein für Kinder verfaßt und herausgegeben wurde.

Die letzte Etappe dieses Vormarsches war Rom. Wenige Tage nach der historischen Eroberung, der Porta Pia leitete Pastor Prochet einen Gottesdienst in einem bürgerlichen Lokal, ebenso rechtzeitig wie der Kolporteur wenige Tage vorher mit einem Wägelchen voller Bibeln, von einem Hund gezogen, in die Stadt gekommen war.

Der von Prochet ausgewählte Text »Ich schäme mich des Evangeliums von Christus nicht, denn es ist eine Kraft Gottes, die da selig macht alle, die daran glauben« (Röm. 1, 16) ist ein Lebensprogramm, ist die Antwort der evangelischen Kirche auf das Konzil, das kurz zuvor seine Sitzungen mit der Verkündigung des Dogmas von der Unfehlbarkeit des Papstes abgeschlossen hatte.

Das Evangelisationswerk war natürlich kein ausschließliches Vorrecht der Waldenser. Neben ihnen operieren Menschen verschiedener Herkunft wie der schon erwähnte Mazzarella oder Gavazzi, ein ehemaliger Barnabit, der Feldgeistlicher bei den Rothemden Garibaldis wurde.

Der Glaubensansatz all dieser Evangelischen war sehr ähnlich, verschieden aber war ihre geistliche Bildung. Die Waldenser waren eng verbunden mit der protestantischen Welt, die anderen Evangelischen waren alle aus dem römischen Katholizismus hervorgegangen und lehnten eine straffe Organisation, Glaubensbekenntnis, Prediger, alles, was irgendwie nach Kirche aussah, strikte ab.

Die Auseinandersetzung blieb nicht immer auf der Höhe allgemein gültiger Ideen – es gab personelle Probleme und Spannungen. Die Waldenser wurden beschuldigt, zu sehr Piemontesen zu sein, die französische Sprache zu gebrauchen, sich der Tradition verpflichtet zu wissen. Sie wiederum antworteten mit der Beschuldigung der anderen Evangelischen, zu italienisch, zu leichtfertig und noch für den Katholizismus anfällig zu sein.

Eine geschlossene evangelische Front kam nicht zustande. Neben den Waldensern organisierten sich die »Freikirchen«, die sich dann ihrerseits unterschieden in eine pietistische Erweckungsströmung (die Brüdergemeinden) und eine garibaldinische Strömung (Die Freie Kirche), die italienisch sein sollte, frei von protestantischen Bindungen, ja, auch frei davon, eine echte Alternative zum Katholizismus zu bilden.

Die Errungenschaft der Freiheit

Die Freudenfeuer und Umzüge, mit denen man das Patent vom 17. Februar begrüßt hatte, waren mehr als berechtigte spontane Manifestationen des Volkes, aber die Vorstellung – wie in dem jahrzehntelang von den waldensischen Schulkindern wiederholten Volkslied »Charles Albert et la liberté« – war mindestens naiv. Dieser unentschlossene, introvertierte Souverän gehörte geistig ins 18. Jahrhundert. Seine Toleranz entstammte der Aufklärung und nicht der konstitutionellen Freiheit. Sie spiegelte eine landesherrliche Vision der Macht wider und kein demokratisches Staatsverständnis. Die Freiheit erhielten die Waldenser nicht, sie mußten sie erkämpfen. Das war ihr erster fundamentaler, bürgerlicher Kampf.

Artikel I der Verfassung ließ an Deutlichkeit nichts zu wünschen übrig: »Die Katholische, Apostolische und Römische Religion ist Staatsreligion. Die anderen Gottesdienstformen, die zurzeit existieren, werden entsprechend den Gesetzen toleriert.« Wie wir sahen, war die Bemerkung im Patent noch deutlicher: »Nichts wird neu eingerichtet im Blick auf die Ausübung ihres Gottesdienstes und auf die von ihnen geleiteten Schulen.« Bei ihrer Entscheidung, auf Italien zu schauen und nicht auf die kleine Welt ihrer Täler, konnten die Waldenser mit diesen Positionen der Regierung nur zusammenstoßen.

Die erste Front wurde von den konservativen Kräften der Regierung gebildet, die an den Buchstaben der Verfassung gebunden waren. Man eröffnet eine Kapelle in Nizza? Jawohl, aber der Zutritt muß für Katholiken verboten werden. Man importiert protestantische Bücher? Gut, aber sie dürfen nicht verkauft werden. Es gibt eine protestantische Religion, wohl, aber nur beschränkt auf die Protestanten selbst, als rein private Angelegenheit.

Der zweite wesentlich schwierigere Kampf wurde mit der piemontesischen Regierung ausgetragen. Sie schlug vor, die waldensische Realität einem peinlich genauen Reglement zu unterwerfen, wohl geschützt in ihren Rechten und vielleicht auch mit einigen Vorrechten, aber eingeschlossen im Reglement. Die Tavola antwortete mit der Forderung nach voller Gottesdienstfreiheit und der Zurückweisung jeglicher staatlicher Einmischung oder Sonderrechte. Sie lehnte eine im Grunde konkordatsähnliche Politik ab.

In diesem Kampf wurden die waldensischen Gemeinden von den fortschrittlichen Kräften der piemontesischen Gesellschaft unterstützt, verkörpert in der Person Cavours, zu dem sich ein Verhältnis umsichtiger Zusammenarbeit herausbildete. Der piemontesische Staatsmann erfuhr auch sofort starke Unterstützung durch die schweizerischen und englischen Protestanten. Seine berühmte Formel »Freie Kirche im freien Staat« hat er von dem Schweizer Theologen Alexander Vinet übernommen.

Er nahm kulturelle Beziehungen zu den Evangelischen auf; aber er war zu sehr Politiker, um nicht zu wissen, daß die Religion sowohl ein Machtinstrument als auch eine revolutionäre Kraft sein kann.

Die Cavour'sche Freiheit ist kühl berechnet und wohl dosiert. Sie soll dazu dienen, auf internationalem Boden zu demonstrieren, daß Piemont der einzig liberale Staat auf der Halbinsel ist, der so die Unterstützung der öffentlichen Meinung in England und Amerika erfährt, die für die Verantwortung der nationalen Einigung notwendig ist. Viel weniger liberal dagegen zeigt sich die piemontesische Polizei gegenüber den Bücherkolporteuren und Evangelisten, die sich kirchlich nicht einordnen lassen und durchs Land eilen, besonders, wenn man bei ihnen republikanische Ideen oder Anhänger Mazzinis vermutet. Die Familie Cereghini im ligurischen Apennin, nur einer liberalen Predigt beschuldigt, endete in Handschellen und im Gefängnis!

Gegen diese politische Regierungskonzeption von der Religionsfreiheit fochten die Waldenser ihren Kampf aus und brachten in das piemontesische und dann in das italienische Rechtsbewußtsein das Konzept einer völligen Gleichheit der Konfessionen im Staatsgebiet ein.

Kein Vorrecht, keine Beschränkung (1849)

Die waldensische Religionsgesellschaft muß als moralische Körperschaft mit dem Namen anerkannt werden, den sie in der Vergangenheit angenommen und den sie sich in ihrer Kirchenverfassung gegeben hat: Evangelische Waldenserkirche. Dieses Recht hat sie in Jahrhunderten harter Prüfung erworben. Der Name ist von der Verfassung und dem Emanzipationsedikt übernommen worden. Er ist für ihre Existenz und die freie Entfaltung ihres Lebens unabdingbar.

Die Waldenserkirche, als solche existent kraft ihrer Glaubensregel und ihrer Verfassung, muß sich in absolut unabhängiger Weise gemäß ihren Prinzipien in den Grenzen des allgemeinen Rechts verwalten. Jede Behinderung oder Beschränkung, die vom Staat ihrer Tätigkeit und der Entfaltung ihres gesamten Lebens auferlegt würde, würden den kirchlichen Charakter verfälschen und den Versuch darstellen, diese Kirche zu zerstören.

Die Waldenser sind in den vollen Genuß ihrer bürgerlichen und politischen Rechte berufen. Sie müssen zu allen Bildungseinrichtungen des Staates zugelassen werden. Das Gesetz soll sie formell von den Aufgaben und gottesdienstlichen Praktiken der Staatsreligion [1] befreien und erlaubt ihnen, sich eigene Pastoren für ihre religiösen Belange zu halten.

Quelle: Erklärung der waldensischen Tavola vom 27. September 1849, zitiert in G. Peyrot: Rapporti tra stato e chiesa valdese in Piemonte nel triennio 1849–1851, Mailand 1955, S. 49 ff.

---

[1] Die albertinische Verfassung war in Kraft bis zur republikanischen Verfassung und bestätigte erneut, daß die »Katholische, Apostolische, Römische Religion« Staatsreligion war.

II.

EUROPA IST PROTESTANTISCH

Zwischen Päpstlichen und Antiklerikalen

Mit der Einnahme Roms ist die heroische Periode des Risorgimento zu Ende. Es beginnt der Aufbau der nationalen Wirklichkeit, was große Probleme auch auf dem Gebiet der Kirchengeschichte aufwarf.

Die italienische Gesellschaft nach 1870 ist in zwei Lager gespalten. Auf der einen Seite stehen die Liberalen, die auf die Schaffung einer modernen, konfessionsfreien Nation abzielen, die für die moderne Welt offen ist. Auf der Gegenseite stehen die Klerikalen, die das Risorgimento bekämpfen, weil sie es auch vom religiösen Standpunkt aus als eine Katastrophe betrachteten, die der Macht des Papstes und der katholischen Kultur ein Ende bereitet hat. Und dabei handelt es sich nicht nur um Meinungen, sondern um zwei Nationen in Italien mit eigenen Organisationen, Zeitungen und Banken, die einander bekämpfen.

Das liberale, freimaurerische Italien ist auch antiklerikal. Es ist leidenschaftlich antiklerikal, bis zur Gewalttat antiklerikal! Man braucht nur an die Tumulte zu erinnern bei der Überführung des Sarges Pius' IX., als der Leichenwagen Gefahr lief, im Tiber zu landen. »Die Religion ist autoritär, überholt; sie besteht aus Aberglauben und Magie. Sie muß von der modernen Wissenschaft überwunden werden«, sagen die Laizisten.

»Atheisten, Ungläubige, Umstürzler auf dem Gebiet des Glaubens, Verführer des Volkes«, replizieren die Katholiken und verteidigen Konfessionsschulen, fromme Stiftungen und Privilegien. Politisch setzen die Katholiken einen gewaltigen »Anti-Italien-Streik« in Szene, kulturell sind sie nicht bedeutungslos. Ihr Programm ist der »Syllabus« von Papst Pius IX., der die gesamte moderne Welt von den Bibelgesellschaften bis zum Sozialismus verdammt hat.

In dieser Umwelt ist das Zeugnis der italienischen Evangelischen angesiedelt.

223

Im Unterschied zum Katholizismus haben sie ihre Entscheidung für das Risorgimento getroffen, und sie haben das mit aller Deutlichkeit und voller Überzeugung getan. Sie haben die Zukunft gewählt und nicht die Vergangenheit, die Erneuerung und nicht die Restauration. So finden sie sich zusammen mit den Liberalen, den Radikalen und später mit den Sozialisten im Kampf gegen den Bildungshaß des päpstlichen Lagers. Sie sind eine »fortschrittliche Kraft« gegen Rom und für eine moderne Religion. Mehr noch, sie sind die religiöse Form der modernen Nationen wie England, Deutschland und die USA, von denen sich auch Italien bei seiner bürgerlichen Erneuerung inspiriert weiß. Wer um die Mitte des 19. Jahrhunderts noch einen zeitgemäßen christlichen Standpunkt einnehmen möchte, kann sich nur zum evangelischen Christentum hingezogen fühlen.

Und das verwirklicht sich nicht nur innerhalb des Bürgertums, sondern des Gesamtvolkes. Die Gesamtgeschichte des Protestantismus in Süditalien ist erst noch zu schreiben, wohin die Auswanderer aus den Vereinigten Staaten mit der Bibel in der Hand und einem neuen Selbstbewußtsein zurückkehren – Männer, die sich nicht nur der Predigt des evangelischen Glaubens widmen, sondern Neuerungen und Erneuerung predigen, die sie als ihre amerikanische Erfahrung in sich aufgenommen haben. Persönliche, einsame Kämpfe gegen Verleumdung, Boykott und Erpressung durch den Klerus – sie sind es wert, in eine Anthologie des Kampfes um die bürgerlichen Rechte in Italien aufgenommen zu werden.

Die Rückkehr der Auswanderer fügt sich wegen ihrer natürlichen Sprach- und Geistesverwandtschaft in die Aktivitäten der ausländischen evangelischen Missionen ein, die schon seit Jahren in Italien an der Arbeit sind. 1860 war die wesleyanische Methodistenmission aus England gekommen, 1866 die englische Baptistenmission, wenig später die amerikanische Baptistenmission. 1866 läßt sich die amerikanische episkopale Methodistenkirche nieder. Die Heilsarmee kommt 1887.

Es handelt sich mehr um Missionswerke als um organisierte Gemeinden. Diese Missionswerke sind sehr stark an Komitees und an ihre Ursprungsgemeinden gebunden, die in ihnen nicht selten das Leben und die Aktivitäten bestimmen. Mit der Ankunft dieser neuen evangelischen Denominationen öffnete sich der Fächer evangelischer Kräfte, aber er komplizierte sich auch.

Trotz der gutgemeinten Versuche verantwortlicher Männer kam man niemals dazu, alle diese Kräfte zu einer Einheit zusammenzufassen. Die »Evangelische Allianz«, die gegen Ende des Jahrhunderts mit ökumenischen Intentionen ins Leben gerufen worden war, hatte nur ein kurzes Leben.

Dagegen kam es auf dem Gebiet der Presse zu einer lobenswerten Zusammenarbeit durch das Wochenblatt »L'Italia Evangelica«, das von 1881 bis 1907 an der Schaffung eines einheitlichen Bewußtseins in der evangelischen Welt arbeitete. Seine Bemühungen waren nicht vergebens.

Kirche und Mission

Für die Waldenserkirche waren die dreißig Jahre von 1870 bis 1900 eine Zeit der Konsolidierung. Nach einer Periode großer Hoffnungen handelte es sich darum, das Erreichte zu organisieren. Das bedeutet nicht, daß der Einsatz geringer ist und es an Opfern mangelt, sondern daß man nun nach größerer Stetigkeit und Beharrlichkeit fragt.

Zwei Elemente charakterisieren die waldensische Arbeit im Verhältnis zu anderen evangelischen Denominationen: eine volkstümliche Basis und eine theologische Tradition. Viele evangelische Gemeinden in Italien haben ein volkstümliches Gepräge, aber die Waldensertäler bilden eine geschlossene Gruppe bäuerlicher Gemeinden.

Unter der Leitung der Tavola stellen sie eine klar umrissene Einheit dar, welche die reformierte Tradition fortsetzt, während die »italienischen« Gemeinden ihre Ausbreitung unter Leitung des Evangelisationswerke fortführen.

So existieren in der zweiten Hälfte des Jahrhunderts zwei waldensische Gemeindekerne: eine Volkskirche mit Bildungsproblemen, ebenso mit kulturellen und sozialen Nöten auf der einen Seite, auf der anderen Seite Gemeinden in der Diaspora, die sich aus Gläubigen zusammensetzen, die sich zur Evangelisation in der Welt verpflichtet wissen.

225

Die Gemeinden in den Tälern bringen viele Lehrer und Pastoren hervor, die die leitenden Gremien der missionarischen Arbeit bilden. Die »italienischen« Gemeinden ihrerseits liefern das Stimulans, das kritische Ferment und die evangelistische Sensibilität. Ohne die ersten hätte die waldensische Kirche wahrscheinlich keinen Bezugspunkt für ihre Organisation gehabt; ohne die italienischen Gemeinden aber hätten sich die Tälergemeinden auf sich selbst zurückgezogen.

Das zweite Charakteristikum war die theologische Tradition. Auch wenn sie ihres Glaubens in gleicher Weise leben wie die anderen Evangelischen, können die Waldenser ihre Vergangenheit als reformierte Protestanten nicht vergessen. Sie sind keine Bewegung mit einer Lehrmeinung, kein religiöses Dissidententum, sondern eine Kirche, die jahrhundertelang mit einer Kirchenordnung, mit ausgebildeten Dienern am Wort und beschlußfassenden Versammlungen gelebt hat.

In den dreißig Jahren zwischen 1870 und 1900 bewegt sich das Evangelisationswerk noch auf verschiedenen Ebenen. Noch heute findet die Konferenz in kirchlichen Räumen oder ohne weiteres auch in öffentlichen Räumlichkeiten, im Gemeindesaal, im Laienverein statt, wobei aktuelle Themen angepackt werden. Massive polemische Reden werden gehalten gegen die katholische Religion und ihre ganz charakteristischen Ausdrucksformen: Papsttum, Heiligen- und Reliquienkult usw.

Diese Art von Evangelisation erreicht ihren Höhepunkt in der großen öffentlichen Disputation über das Thema »Petrus in Rom und sein Episkopat« 1872 in Rom in der Accademia Tiberina in Gegenwart eines außerordentlich großen Publikums und von Journalisten aus ganz Europa.

Diese Art mußte allmählich an Bedeutung verlieren. Sie war lautstark und manchmal oberflächlich und konnte zwar dazu dienen, die Waldenser in der Öffentlichkeit bekannt zu machen, aber auch nicht mehr.

Tiefgehender und methodischer war dagegen die Arbeit der Pastoren und Evangelisten im Bereich der kleinen Gemeinden. Ihre Aktivität richtete sich am Schema der traditionellen reformierten Gemeinden aus mit regelmäßiger Predigt, Unterricht, Bibelstudium und Kolloquien.

Die Gebäude, die man für die Aktivitäten errichtet oder käuflich erwirbt, zeigen die langsam fortschreitende waldensische Organisation: von Coazze 1878 nach Verona 1880, Mailand im Jahr darauf, Neapel 1885 und Vittoria auf Sizilien 1887.

Nicht nur in den Städten gibt es einen waldensischen Gemeindekern, sondern auch in kleinen Dörfern: Coazze, Felonica Po im Gebiet von Mantua, Riesi auf Sizilien und Rio Marina auf Elba – alles Gemeindegruppen, die durch die Initiative einzelner Männer auf ganz verschiedene Weise, oft rein zufällig entstanden sind. Sie haben sich trotz harter Opposition des örtlichen Klerus gebildet, dem die politischen Behörden nicht immer Widerstand zu leisten vermochten zur Sicherung der Rechte der nichtkatholischen Bürger.

Das Hauptproblem Italiens nach seiner Einigung ist die Volksbildung. Hier schaltete sich sehr deutlich das waldensische Evangelisationswerk ein. In jeder kleinen oder größeren Stadt, wo die Waldenserkirche Boden gewann, war es ihre Hauptsorge, eine Schule zu organisieren, für die ein Lehrer die Verantwortung übernahm. Die Kapelle kam erst in zweiter Linie.

Der evangelistische Lehrer hat eine pädagogische und theologische Mindestausbildung, die aber ausreichte, die Gemeinde bildungsmäßig zu führen, indem er die Versammlung der Brüder organisierte, ebenso die Hilfe für die Betagten. Es oblag ihm auch die Gestaltung des Unterrichts der Kinder. Das kleine, nicht nur geistliche, sondern auch kulturelle Informations- und Bildungszentrum, das von der evangelischen Gemeinde eingerichtet war, reiht sich auf diese Weise in das Werk der bürgerlichen Erneuerung der Nation ein und ist das Ergebnis einer ganz klaren Entscheidung: Italien braucht Schulen und keine Kathedralen, Bücher und keine Heiligenbilder, den Denkprozeß und keine Prozessionen.

Als die kommunalen und Staatsstrukturen einen ausreichenden Unterricht gewährleisten konnten, wurden die Waldenserschulen schrittweise geschlossen. Sie waren einmal als provisorische Hilfe entstanden und sollten kein Machtinstrument sein.

Neben den Schulen wurden damals im gleichen Geiste pädagogische und soziale Hilfswerke mit großem Engagement ins Leben gerufen. In Turin wird das waldensische Lehrlingsheim eröffnet, um dem jungen Menschen bei der Suche nach einem Beruf behilflich zu sein, in Rom das Institut Gould, in Vallecrosia das Waisenhaus und noch einmal in Turin das waldensische Krankenhaus.

Der kulturelle Weg

Die Waldenserkirche versuchte, die Botschaft der evangelischen Erneuerung auch im kulturellen Bereich zum Ausdruck zu bringen. Sie fand dabei nur spärlich Gehör infolge der unbedeutenden engagierten Kräfte und vor allem wegen des Desinteresses der Umwelt.

Da seit Jahrhunderten ohne jegliche Initiative auf religiösem Gebiet, immer daran gewöhnt, die theologischen Probleme als ureigenste Angelegenheit der Priester zu betrachten, zeigten sich die Italiener im 19. Jahrhundert fast gänzlich unempfänglich für eine Debatte über diese Thematik. Klerikale und Nichtklerikale waren sich andererseits über einen Punkt einig, auch wenn sie in zwei Fronten sich gegenüberstanden: Die Religion ist eine wesentlich politische, keine kulturelle Frage. Das große Problem jener Jahrzehnte bildete die Römische Frage, alles Übrige war nicht von Interesse.

Die beiden Linien, in welchen das bescheidene kulturelle Suchen seinen Ausdruck fand, waren die traditionellen Linien der reformierten Frömmigkeit: die Bibel und die Geschichte.

Auf den verschiedenen Sektoren der biblischen Forschung, des Textkommentars, der kritischen Probleme usw. taten sich A. Revel und E. Bosio hervor. Sie brachten es fertig, wissenschaftliche Strenge und evangelische Frömmigkeit zu vereinen. Auf dem Gebiet der Geschichtsforschung zeichnete sich Emilio Comba (gest. 1903) aus, der beste Kenner der Reformation und des zeitgenössischen Waldensertums.

Forschungsstätte war natürlich die theologische Fakultät, die 1860 ihren Sitz nach Florenz verlegte, wo Evangelisten und Pastoren ausgebildet wurden. Das bedeutendste Dokument dieser Arbeit war die Monatsschrift »Rivista Cristiana«, die von 1873 bis 1887 in ihrer ersten Folge von Comba herausgegeben wurde.

Am Anfang dieser Forschung steht nicht nur ein kulturelles Interesse, sondern eine evangelistische Intention. Es ist dies keine literarische, akademische Arbeit, sondern eine Arbeit, die tief eingebettet ist in die Forschung und Rückbesinnung auf die alte waldensische Kirche. Die biblische Forschung soll vor allem den künftigen Evangelisten eine angemessene Bildung vermitteln, die es ihnen ermöglicht, eine wirkungsvolle evangelische Predigt zu halten und den jungen Gemeinden die Richtlinien christlicher Erkenntnis als Alternative zur katholischen Lehre an die Hand zu geben.

Es geht nicht darum, die Bildung zu klerikalisieren, indem man sie zu einem Instrument kirchlicher Politik macht, sondern die Themen und Probleme des christlichen Gedankenguts in kritischer, wissenschaftlich fundierter Form darzubieten. Diese Synthese von kultureller Forschung und evangelistischer Orientierung macht sich besonders in der historischen Arbeit bemerkbar.

Als Emilio Comba die Gestalten der Dissidenten des 16. Jahrhunderts, »unsere Protestanten«, wie er sie nennt, wieder ins Bewußtsein rückt, vollbringt er eine Leistung von unzweifelhaft historischem Wert. Vor allem aber macht er den italienischen Evangelischen ihre Vergangenheit wieder lebendig, gibt ihnen ein echtes Selbstbewußtsein. Die Protestanten sind nicht, wie die katholische Polemik behauptet, ein zweitrangiges Element, ein störender Fremdkörper in der Geschichte des italienischen religiösen Bewußtseins, sondern eine seiner wesentlichen Komponenten. Italien ist katholisch nicht wie eine Naturerscheinung, sondern nur historisch gesehen; denn die Reformation wurde gewaltsam unterdrückt.

Die italienischen Evangelischen sind in ihrem eigenen Haus daheim. Sie nehmen ein Gespräch über die Erneuerung auf, die einst in Blut und Tränen erstickt worden ist.

Die Kirche der Gegenreformation, des »Syllabus«, des Vaticanum I ist nicht »die« italienische Kirche, sondern nur »eine« Kirche, die Kirche des Papsttums, die gesiegt hat; aber die andere, die der Glaubenstreuen, der Echten, der Märtyrer ist ebenso italienisch.

Aufbruch von Marseille in den Chaco

Das zahlenmäßige Wachstum des Volkes und das wirtschaftliche Elend trafen in der zweiten Hälfte des Jahrhunderts die kleine Welt der Waldensertäler wie alle italienischen Agrargebiete und riefen ein Wanderphänomen bedeutenden Ausmaßes hervor. Das erste Aufnahmegebiet wird natürlicherweise im benachbarten französischen Grenzgebiet gesucht schon wegen der Sprachverwandtschaft; es hat nur Saisoncharakter. Hausburschen und Kellner wandern nach Lyon, Genf und der Côte d'Azur, eine Auswanderung, die mit dem Wegzug der Familien nach und nach endgültig wird. Sie bilden die Kerne waldensischer Vereinigungen in Marseille, Paris und Genf.

Bedeutsamer war die Auswanderung über den Ozean. 1856 wagten sich drei Familien aus Villar Pellice in die Republik von Uruguay, die sich erst kurz zuvor zwischen Brasilien und Argentinien konstituiert hatte, und in der Garibaldi einen gut Teil seiner Jugend zugebracht hatte. Nach langen Wanderungen von Provinz zu Provinz finden diese waldensischen Gruppen angemessene Unterkunft in der Provinz Colonia und gründen dort die erste Gemeinde »Colonia Valdense«.

Nach 1870 breitete sich die waldensische Auswanderung über die Gebiete im Norden von Uruguay und Argentinien, in der Provinz Bahia Blanca und im Chaco, aus. Der lange Marsch der fast hundert Familien aus Rorà in den argentinischen Chaco hat in den Annalen der waldensischen Auswanderung Berühmtheit erlangt. Sie hatten ihre Äcker, ihr Vieh und ihre Häuser verkauft und sich eingeschifft, ohne zu wissen, wohin es ging. Sie hatten sich dem Wort des Agenten, der sie führte, anvertraut. Nach wochenlanger Seefahrt und einer Stromfahrt auf dem Paranà fanden sie sich in der Unermeßlichkeit des argentinischen Waldgebietes wieder, um sich dort ein neues Leben zu zimmern.

Charakteristisch für diese waldensische Auswanderung war ihr religiöser Zusammenhalt und ihre enge Verbundenheit mit den heimatlichen Gemeinden. Die Pastoren und Lehrer, die die Siedler von den ersten Jahren an begleiteten, verstanden es, die kirchlichen Strukturen, die sich nun im Lauf der Jahrhunderte gefestigt hatten, wirksam zu erhalten: Pfarrhäuser und Schulen wurden

gebaut, Gottesdienste und Versammlungen organisiert. So wurde die kleine heimatliche Welt der Waldensertäler rekonstruiert.

Die sprachliche und organisatorische Bindung war so eng, daß die Gemeinde von Colonia Valdense von der Synode als 17. Waldenserpfarrei nach der 16., der Pfarrei von Turin, anerkannt wurde.

Von nun an begann man, von den »Kolonien« des Rio de la Plata zu sprechen. Diese Bezeichnung drückte absolut keine koloniale Abhängigkeit aus, sondern sie war ein Gemeinschaftsband zwischen den Muttergemeinden und den Kindern, die »Kolonisten« geworden waren. Die Gemeinden, die sich in der Folgezeit in den beiden südamerikanischen Republiken konstituierten, hingen also von der Tavola Valdese ab und bekamen von ihr wie alle Pfarreien in den Tälern Pastoren und Lehrer zugewiesen.

Dieses Bemühen, die eigene religiöse und kulturelle Identität zu erhalten, führte aber die südamerikanischen Waldenser nicht in die Sackgasse einer völkischen »Kolonie«, die von der Umwelt isoliert war, wie das mit ähnlichen Schweizer und deutschen Gruppen in Süd-, aber besonders in Nordamerika der Fall war. Ein Beweis wurde durch den Gebrauch der spanischen Sprache geliefert, die fast sofort als Kultursprache bei konsequenter Aufgabe des Französischen übernommen wurde, während das »patois«, der Dialekt, die Sprache im Kreis der Familie blieb. So wurde das religiöse Bekenntnis nicht zu einer sozialen Realität gemacht, es wurde nicht zum Exklusivkennzeichen einer jeden Gemeinde, sondern vielmehr zu einem Element, das für jedermann zugänglich war. Von nun an wurde die spanische Sprache nach dem Französischen im Bereich der Täler und dem Italienischen in den italienischen Gemeinden zur dritten Sprache in den waldensischen Kirchengemeinden Südamerikas.

Ähnlich, wenn auch zahlenmäßig viel geringer, verlief das Phänomen der Auswanderung in die USA. Die Einwanderer kamen in kleinen Gruppen nach und nach aus den Tälern. Eine geschlossene Gruppe siedelte 1875 aus Uruguay nach den USA über. Sie siedelte sich in Nordcarolina um das Städtchen Valdense an. Hier jedoch bildeten die Waldenser keine selbständigen Gemeinden, sondern gingen in den englischsprechenden Ortsgemeinden auf.

Ein kleiner Winkel im protestantischen Europa

Die besonderen Kennzeichen der waldensischen Evangelisation wurden auch auf dem kleinen Territorium der Täler sichtbar, wo Elemente der Tradition und der Erneuerung durch die Erweckung miteinander verschmolzen.

Ein halbes Jahrhundert nach Felix Neffs Besuch beginnt die tiefgreifende Umbildung, die von Beckwith auf dem Schulsektor betrieben wurde, ihre Früchte zu tragen. Die Täler sind nicht mehr das kleine Getto des 18. Jahrhunderts, das in den Bergen verrammelt war, sondern eine kleine protestantische Welt, in welcher sich in verkleinertem Maßstab die Merkmale des europäischen Protestantismus erkennen lassen, seine Vorzüge und seine Fehler.

Ein Volk von Bauern und kleinen Landbesitzern lebt unter härtesten Opfern in seinen Bergen mit einem Minimum an Überlebensstrukturen. Es denkt im wesentlichen traditionell in der Bewertung der politischen und sozialen Phänomene und ist zu individualistischer Verantwortung erzogen. Industrieansiedlungen in den Tälern berühren die waldensische Welt nicht. Dort arbeiten Zugewanderte mit fremder Sprache und fremdem religiösen Bekenntnis. Der Industrie zieht man die Auswanderung vor, oder man betritt den Weg der Studien.

Gerade damals erreicht das Bildungsprogramm seine größte Ausdehnung und Einheitlichkeit. Etwa einhundert Elementarschulen mit zwei Mittelschulen in Pomaretto und in Torre Pellice sowie das Gymnasium-Lyzeum in Torre Pellice werden 1898 staatlich anerkannt. Dieses organische, umfassende Schulsystem ist charakteristisch nicht nur deshalb, weil es das Analphabetentum der waldensischen Bevölkerung fast bis auf die Nullmarke herunterdrückte, sondern weil es die tragende Struktur, das Rückgrat der Erziehung bildet. Die Lehrer sind auf lokaler Ebene in den kleinen Ortschaften und Dörfern Träger kultureller Förderung. Ihnen ist die Leitung des sonntäglichen Gottesdienstes übertragen, ebenso des Religionsunterrichts bei der Jugend. Sie sind oft genug Gründer paralleler Initiativen: Volksbüchereien, allgemeine Bildungslehrgänge, Unterricht in Chor- oder Instrumentalmusik gehören zu ihrem Tätigkeitsbereich.

Diese Ausbreitung einer protestantischen Bildung geschieht durch die Zusammenarbeit der Professoren des Collegio (Gymnasium-Lyzeum) von Torre mit dem Ziel, eine echte Bildungselite heranzuziehen. Ihnen ist die pädagogische Schulung der Lehrer mit Kursen zur Vertiefung und zur Fort- und Weiterbildung übertragen. Sie leiten fast immer die waldensische Wochenzeitschrift ihres Gebietes, den »Témoin«, dann das »Echo des Vallées«. In dieser Umwelt entsteht die kleine, bedeutungsvolle Studienakademie, die den Namen Société d'Histoire Vaudoise trägt (später mit dem italienischen Namen Società di Studi Valdesi – die Waldensische Studiengesellschaft). Sie hat sich zum Ziel gesetzt, die historische Kenntnis des Waldensertums zu fördern, sei es durch gelehrte Forschung auf der Linie der bereits erwähnten »Rivista Cristiana«, aber noch mehr auf populärem Niveau durch Herausgabe eines Jahresberichts, durch Broschüren und essayistische Abhandlungen.

Der konsequenteste Ausdruck dieser kleinen protestantischen Welt »gebildeter Bauern«, wie sie ein neuerer Historiker bezeichnet hat, die an kritische Reflexion und an Ordnung gewöhnt sind und durch die Predigt ihrer Pastoren zu einem zuchtvollen Leben angeleitet werden, ist ohne Zweifel das Werk von Gruppen wie dem YWCA oder YMCA (dem deutschen CVJM entsprechend), die in den waldensischen Pfarreien Eingang gefunden haben. Damals wird die Waldenserkirche in beispielhafter Weise durch jene Bergbewohner dargestellt, die am Abend in der kleinen Schule ihres Dorfes sich versammeln – und wie oft war das Dörflein im Schnee begraben – und dort beim Schein der Petroleumlampe die Zeitung und die »Arbeiten« lesen, die sie als Teilnehmer schriftlich abzuliefern hatten, Gedichte, Abschnitte aus Büchern, moralische Betrachtungen usw., während der Gemeindeschreiber in tadelloser Schönschrift des 19. Jahrhunderts in sein Heft protokollierte.

Das alles ist keine in sich abgeschlossene Welt. Sie verfolgt aufmerksam alles, was in der Welt vor sich geht, dank ihrer Kenntnis der französischen Sprache und ihrer Kontakte zu den grenznahen Gebieten. Sie lebt eigengesetzlich, aber nicht introvertiert. Aus diesen Schulen und Dörfern gehen die Pastoren hervor, die in den Dienst des Evangelisationswerkes in Italien eintreten, und die Lehrerinnen, die ohne Rhetorik, aber mit Zähigkeit ihren Posten als Lehrerinnen in den Schulen in Mittel- und Süditalien neu beziehen.

Zum Beweis für die Weite des Horizontes darf man noch die Tatsache erwähnen, daß in der Schar der jungen engagierten Menschen echte Missionare nicht fehlten, die ihren Beitrag zur Pariser Missionsgesellschaft in Asien, Ozeanien und Afrika leisteten, wie z. B. die Familien Jalla, die die ersten Gemeinden im Sambesigebiet aufbauten.

Der missionarische Geist der Erweckung findet seinen Ausdruck in der Schaffung von Sozialwerken, die eine Tätigkeit immensen Ausmaßes in einer nicht selten entrechteten Bevölkerung entfalten sollten.

Zu den beiden Krankenhäusern in Torre Pellice und Pomaretto, die bis zur Jahrhundertwende zurückreichen und immer mehr den Charakter echter Krankenhauszentren angenommen haben, treten Waisenhäuser und Altenheime: 1894 in San Germano, 1895 in Luserna San Giovanni und 1898 als Heimstatt für unheilbar Kranke das Pflegeheim »Carlo Alberto«.

Niemand hat es besser verstanden als der Journalist und Schriftsteller De Amicis in seiner Sammlung von Reportagen »Alle porte d'Italia«, diese Realität ins Bewußtsein der Öffentlichkeit zu rücken und der Bewunderung des liberalen italienischen Bürgertums für diese Gegebenheiten Ausdruck zu verleihen.

Das Symbol für diesen Weg der Kirche im 19. Jahrhundert ist die Einweihung der Casa Valdese in Torre Pellice im Jahr 1885. Dieses Gebäude mit seiner theologischen Bibliothek, dem Synodalsaal und den Büros der Tavola bringt das Selbstbewußtsein der Waldenser in der Ära König Umbertos zum Ausdruck. Aus den geduldeten Bürgern von vor vierzig Jahren sind sie zu einer – wenn man so will – zwar kleinen, aber organischen Realität geworden, eine Gesamtheit von Gemeinden, Werken und Initiativen, die sich langsam in die nationale Wirklichkeit eingefügt haben.

III.

DAS NEUE ITALIEN

Unter Liberalen, Sozialisten und Katholiken

Die Jahre seit Ende des 19. Jahrhunderts bis zum großen Krieg sind nicht nur für die Geschichte des modernen Italien, sondern auch für die evangelische Welt Italiens entscheidend. Die Veränderung des politischen Bildes ist bekannt. An die Stelle der im wesentlichen antiklerikalen, freimaurerischen, positivistischen Linie, gefolgt von den Regierungen nach der nationalen Einigung, tritt das Programm Giolittis, der die in Italien vorhandenen Tendenzen auszubalancieren sucht.

In diesen Jahren gewinnen überall die politischen Kräfte ein neues Profil. Es bleibt deshalb nicht aus, daß sie in der Folgezeit aufeinanderprallen: auf der einen Seite die regierende konservative Klasse, auf der anderen Seite sozialistisch geprägte Kräfte aus dem Volk, in der Mitte die komplexe katholische Realität, zwar volkstümlich, aber konservativ.

Nicht weniger bedeutsam ist die Veränderung der Sensibilität, des kulturellen Klimas. Die Positivisten räumen das Feld für die Idealisten – Maestro don Gesualdo wird vom Piccolo mondo antico ersetzt, Carducci von Gabriele D'Annunzio. Es entstehen neue Moden und neue Interessen durch die religiösen, geistlichen Probleme. Es sind die Jahre des Spiritismus und der Theosophie.

Wie reagieren die Evangelischen und entsprechend die Waldenser auf die Veränderungen in der Politik und den Lebensgewohnheiten? Sie versuchen, sich in das Leben des Landes einzugliedern, indem sie das neue, freiheitliche Klima ausnutzen. Wenn man dafür ein Symbol wählen soll, denkt man unwillkürlich an »Bilychnis«, die schöne Zeitschrift für religiöse Studien, die 1912 von der baptistischen Fakultät ins Leben gerufen wurde. Die Protestanten bemühen sich um die Überwindung ihrer Isolierung, aber sie scheinen die Tiefe der im Gang befindlichen Veränderung nicht zu erfassen.

Sie schätzen, von wenigen Ausnahmen abgesehen, die Realität der sozialen Krise nicht richtig ein, die in der sozialistischen Arbeiterbewegung ihren Ausdruck findet; sie übersehen auch die Krise in der katholischen Welt. In den Jahren des Modernismus, der 1905 durch die Enzyklika »Pascendi« abgewürgt wurde, in den Jahren der Exkommunikation von Romolo Murri (1909) und der großen Debatten im Innern der sozialistischen Partei bleiben sie an den Schemata des ausgehenden 19. Jahrhunderts haften.

Dabei haben einige Faktoren mitgespielt: der ländliche oder kleinbürgerliche Charakter fast aller waldensischen Gemeinden, das Verflochtensein der einflußreichen Glieder der Gemeinden mit der radikalen oder liberalen Umgebung, die pietistische und individualistische theologische Bildung, endlich auch die harten Kämpfe, die seit Jahrzehnten mit dem im Katholizismus herrschenden Klerikalismus geführt wurden.

In diesen Jahren wird auch eine gewisse Auflösung auf organisatorischem Gebiet sichtbar. 1905 hört die »Freie Christliche Kirche« auf zu existieren. Nach einer schwierigen, krisenhaften Periode geht sie in der methodistischen und waldensischen Kirche auf. Nach einem halben Jahrhundert voller Kämpfe ist der Traum zu Ende, zu einer großen nichtkatholischen Kirche in Italien zu werden. Die Krise der Freimaurerei berührt 1908 indirekt einige Exponenten der evangelischen Welt, die in ihr gekämpft haben in der Hoffnung, sich im politischen Leben einsetzen zu können. Dagegen ist aber auf den Beginn der Pfingstbewegung hinzuweisen, die sich in der Folgezeit erheblich ausbreiten sollte. In diese unsichere Situation ist auch die Waldenserkirche voll hineingezogen.

Scheinbar bleibt sie klar auf der Linie der »Evangelisation«. Neue Gemeinden entstehen in Süditalien. Die Eröffnung von Gottesdiensträumen in Riesi auf Sizilien (1906), Mailand (1909) und Corato in Apulien (1913) kann als ein sichtbares Zeichen dafür gewertet werden. Die Theologische Fakultät setzt ihre Arbeit mit der »Rivista Cristiana« fort. 1908 erscheint eine neue Wochenzeitschrift »La Luce«, die das Erbe anderer evangelischer Zeitungen übernimmt.

Eine Phase der Neuordnung und Reorganisation, die das Vorspiel für eine neue, zeitgemäße Aktion sein sollte; stattdessen bleibt sie voller Unsicherheit und Erwartung. Die Kräfte, die in den letzten dreißig Jahren die Kirche geleitet haben, tragen nicht mehr. Die vorsichtige Zurückhaltung gegenüber allen neuen Formen des religiösen und politischen Lebens, die unausgesprochene, aber deswegen nicht weniger starke Zustimmung zur Linie Giolittis führen dazu, die kleine waldensische Welt langsam auf Formen des kleinbürgerlichen, individualistischen, verinnerlichten Gedankengutes auszurichten, wenig empfänglich für die kollektiven Kräfte, die mehr und mehr das nationale Leben bestimmen.

Die vorhandene Aktivität der Schulen ist deutlich im Rückgang begriffen, vorab auf dem Gebiet der Evangelisation. Sie bleibt völlig den Tälern überlassen, nachdem die neue Gesetzgebung von 1905 in Kraft getreten ist, die das Bildungswesen dem Staat vorbehält. Das »kleine Vaterland« der Täler bewegt sich auf absteigender Linie und verliert allmählich seine tragende Struktur. Nur mühsam kann es sich in die Strukturen des öffentlichen Lebens hineinfinden. Die staatlichen Lehrkräfte stammen immer weniger aus den Tälern selbst, sondern kommen immer häufiger aus anderen Gegenden Italiens. Das führt zu einem Bruch zwischen schulischer Kultur und Umwelt, für die sie völlige Fremde sind. Das Vätererbe der französischen Sprache wird aufgegeben. Die Auswanderung geht weiter, aber sie geschieht nicht mehr in ganzen Gruppen, sondern weist eine merkliche Streuung auf. Die »Kolonien« am Rio de la Plata erleben eine Periode zunehmender Isolierung.

Schwerwiegender ist die Krise der theologischen Fakultät. Ihre Einrichtung überlebt als eine gute theologische Schule, aber ohne jene kulturelle Dynamik, die einmal charakteristisch für sie war. Comba stirbt 1903 und wird ersetzt durch Pastor Giovanni Rostan. Auf Geymonat folgt Giovanni Luzzi, ein Exponent der liberalen Theologie, dessen Name mit der Übersetzung der Bibel verbunden ist. Er war der geistige Kopf einer empfindsamen, gläubigen Generation, die für alle geistigen Forderungen des Augenblicks offen war, aber von den Ereignissen überholt wurde.

1915 wird in Rom das Gotteshaus an der Piazza Cavour eingeweiht, das großartigste Bauwerk des evangelischen Italien. Volk
und Behörden haben lebhaften Anteil daran genommen, wie sei-
nerzeit bei der Einweihung in Turin. Für die Kirche verdichtet sich
vorübergehend der Eindruck, als habe sie ihren Platz im Bereich
des nationalen Lebens eingenommen, nur wenige hundert Meter
von St. Peter entfernt. In der gleichen Stadt, in der die Anhänger von Waldes vergebens versucht hatten, mit der Kirche zu
sprechen, haben die Waldenser nun eine neue Gottesdienst-
stätte. In Turin hat man sechzig Jahre vorher ein prophetisches
Wort gesprochen; jetzt schreibt man das Schlußwort über einen
achthundert Jahre alten historischen Prozeß.
Von größerer Tragweite ist aber der im gleichen Jahr gefaßte
Beschluß, die Tavola und das Evangelisationskomitee in eines
zusammenzufassen. Nach 55jähriger Trennung, in der sie nur
synodale Sitzungen vereinten, gehören jetzt die beiden Teile der
Waldenserkirche zusammen in einer Verwaltungseinheit. Von
Bobbio Pellice bis Vittoria auf Sizilien bilden die Waldenser einen
einzigen, in territoriale Distrikte unterteilten Organismus.

Die große Krise

Der Eintritt Italiens in den Krieg im Jahre 1915 scheint den Waldensern wie vielen Italienern die notwendige Vollendung der
nationalen Erhebung zu sein. Ihre Teilnahme ist also folgerichtig,
gleichsam um einen nachträglichen Treuebeweis zu den Idealen
des Vaterlandes zu liefern, an dessen Aufbau man bisher gearbeitet hatte; aber es ist eine Teilnahme ohne Fanatismus. Für die
Waldenser kommt das religiöse Ideal stets vor dem nationalen
Ideal. Sie fühlen sich zugehörig zu einer Gemeinschaft mit einem
weltumspannenden Glauben, der Engländer, Amerikaner und
Deutsche verbindet. So gesehen ist der Krieg für sie eine Gewis-
senskrise; sie waren an eine geeinte protestantische Welt gewöhnt. Der Krieg wurde deshalb auch für sie wie für ganz Italien
der Beginn einer tiefen Krise.
Hier sind zwei Tatsachen von großer Bedeutung: das Ende der
protestantischen Vorherrschaft auf der Welt und der Aufstieg der

katholischen Kräfte auf nationaler Ebene. Der Krieg deckte die Krise der protestantischen Mächte England und Deutschland auf. Er kennzeichnet aber auch den Zerfall der liberalbürgerlichen Ideologie und indirekt das An-den-Rand-gedrängt-werden des Protestantismus und seiner Werte. Die Zukunft steht bald unter dem Zeichen anderer Ideologien, vorab der marxistischen.

Dem Zusammenbruch der protestantischen Kultur steht aber das politische und kulturelle Wiederaufleben des Katholizismus und seines alten Traumes von einem konservativen Humanismus gegenüber. Die katholische Partei wird zur Vorkämpferin im Raum der italienischen Geschichte.

Bei diesem Durcheinander und bei dem unverkennbaren Willen zum Überleben in der Nachkriegszeit können die Evangelischen sich der Täuschung hingeben, sich auf dem großen Evangelischen Kongreß in Rom im Jahre 1920, an dem alle Denominationen teilnehmen, und mit dem Erscheinen der Zeitschrift »Bilychnis« in die italienische Realität zu integrieren. Auch die Waldenser können sich im Blick auf ihre theologische Fakultät in Rom und die Einweihung zweier repräsentativer pädagogischer Einrichtungen in Torre Pellice zur Erinnerung an die Gefallenen des Krieges dieser Täuschung hingeben. In Wirklichkeit finden sie von nun an überhaupt kein Gehör mehr im Leben der Nation. Sie sind Fremdlinge geworden, auch wenn ihnen das nicht sofort bewußt wird. Die Gefahr des Faschismus ist nicht mit letzter Klarheit gesehen worden. Mussolini kommt wie später Hitler, formal gesehen, legal an die Macht mit einer anerkannten Regierung. Nach und nach kommen die nationalistischen, autoritären und gewalttätigen Tendenzen der neuen Partei an den Tag, und die Waldenser ziehen sich auf sich selber zurück. Eine Sache erfüllt sie mit besonderer Besorgnis: das Zusammenwirken, das sich zwischen Faschisten und Klerikalen anbahnt und 1929 im Konkordat zwischen dem italienischen Staat und dem Heiligen Stuhl seine Vollendung findet.

Im Schatten des Konkordats

Als die faschistische Regierung die Lateranverträge unterzeichnete, verleugnete sie das Risorgimento und seinen Kampf um die staatliche Freiheit und akzeptierte stattdessen den Vatikan als Gesprächspartner. Das bedeutete für die Katholiken nicht nur Anerkennung ihrer Stellung in der Nation, sondern verlieh dem Katholizismus auch sein neues Gesicht. Er war eine von einer politischen Macht manipulierte Masse ohne jede theologisch prüfende Reflexion.

Der italienische Katholizismus zahlte diese seine Förderung durch die politische Macht mit dem dürftigsten Konformismus und einer erschreckenden kulturellen Unterentwicklung, wovon er sich auch nach dem II. Vaticanum nicht erholt hat.

Im Schatten des Konkordats sind die Evangelischen nicht nur an den Rand der Nation gedrängt, sondern sie werden nur noch am Rande vermerkt, nicht nach Recht und Gesetz, sondern nur aus Gewohnheit. Die 1929 eigens dazu erlassene Gesetzgebung spricht von ihnen als von »zugelassenen Kulten« im Staat. Einige Exponenten auch der waldensischen Führungsschicht geben sich der Täuschung hin, damit juristisch anerkannt zu sein. Die alte Verfassung Carlo Albertos sprach von den Waldensern als den »Tolerierten«; aber toleriert werden von den liberalen Regierungen des 19. Jahrhunderts war etwas ganz anderes, als von einem faschistischen Regime »Zugelassene« zu sein.

Da war der harte Wille einer Regierungskontrolle durch das ministerielle Genehmigungsverfahren für die Pastoren. Da war der Versuch, die evangelische Realität in Grenzen und fest in der Hand zu halten, weil die faschistische Politik sie wegen ihrer vielen Kontakte zum Ausland, ihrer angeblich anarchistischen Herkunft und ihrem Hang zur Autonomie nur als gefährlich einstufen konnte. In diesem Klima gewinnt eine Gleichung Gestalt, die fünfzig Jahre früher undenkbar gewesen wäre: Ein Italiener = ein guter Katholik, ein Protestant = ein Ausländer, fast möchte man sagen: ein Verräter der nationalen Sache.

Und das gilt nicht nur bei Gesprächen, sondern auch in den Augen der Polizei. Dieselbe schmerzliche Erfahrung machen die Pfingstgruppen, die von dem infamen Ministerialerlaß betroffen werden, der ihre Versammlungen zum Schutz der Integrität der lateinischen Rasse verbietet. Pfingstler, Heilsarmee – sie alle sind »Verkaufte an das Ausland, gekauft mit englischem Gold«.

Dem An-den-Rand-Gedrängtsein im Innern entspricht eine Isolierung auch im Blick auf das Ausland, vor allem auf die Waldensergemeinden in Lateinamerika. Formal sind sie ein integrierender Bestandteil der waldensischen Realität. Sie schicken Deputierte zur Synode, sie bekommen ihre Pastoren aus Italien. Tatsächlich aber beginnt ein Prozeß der Verselbständigung und Entfernung vom »Mutterland«. Dasselbe geschieht mit dem europäischen Protestantismus. Die Verbindungen werden nicht abgebrochen (es sind die Jahre der ersten ökumenischen Bewegung, und die Waldenser nehmen sofort engagierten Anteil daran), aber sie ändern ihre Beziehungen.

Vor eigene Entscheidungen gestellt, sind die Waldenser gezwungen, die Verantwortlichkeiten von Fall zu Fall selbst zu übernehmen. Was sie bei der Einengung der Horizonte verlieren, gewinne sie an Selbständigkeit und Reife. Die Tavola war zu einschneidenden Maßnahmen gezwungen und mußte nach der Krise von 1929 den wirtschaftlichen Schwierigkeiten Einhalt gebieten. Sie mußte eine Sammlung durchführen (die »Woche des Verzichts«), um die hohen Ausgaben zu decken. Sie mußte Immobilien veräußern (als erste von allen die Kirche von Nizza, die erste des Evangelisationswerkes – fast ein Symbol), sie mußte Pastoren beurlauben und Evangelisationsprogramme reduzieren.

Diese fünfzehn Jahre Autonomie (1930–1945) waren nicht nur wichtig für die Übernahme von Verantwortung, sondern auch für das interne Gespräch. Sie mußten sich mit der Umwelt messen und ihre eigene Existenz rechtfertigen. Das führte die Waldensergemeinden zu einer tiefgehenden Revision ihrer bis dahin geübten Arbeitsmethoden; sie mußten bisher nicht begangene Wege suchen, um mit der neuen Situation fertig zu werden.

Zwei Wege wurden vorgeschlagen: »Wiederbelebung des evangelistischen Geistes« und »Bildung eines protestantischen Bewußtseins«. Im ersten Sinn betätigte sich die Jugendbewegung, organisiert als »Federazione Unioni Valdese« (F.U.V.). Eine andere Linie vertraten einige Pastoren und Intellektuelle um Giovanni Miegge.

242

Die ersten, die sich an eine Arbeit mit streng konfessionellem Charakter machen, vertreten die traditionelle Theologie liberal-protestantischer, gefühlsbetonter und polemischer Prägung in Form eines dynamischen Aktivismus. Die anderen versuchen erneut, sich die christliche Verantwortung im Licht des ganz modernen protestantischen Denkens deutlich zu machen: im Licht der Theologie Karl Barths, des Kampfes der Bekennenden Kirche in Deutschland gegen den Nationalsozialismus und der ökumenischen Bewegung.

Einsatzmittel der F.U.V. waren Zusammenkünfte, Jugendlager, Begegnungen und Laienspiele; Einsatzmittel der »Barthianer« waren die Zeitschrift »Gioventù Cristiana« und die theologischen Tagungen in der Kirche von Ciabas.

Die erste Richtung schöpfte ihre Kraft aus der 800 jährigen Tradition, aus einem persönlichen Glauben, aus einem unpolitischen Evangelisch-sein. Sie zielte darauf ab, die Gemeinden in ihrem inneren Zusammenhalt zu stärken, und führte zu einer im wesentlichen unfaschistischen Haltung. Die zweite, inspiriert von der tiefgreifenden Neuorientierung, die im italienischen Protestantismus von Giuseppe Gangale ausging, war darum bemüht, den Gläubigen das Gewissen zu schärfen mit einem Glauben, der für die Probleme der Zeit offen war.

Das Bestreben dieses kalabrischen Gelehrten, der in die Baptistenkirche eingetreten war, wurde auf dem Gebiet der Publizistik bestimmend durch die Leitung des Wochenblattes »Conscientia« und durch den Verlag Doxa. Die evangelischen Gläubigen öffneten sich für die Probleme der damaligen Zeit und Gesellschaft, was indirekt zu einer ausgesprochen antifaschistischen Einstellung führte.

Im Augenblick des Zusammenbruchs des Faschismus am 8. September 1943 sahen sich die Laien der »Gioventù Cristiana« von ihrer Denkweise her dazu veranlaßt, verantwortliche Positionen und Stellungen in der Widerstandsbewegung in den Waldensertälern und außerhalb derselben zu übernehmen.

Dieses Phänomen in den Waldensertälern hatte einen eindeutig volkstümlichen Charakter. In den Partisanenformationen kämpfen viele junge Männer aus den Waldensergemeinden, alle aus den gleichen Motiven: politisches Gespür bei einzelnen, bei der

243

Mehrzahl eine natürliche Reaktion aus ihrer Tradition der Gewissensfreiheit heraus, auch wenn die Waldenserkirche als Körperschaft sich niemals offen dafür aussprach und in diesem Bereich niemals eine klare Position einnahm. Es waren nicht wenige Männer aus dem Waldenservolk oder solche, die sich zu ihm rechneten wie der Toskaner Jacopo Lombardini, die ihre evangelische Überzeugungstreue im Kampf für die Freiheit mit dem Leben bezahlten.

IV.

DIE GEGENWART

Die Jahre des Wiederaufbaues

Die Nachkriegsjahre waren für die Italiener eine Zeit voll großer Hoffnung, aber auch tiefer Enttäuschung. Der Sturz des Faschismus gab Italien das demokratische Leben zurück und eröffnete den Ausblick auf eine gründliche Erneuerung des nationalen Lebens. Man lebte jetzt in einer hoffnungsvollen Atmosphäre, was sich in mancherlei Projekten und Initiativen manifestierte und alle mitriß. Die Enttäuschung kam sehr schnell, als man merkte, daß die faschistische Geisteshaltung im Lande fortdauerte und die italienische Gesellschaft nicht zur Erneuerung bereit war.

Viele hatten geglaubt, daß die Krise des Faschismus nichts weiter als eine episodische Erscheinung im nationalen Leben war, eine Art Parenthese, die man als abgeschlossen betrachten und nach der man zur Situation von früher zurückkehren könnte. Das war in Wirklichkeit unmöglich; denn zu viele Änderungen waren in der Zwischenzeit eingetreten. Die politische Situation insonderheit war total verändert. Die politischen Kräfte, die Italien im 19. Jahrhundert regiert hatten – Liberale und Radikale – gab es nicht mehr. Die Szene war jetzt von zwei neuen Parteien beherrscht: einmal von der kommunistischen Partei, die seit ihrer Gründung im Jahr 1922 eine Vormachtstellung über die gesamte Linke anstrebte, und von der Democrazia Cristiana.

Als 1948 diese Partei die Regierungsgewalt übernimmt, wird eine neue Seite in der Geschichte des modernen Italien aufgeschlagen. Im Klima des Kalten Krieges, das sich über Europa ausbreitete, betreiben die christdemokratischen Regierungen auf der ganzen Linie eine entschlossen konservative Politik und blockieren jeden Versuch einer sozialen, kulturellen und politischen Erneuerung. In kaum einem Jahrhundert gelangte der Katholizismus derart von einem totalen Verzicht auf Teilnahme an der Politik (1870) zur vollen politischen Macht. Nachdem er das liberale

245

Italien als atheistisch, gegen Gott im Aufruhr befindlich und den christlichen Glauben zersetzend, exkommuniziert hatte, stellten die Katholiken sich nun als die Verteidiger des italienischen Geistes, als die Garanten der Freiheit und des Fortschrittes, als die wahren Italiener hin.

In welcher Situation befinden sich auf diesem Hintergrund die evangelischen Italiener und besonders die Waldenser?

Auch sie haben teil an der hoffnungsvollen Zeit unmittelbar nach 1945. Sie beschränken sich jedoch nicht darauf, ihre durch den Krieg durcheinandergeratenen Gemeinden wieder aufzubauen und interne Probleme zu lösen. Sie machen sich voller Enthusiasmus an die Aufgabe der Erneuerung des italienischen Lebens, genau wie ein Jahrhundert zuvor, aber jetzt mit einem wacheren und kritischeren Bewußtsein.

Eine erste bedeutende Tatsache wird schon in der Solidarität deutlich, die nun die verschiedenen evangelischen Kirchen verbindet und an die Stelle von Rivalitäten und Polemiken des vorhergehenden Jahrhunderts tritt. Die Teilnahme an der ökumenischen Bewegung, die sich in jenen Jahren konstituierte, hat eine wichtige Konsequenz: Sie zwingt die verschiedenen evangelischen Kirchen in Italien zu größerer Einigkeit. Die beiden methodistischen Kirchen (die wesleyanische und episkopale) vereinigen sich 1946. Zusammen mit der waldensischen Kirche und den baptistischen Kirchen bilden sie einen »Consiglio federale«, einen föderativen Rat der italienischen Kirchen. Daraus entsteht eine immer engere Zusammenarbeit auf lokaler, aber auch auf nationaler Ebene, wie sie u. a. in Rundfunkgottesdiensten, Jugendarbeit, Ausbildung der Pastoren, in Programmen für die Sonntagsschulen erkennbar wird.

Dies alles bringt eine Horizonterweiterung mit sich, der man auch sonst im waldensischen Leben jener Jahre begegnet. Da ist vor allem die Reorganisation der Theologischen Fakultät durch die Generation, die aus der »Gioventù Evangelica« hervorging. Valdo Vinay wird 1940 als Professor berufen, Vittorio Subilia 1949, Giovanni Miegge 1954. Die Zeitschrift »Gioventù Cristiana« hat man durch »Protestantesimo« ersetzt und verfolgt damit die Absicht, den Kampf um die Erneuerung der Kirche und die Heranbildung eines qualifizierten Pastorenstandes fortzusetzen. Die Fakultät wird so allmählich nicht nur wieder ein bewährtes Studienzentrum, sondern auch ein Bezugspunkt für die Ausrichtung der Kirche.

Ebenso wichtig war die Wiederaufnahme der Beziehungen zu den Waldensergemeinden im Gebiet des Rio de la Plata. Total verändert nach jahrelanger Isolierung sind die »Kolonien«, wie man sie weiterhin freundschaftlich und brüderlich bezeichnete, verwaltungsmäßig und seelsorgerlich völlig selbständig geworden. Zwischen den Waldensern diesseits und jenseits des Atlantik herrscht völlige Gleichberechtigung und damit eine Beziehung wie zwischen zwei verschiedenen Bereichen derselben Kirche.

Etwas elementar Neues war Agape. Diese Gründung, erbaut in den Waldensertälern zwischen 1948 und 1953, war von Pastor Tullio Vinay als Studien- und Begegnungszentrum für die jungen Waldensergenerationen gedacht und damit zu einer fundamentalen Lebens- und Glaubenserfahrung geworden. Schon die Erstellung war einmalig. Man appellierte an die freiwillige Mitarbeit der evangelischen Jugend. Tatsächlich bildete sich eine große internationale Jugendgemeinde, die monatelang die Erfahrung einer christlichen Bruderschaft erlebte. Das Interesse an dem Projekt förderte die Kontakte mit den protestantischen Kirchen. Es half den Waldensern aus ihrer kleinen, engen Welt heraus, in der sie jahrelang eingeschlossen waren. Wichtiger noch wurde die Erfahrung der Kontakte und Gespräche mit Personen aus verschiedenen Lebenskreisen, mit Gläubigen und Glaubenslosen. Es war charakteristisch, daß keine Kirche gebaut wurde wie in anderen ähnlichen Zentren, sondern das gesamte Leben – Studium, Predigt, Spiel und die Mahlzeiten – vollzog sich in einem einzigen großen Saal. Damit sollte die theologische Linie dieses Zentrums sichtbar werden: das innere, religiöse und profane Leben im Zeichen der realen Gegenwart Christi zu führen, es zu leben in der Liebe nach 1. Korinther 13.

Dieses Drängen nach Erneuerung und zu Aktivitäten wird nun in verschiedener Weise erlebt. Viele denken, man könne Italien mit einem Arbeitsprogramm im Stil des 19. Jahrhunderts erneuern: Evangelisationsfeldzüge, öffentliche Vorträge und Schaffung neuer Gemeinden. So denken auch viele neue »Missionare«, die aus den USA herübergekommen sind und neue Aktivitäten in Angriff nehmen. Man darf nicht vergessen, daß gerade damals die Pfingstler ihre Arbeit besonders in den süditalienischen Landesteilen außergewöhnlich erfolgreich wieder aufnehmen.

Die waldensische Generation, die in den Agape-Lagern geformt wurde, und die jungen Theologen der Fakultät sehen jedoch die Probleme des Zeugnisses mit unterschiedlicher Optik. Geformt von der Theologie Karl Barths und von den Kriegserfahrungen, sind sie sensibler geworden für die Probleme der Kirche im Raum der Welt, stärker als für die Fragen des einzelnen Gläubigen. Sie erleben das Evangelium intensiver als Botschaft von der Herrschaft Christi und nicht in erster Linie als Botschaft ihres persönlichen Heils. Sie sind deshalb aufgeschlossener für die Probleme ihrer Umwelt. Diese beiden Tendenzen existieren in der damaligen Waldenserkirche in Rede und Gegenrede, manchmal in polemischer Spannung. Sie haben aber ein einigendes Moment: Der für die Religionsfreiheit geführte Kampf findet wohl in politischen und kulturellen Stellungnahmen seinen Ausdruck, hat aber doch eine tiefreichende theologische Wurzel.

Die beiden Parteien, die sich in der Nachkriegszeit gegenüberstehen, sind, wie bereits erwähnt, die katholische und die kommunistische. Sie sind jedoch mehr als nur zwei Parteien – es sind zwei Ideologien, zwei entgegengesetzte Kulturen wie im 19. Jahrhundert die Katholiken und die Liberalen. Zwei Visionen von der Welt, die jede für sich das Recht in Anspruch nimmt, dem italienischen Leben ihren Stempel aufzudrücken und die Fundamente für seine Zukunft zu legen. Der grundsätzliche Unterschied im Blick auf das 19. Jahrhundert besteht in der Tatsache, daß die Macht jetzt in den Händen der katholischen Partei liegt, die das Leben der Nation zielbewußt konfessionell beeinflußt.

Welcher Lebensraum bleibt den Evangelischen zwischen diesen beiden Kulturen, die in Italien den Machtanspruch erheben? Gemeinsam mit dem Katholizismus haben die Evangelischen den christlichen Mutterboden. Es bleibt jedoch eine tiefe Verschiedenheit nicht nur in der Lehre, sondern auch in der Ethik, besonders in der Einstellung zur bürgerlichen Welt. Die katholische Vorstellung von einer »christlichen Gesellschaft« steht in tiefem Gegensatz zur evangelischen Position, also zu einer Kirche, die das Evangelium in der Gesellschaft bezeugt. Der Abstand zum

Marxismus im ideologischen Bereich ist klar. Man muß aber dabei die soziale Wirklichkeit eingehend prüfen, den Abstand zur katholischen Religiosität im Auge behalten und die Forderung nach einer gründlichen Erneuerung der Gesellschaft aufrechterhalten. Mit großer Entschlossenheit, aber auch mit ebenso viel Anstrengung bemühen sich deshalb die Evangelischen, eine prinzipiell christliche, aber für die Erneuerung offene Position deutlich herauszustellen.

Die Zweideutigkeit der italienischen Politik und ihre Tendenz zum Machiavellismus machen jedoch die Position der Evangelischen schwierig. Bei der Ausarbeitung der Verfassung von 1945 taten sich Klerikale und Kommunisten bei der Abstimmung über einen Verfassungsartikel (Artikel 7) zusammen, der am Konkordat zwischen Italien und dem Heiligen Stuhl vom Jahr 1929 festhielt. Die Beziehungen zwischen Kirche und Staat werden so erneut zu einem fundamentalen Problem des modernen Italien. Es ist offensichtlich, daß ein tiefer Unterschied besteht zwischen den Prinzipien einer modernen Verfassung wie der italienischen und der Form des Konkordats, das einer Konfession, eben der katholischen, besondere Rechte einräumte, ihr den Charakter der Staatsreligion zuerkennt, sie unterstützt, dabei andererseits ihr eine Kontrolle über ihre Aktivitäten aufnötigt.

Die christdemokratischen Regierungen waren jedoch nicht nur auf sozialem, sondern auch auf religiösem Gebiet konservativ. Die faschistischen Gesetze wurden nicht abgeschafft. Die Handlungsfreiheit der Evangelischen erfuhr starke Beschränkungen. Verwarnungen, Verhaftungen und bürokratische Behinderungen waren an der Tagesordnung. Es war also ein großer Einsatz der evangelischen Kirchen nötig, um jene Religionsfreiheit zu erreichen, die die Verfassung vorschreibt. Dieser Kampf wurde mit der einen klaren Forderung geführt: Es ging nicht nur darum, die eigene gottesdienstliche Freiheit zurückzugewinnen, sondern auch um die Forderung nach einer demokratischen Gesellschaft. Die Freiheit auf einen Sektor, den religiösen, zu beschränken, sagten die Evangelischen, bedeutet, auf allen anderen Sektoren gegen eine autoritäre, repressive Gesellschaft weiter anzugehen. Aber dieser Kampf für die Demokratie hatte auch, das sei nicht vergessen, einen tiefgründigen theologischen Nährboden.

Gegen das Konkordat und für die religiöse Freiheit kämpfen, hieß in der Tat, im öffentlichen Leben Italiens das Vorhandensein einer von der katholischen Kirche abweichenden Kirche bewußt zu machen, hieß, dem modernen Italien deutlich zu machen, daß die katholische Kirche das Konkordat zu einem Machtinstrument machen wollte. Kann eine christliche Kirche in der Gesellschaft engagiert sein, ohne autoritär zu sein, ohne zu dominieren, ohne auf Privilegien zu pochen? Gibt es zu der marxistischen These von einer Religion als Opium für das Volk eine Alternative, d. h. eine Kirche, die dem Evangelium treu ist, das nicht Entfremdung, sondern Befreiung ist? Kann die Kirche im öffentlichen Leben eines Landes präsent sein, ohne den Anspruch zu erheben, zum eigenen Vorteil zu agieren? Auf alle diese Fragen waren die Evangelischen zu einer Antwort gerufen, wenn sie die römisch-katholische Position ablehnten. Eine Antwort geben, bedeutete für sie, eine sehr klare und theologisch fundierte Lehre von der Kirche zu haben. Das war das zentrale Problem der folgenden Jahre.

Entwicklung bis zur 800-Jahr-Feier

Um das Jahr 1960 erfährt die italienische Gesellschaft eine tiefe Umschichtung. Ein Agrarland mit wenigen Industriezonen im Norden, an traditionelle Lebensformen gebunden, mit spärlichem Bildungszuwachs, so tritt Italien in einen unvorhergesehenen und turbulenten Wirtschaftsboom ein, der die Probleme nicht löst, sondern neue Spaltungen und Spannungen schafft. Die Abwanderung in die Städte und Dörfer jenseits der Alpen (Belgien, Schweiz, Deutschland) führt zur Entvölkerung der süditalienischen Regionen. Ganze Dörfer sind nur noch von Greisen und Frauen bewohnt. Entwurzelte Familien versuchen mühsam, sich in städtische Verhältnisse einzuleben.
Diese Umschichtung findet jedoch keine Parallele im politischen Leben. Die großen Agrarreformen, die der aus dem Mittelalter überkommenen Latifundienwirtschaft ein Ende setzen sollten, die Schul- und Sozialreform – das alles wird von Jahr zu Jahr verschoben. Die Spannungen im Lande wachsen.

250

Auch das Antlitz der evangelischen, vorab der waldensischen Welt unterliegt massiven Veränderungen. Die Abwanderung vom Land in die großen Städte und vom Süden nach dem Norden läßt viele kleine Gemeinden völlig verarmen. In den Städten wird die Streuung der wenigen Evangelischen noch größer. (2000 Waldenser können in einer Stadt mit 200000 Einwohnern ihr gemeindliches Leben zum Ausdruck bringen; das ist jedoch nicht mehr möglich, wenn die Stadt die Millionengrenze übersteigt, auch wenn die Zahl der Waldenser auf 3000 gestiegen ist.)

Diese Probleme erfordern eine tiefgehende Revision des Gemeindelebens und des pfarramtlichen Dienstes. Neue Formen des Gemeindelebens werden gesucht; die Laien-Bildung wird in Angriff genommen. Zunächst werden Studienlager, Seminare und die Verlagsarbeit ausgeweitet. Das alles vollzieht sich in voller Übereinstimmung mit der europäischen evangelischen Welt; aber der italienische Protestantismus präsentiert ein ihm eigenes Charakteristikum. Die theologische Forschung nimmt nicht nur Rücksicht auf die Situation, in der sich die Kirche befindet, sondern sie ist gewissermaßen von deren Situation her orientiert. Theologische Fragen werden nicht nur von der Universität her gestellt, sondern auch von den Gemeinden aus. Es sind keine Fragen theologischer Wissenschaft, sondern ganz konkrete Fragen, die alle um die fundamentale Frage kreisen: Wie kann man Italien für das Evangelium gewinnen, wie die Botschaft Christi in die Erneuerung der Nation einbringen? Es ist die Frage, die wie ein Leitmotiv die gesamte waldensische Geschichte durchzieht, die sich nun aber unter neuen Aspekten stellt.

Die angemessenste Form scheint das soziale Engagement zu sein, mit der Schaffung von kirchlichen Werken, Einrichtungen, engagierten Gruppen nicht nur das unmittelbare Problem materieller Hilfe zu lösen, sondern die Botschaft der christlichen Hoffnung mitzuteilen. So wird die Zahl der Kinderheime vermehrt. Man versucht es mit genossenschaftlichen Betrieben. Die vorhandenen Heime werden vergrößert. Die praktische Durchführung ist sehr unterschiedlich, sie reicht von bescheiden bis grandios – immer gemessen an den Kräften der Waldenserkirche. Damals verläßt Tullio Vinay Agape und begibt sich mit einer Gruppe aus Agape nach Riesi auf Sizilien, wo er den »Servizio Cristiano« einrichtet.

Es ist das keine Pfarrei (in Riesi besteht bereits eine Waldensergemeinde), aber auch kein soziales Hilfswerk. Nach seiner Vorstellung sollte ein Zentrum des gemeinsamen Lebens geschaffen
werden, das mit seinen verschiedenen Aktivitäten das Leben des
Städtchens erneuern sollte. Der Plan begegnet erheblichen
Schwierigkeiten. Trotzdem ist er symbolisch für jene Suche nach
dem Zeugnis, in der sich die Kirche damals engagiert. In einem
der unterentwickelten Stadtteile von Palermo entsteht ein Schul-
zentrum, das einige hundert Kinder aufnimmt. Am Stadtrand
von Mailand organisiert eine Gruppe von Gläubigen unter der
Führung von Pastor Giorgio Bouchard eine Kommune, die eine
Abendschule für Erwachsene unterhält, die »Schule Jacopo Lombardini«.
Die Sozialwerke warfen jedoch ein nicht zu übersehendes Problem auf: Darf die Verkündigung des Evangeliums, wie sie in
der Diakonie der Kirche zum Ausdruck kommt, sich darin er-
schöpfen? Ist in jeder Tat der Liebe und des Dienstes an den
Bedürftigen schon das Zeugnis für Christus enthalten? Oder muß
es vielmehr besonders zum Ausdruck gebracht werden? Und
wie kann das geschehen, ohne daß es zu einer unguten Prosely-
tenmacherei führt? Diese Frage stand im Mittelpunkt der lebhaft
geführten Debatten in den Gemeinden und Synoden. Während
man in den Gemeinden darüber diskutiert, veränderte ein großes
Ereignis die religiöse Situation in Italien: das II. Vatikanische
Konzil.
Die italienische Öffentlichkeit sah darin mehr ein journalistisches
Ereignis denn ein theologisches Faktum. Ein Wandel vollzog sich
mehr im Blick auf das kirchliche Brauchtum als im Suchen nach
einer neuen Spiritualität. Die katholische Kirche in Italien änderte ihr Gepräge nicht wesentlich; trotz allem wurde eine neue
Seite aufgeschlagen. Ein erstes Anzeichen für ein neues Klima
wurde in der Publikation theologischer Werke aus protestantischer Feder sichtbar. Wenn man bedenkt, daß bis dahin kein
protestantischer Autor in großem Umfang ins Italienische übersetzt worden war, weder die Klassiker (Luther, Calvin u. a.) noch
die Modernen (Barth, Bonhoeffer usw.), versteht man die Bedeutung dieser Tatsache. Ebenso wichtig war das neuerwachte Interesse für die Heilige Schrift. Bisher hatten die katholische Bildung

und Frömmigkeit die Bibel absolut ignoriert. Nun wird sie übersetzt und verbreitet. Es kommt sogar zu einer interkonfessionellen Zusammenarbeit für eine gemeinsame Übersetzung des Neuen Testaments in zeitgemäßer Sprache, die dann 1976 gedruckt wird.

Ein drittes bedeutsames Element war die Tatsache, daß sich in den katholischen Gemeinden neue geistliche Kräfte regten. Es entstanden Gruppen, Gemeinschaften und Bewegungen, die sich für eine ungeschmälerte Anwendung der Konzilsbeschlüsse einsetzten, die von der Kirche größere Klarheit verlangten in ihrem Verhältnis zur italienischen Politik und die Abschaffung des Konkordats sowie eine Rückkehr zum Evangelium forderten. Diese oppositionelle Bewegung war weniger theologisch ausgerichtet als der »Modernismus« zu Anfang des Jahrhunderts und weniger kompakt als die alte Strömung, aber dafür breiter angelegt, vielseitiger, populärer. Die Idee eines kritischen Katholizismus, unabhängig von der Hierarchie und frei zum Gespräch und nicht nur zum Gehorsam bereit, begann, sich Bahn zu brechen, wenn auch nur sehr mühsam.

So sah man auch die Evangelischen mit anderen Augen an: nicht mehr als Ketzer, als Leugner der ewigen Wahrheit und des Glaubens, sondern als Menschen, wohl mit einem »anderen« Glauben, aber eben doch mit einer eigenen Botschaft. Es öffneten sich viele Türen, auf deren Schwellen man in der Vergangenheit nicht einmal zu treten gewagt hätte. Seminare, Konvente und Gemeinden luden Evangelische ein, ihren Glauben darzustellen. Auch hier handelte es sich oft um ein kulturelles Faktum, sozusagen um ein exotisches, wie die Anwesenheit eines zahmen Wilden im Salon des 18. Jahrhunderts. Aber eine Grenze war überschritten, und zwar für immer.

Die Begegnung mit dem Katholizismus gewann an Tiefe und Engagement; denn man konzentrierte sich auf die wesentlichen Fragen des Glaubens. Indes zeichnet sich ein großes Fragezeichen ab: Ersetzt der Dialog die Verkündigung des Evangeliums? Dürfen sich die evangelischen Kirchen darauf beschränken, ihr Leben neben der römischen Kirche her zu leben mit Informationsaustausch, Gesprächen und Begegnungen? Ist der Ökumenismus nur eine Begegnung der Konfessionen oder ein gemeinsames

Suchen nach der Wahrheit? Nach einem Jahrhundert voller Polemik gegen Rom müssen die Evangelischen eine neue Form der Begegnung mit der Kirche der Mehrheit des italienischen Volkes finden.

Noch einmal ist jedoch das Problem durch politische Faktoren belastet. Die römische Kirche, der die Evangelischen begegnen, ist eben nicht nur eine christliche Konfession – in der italienischen Welt ist sie auch eine gesellschaftspolitische Kraft, die das nationale Leben beherrscht. Da ist der Vatikan, die Partei der Democrazia Cristiana an der Macht, das Konkordat, die Staatsreligion! Die Begegnung zwischen Evangelischen und Katholiken in Italien kann sich nicht darauf beschränken, ein Konfessionsdialog zwischen zwei Kirchen zu sein, sondern wird sofort zu einer Konfrontation auf politischer Ebene, d. h. zur Frage nach der Legitimität der Vorherrschaft, die Rom im Leben der Nation ausübt.

Die Waldenserkirche tritt immer mehr als eine nicht zu übersehende Wirklichkeit in Erscheinung, in welcher die innere Problematik der Gemeinden und ihres Lebens im Blick auf Gottesdienst, Frömmigkeit und Erneuerung eindeutig zweitrangig erscheint, gemessen an dem Problem des Zeugnisses für das Evangelium. Die Hauptsorge macht die Frage: Welche Mittel sind notwendig und anwendbar, um im Leben der Gesellschaft wirksam gegenwärtig zu sein.

An die Sozialwerke wurde bereits erinnert; man muß jedoch noch andere Aspekte erwähnen: die Arbeit der theologischen Fakultät. Sie beschränkt sich nicht darauf, die Pastoren heranzubilden, sondern sie wird immer mehr zum kulturellen Bezugspunkt der ganzen evangelischen Welt und gewinnt besondere Bedeutung anläßlich des Konzils.

In Agape ist man weiterhin in Lagern und Seminaren auf der Suche nach Antwort auf bedrängende Gegenwartsfragen. Im Mittelpunkt der Debatte steht das Verhältnis Christen – Marxisten (und das ist mehr als der theoretische Gegensatz Christentum – Marxismus), geführt mit Vertretern aus den osteuropäischen und afrikanischen Ländern.

Das Verlagshaus Claudiana entfaltet eine reiche verlegerische Tätigkeit und präsentiert biblische, theologische und historische

Werke in Fortsetzungsreihen. Mit diesen Büchern will man selbstverständlich nicht nur das theologische Wissen der evangelischen Laien fördern, sondern auch all denjenigen einen geeigneten Anhaltspunkt geben, die dem protestantischen Denken in all seinen verschiedenen Ausprägungen näherkommen wollen.

Die Zusammenarbeit unter den evangelischen Kirchen, die schon in den fünfziger Jahren mit dem Consiglio Federale begann, hat sich zum Congresso Evangelico weiterentwickelt, der 1965 in Rom abgehalten wurde. An ihm haben alle evangelischen Denominationen von den Waldensern bis zu den Pfingstlern teilgenommen. Der gemeinsame Nenner findet in der Losung dieser Begegnung seinen Ausdruck: »Einig im Evangelium«. Aus dieser großen Versammlung geht der Evangelische Kirchenbund hervor. Nach Überwindung von Widerständen und Schwierigkeiten wurde so der nicht wieder rückgängig zu machende Prozeß einer Zusammenarbeit der evangelischen Kräfte in Italien in die Wege geleitet.

In den folgenden Jahren hat die politische und religiöse Situation in Italien gewaltige Umwälzungen erfahren. Es hat Mitte-Links-Regierungen mit Sozialisten und Liberalen gegeben. Die italienische Gesellschaft hat auf ihrem Weg der Umformung durch große Schwierigkeiten hindurchgemußt. Die geistliche Situation der Waldenserkirche ist im wesentlichen gleich geblieben. Sie wird von zwei großen Problemen beherrscht: einmal vom Ökumenismus und den Beziehungen zu den anderen Kirchen und dann von der politischen Frage.

Auf ökumenischem Boden haben sich die Beziehungen zwischen den drei Kirchen – der waldensischen, methodistischen und baptistischen –, die sich durch ihre Geschichte und ihren geistlichen Standort immer näher kamen, fort und fort intensiver entwickelt. Mit der Methodistenkirche ist ein Programm echter Integration verwirklicht worden auf der Basis eines Unionsvertrages, der jeder Kirchengemeinschaft ihr konfessionelles Gepräge läßt, aber beide in einer gemeinsamen Synode – der Waldensersynode – vereint. Die Einigungsformel, die weder die Vereinigung der beiden Kirchen zu einer neuen Kirche vorsieht noch ein Aufgesogenwerden der einen Kirche durch die andere, läßt jeder Kirche

255

ihre besonderen Merkmale und entspricht ganz den Prinzipien eines »waldensischen« Kirchenverständnisses.

Es gibt in der waldensischen Geschichte einen bedeutungsvollen Präzedenzfall: Im Unionspakt vom Jahr 1560 in Podio zwischen den reformierten Gemeinden der Täler und den Gemeinden des Pragelato geloben diese Gemeinden gegenseitige Solidarität im Kampf für das Evangelium. Der gleiche Fall ist zwischen den Waldenser- und Methodistengemeinden eingetreten. Man sieht diese neue Verbundenheit als eine gemeinsame Verpflichtung zum evangelischen Zeugnis in Italien an.

Es ist klar, daß dieses Zeugnis auch weiterhin zuallererst im Dialog mit der römischen Kirche zum Ausdruck kommt, auch nach deren Erneuerung durch das Konzil. Die Frage, die all diesem Mühen zugrundeliegt, kann so formuliert werden: Sollen die evangelischen Kirchen für die römische Kirche ein stimulierendes Element der Erneuerung sein, oder sollen sie eine alternative christliche Kirche repräsentieren? Man darf daran erinnern, daß die Waldenser des Mittelalters und die Reformierten des 17. Jahrhunderts ebenso wie die Evangelisatoren des 19. Jahrhunderts ihr Mühen als missionarische Aktion gegen Rom verstanden haben. Ihre Forderung war, nicht eine Kirche zu bilden, die für sich lebt, sondern der römischen Kirche die Forderung nach Erneuerung auf der Grundlage des Evangeliums immer wieder vor Augen zu stellen. Der Anstoß der Reformatoren ging in die gleiche Richtung.

Das andere Problem ist das »politische«. Wie wird dieser Ausdruck verstanden? Die evangelischen Italiener setzen dafür oft den Ausdruck »partitico«. Dieses andere Beiwort bezeichnet alles, was eine Partei zur Durchführung ihrer Programme tut, um schließlich an die Macht zu kommen. »Politisch« wird im ursprünglichen Sinn des Ausdrucks verstanden: Der Begriff Polis für die Stadt, die menschliche Gemeinschaft, wird gebraucht, um damit die Teilnahme der Gläubigen am Leben der bürgerlichen Gemeinde zu beschreiben. Wenn eine Kirche eines ihrer Sozialwerke organisiert, sich an der Vorlage eines Programmes beteiligt (Abrüstung, Kernenergie, Mitwirkung bei der Gesetzgebung usw.), dann wird sie auf ihre Art politisch tätig. Es leuchtet ein, daß gerade bei einer derartigen christlichen Sicht des

Lebens die evangelische Position mit der römisch-katholischen zusammenstößt, und zwar erheblich massiver als im Blick auf Fragen der Lehre. Ein Beispiel: Die verschiedene Auffassung über den Glauben und damit auch der kulturelle Unterschied zwischen Protestantismus und Katholizismus in Italien wird eher erkennbar am Konkordat, an den Privatschulen, an der katholischen Partei als an der Interpretation der Eucharistie, an den Sozialgesetzen eher als an der Rechtfertigung, an der Macht des Papstes eher als an den geistlichen Ämtern im allgemeinen.

Dieses Verständnis von »politisch« und von der politischen Aufgabe der evangelischen Italiener erklärt manche Haltung der Waldenserkirche in den letzten Jahren, die von außen gesehen widersprüchlich erscheinen kann. Bei dem Referendum über das Ehescheidungsgesetz hat sich der katholische Episkopat für die Abschaffung des Gesetzes ausgesprochen, während die Evangelischen für die Beibehaltung gestimmt haben. Und dies nicht, weil die Ehescheidung als christliche Lösung anerkannt worden wäre, sondern nach dem evangelischen Grundsatz, den die lutherische Theologie mit der Lehre von den zwei Reichen auszudrükken versucht hat. Die Kirche lebt vom Evangelium der Gnade, sie kann aber nicht den Anspruch erheben, daraus eine politische Norm zu machen, ein Staatsgesetz. Sie kann die Gnade zusprechen, sie aber nicht zudiktieren.

So gesehen versteht man die Teilnahme von Tullio Vinay am politischen Leben des Landes als unabhängiger Kandidat auf der Liste der Linken. Nach der Gründung und Gestaltung von Agape und der Einrichtung des Servizio Cristiano als sichtbarer Ausdruck für das Engagement christlicher Liebe und nach dem Krieg in Vietnam ist seine Anwesenheit im italienischen Parlament ein neuer Ausdruck des Willens, in der italienischen Gesellschaft den Ruf des Evangeliums unüberhörbar laut werden zu lassen. Für die Situation in der Waldenserkirche hat vielleicht nicht so sehr die von Vinay getroffene Entscheidung schlaglichtartig gewirkt, sondern daß diese seine Entscheidung öffentlich in den Sitzungen der Synode diskutiert worden ist.

Das härteste Ringen fand wohl auf dem Sektor des Verhältnisses »Kirche und Staat« statt. Während die römische Kirche bis heute mit Nachdruck am Konkordat festhält und die Revision der Verfassung von 1945 verlangt, haben die Waldenser den entgegengesetzten Weg eingeschlagen. Sie haben darum gekämpft, daß der Artikel 8 der Verfassung zur Anwendung kommt, der Vereinbarungen zwischen dem Staat und den nichtkatholischen religiösen Bekenntnissen vorsieht. Diese Vereinbarungen sind auf der Basis der Gegenseitigkeit abgeschlossen worden, die dem Staat seine Funktion und der Kirche ihre eigenen Merkmale läßt. Diese Lösung steht im Gegensatz zum katholischen Konkordat, das eine Allianz beider Mächte vorsieht mit Subventionen und Beihilfen von seiten des Staates und Konformismus der Kirche mit der Regierungslinie. Die »Vereinbarungen« mit dem Staat sehen dagegen vor, daß die gesetzlich garantierte Religionsfreiheit konkret in der jeweiligen Situation realisiert wird.

Eine lange theologische Reflexion ist nötig gewesen, bis diese Perspektiven herangereift sind, welche die einzelnen Gemeinden diskutiert und gewürdigt haben. Die Bedeutung dieser evangelischen Position ist im nationalen Leben unendlich gewichtiger als die geringe Zahl der evangelischen Kräfte. Zum ersten Mal ist im italienischen Kulturkreis ein protestantischer Grundsatz konkret in die Tat umgesetzt worden und hat das jahrhundertealte Schema des römischen Katholizismus durchbrochen, indem das evangelische Prinzip eine Alternative anbot.

Unter diesen Perspektiven haben die Waldenser 1974 die 800-Jahr-Feier ihrer Bewegung begangen und haben damit ihre Verpflichtung zu einer aktiven, verantwortungsbewußten Präsenz erneuert nach ihrem jahrhundertealten Wahlspruch »Lux lucet in tenebris«.

Die Waldensergemeinden heute

Die Waldenserkirche zählt gegenwärtig etwa 25 000 erwachsene praktizierende Gemeindeglieder, also solche, die sich ausdrücklich zu ihrem Glauben bekennen. Davon leben 20 000 in Italien und 5000 in Lateinamerika. Wenn man die noch hinzunimmt, die keine Glieder der Kirche sind, aber in ihrem Einflußbereich leben (Kinder, Konfirmanden und Sympathisanten), kommt man auf etwa 45 000 Personen, etwas weniger als 1 Promille der italienischen Gesamtbevölkerung.

Die geographische Verteilung der Waldensergemeinden ist nicht einheitlich. Das ist aufgrund ihrer Geschichte verständlich. Die Waldensertäler in Piemont bilden den kompakten Kern. Hier sind etwa 13 000 Waldenser seßhaft. Ähnlich, aber weit weniger bedeutsam von der Zahl her ist die Gemeindegruppe in der Provinz Colonia in Uruguay. Bedeutende Gemeinden haben sich in Turin, Mailand, Florenz, Rom, Neapel, Palermo, Montevideo usw. gebildet. Die restlichen Waldensergruppen leben in den Ortschaften des flachen Landes oder in Kleinstädten.

Was ihre Organisation angeht, so geht die Waldenserkirche von zwei protestantischen Kriterien aus: die Selbstverantwortlichkeit der Einzelgemeinde und die ausdrückliche Verbundenheit mit der Generalversammlung der Synode. Jede Ortsgemeinde muß imstande sein, ihre Selbständigkeit zu erhalten (finanziell, verwaltungsmäßig, missionarisch) und Beschlüsse zu fassen, die sie in ihrer Gesamtheit angehen. Sie wird von einem Ältestenrat geleitet, der alle fünf Jahre von der Gemeinde gewählt wird. Die Generalversammlung, die Synode, zu gleichen Teilen aus Pastoren und Laien-Abgeordneten aus den Gemeinden zusammengesetzt, ist dazu berufen, Anweisungen allgemeiner Art auf dem Gebiet der Lehre und Organisation zu geben. Sie ist Wortführerin der Kirche in ihren Beziehungen zu anderen Kirchen und zum Staat. Die Synode tagt jährlich zweimal an verschiedenen Orten: im Frühjahr in Lateinamerika und im Sommer in Italien (in Torre Pellice).

In jeder Gemeinde oder Gemeindegruppe obliegt dem Pastor die Predigt und Seelsorge zumeist für eine begrenzte Zeit. Er wird von der Kirche besoldet. Die Pastoren studieren an der theologischen Fakultät in Rom oder Buenos Aires oder an einer ausländischen Universität und schließen ihr Studium mit einer großen Examensarbeit ab. Ihr Amt ist ein Dienst im Blick auf die Predigt des Evangeliums. Es schließt keine Entscheidung für den Zölibat ein. Es steht Männern und Frauen offen und hat keinen priesterlichen Charakter. Ein neuerlicher Synodalbeschluß bestimmt, daß die Sakramente von jedem von der Gemeinde dazu bestimmten Gläubigen verwaltet werden können.

Zählt man die verfaßten Waldensergemeinden zusammen (ohne Gruppen oder solche in der Diaspora), sind es etwa einhundert, dazu noch etwa zwanzig in Lateinamerika. Etwa hundert Pastoren und Evangelisten sind in den Gemeinden und ein Dutzend in Sonderämtern tätig. Es gibt etwa 150 gottesdienstliche Räume. 250 Älteste sind für die Gemeinden verantwortlich, dazu etwa 600 Laien, die durch ihren freiwilligen Einsatz die Kinder in den Sonntagsschulen unterrichten.

Die Waldenserkirche hat zwei Presseorgane: ein Wochenblatt, »La Luce – L'Eco delle Valli Valdesi«, das die beiden alten Zeitungstitel »Echo des Vallées« (diese Zeitung war in den Tälern seit 1849 erschienen) und »Luce« übernimmt, ferner eine Monatszeitschrift, den »Mensajero Valdense« (eine der ältesten uruguayischen Zeitungen). Sie hat durch Regierungsverfügung neuerdings ihr Erscheinen einstellen müssen. Eine theologische Zeitschrift, »Protestantesimo«, wird von der theologischen Fakultät in Rom herausgegeben und eine historische Zeitschrift, »Bollettino della Società di Studi Valdesi«, von der Waldensischen Studiengesellschaft in Torre Pellice.

Das Leben der Waldenserkirche äußert sich nicht nur im Gottesdienst und Religionsunterricht, sondern findet seinen Ausdruck auch im erzieherischen Bereich und in Sozialwerken. Sie hat das Erbe des 19. Jahrhunderts angenommen und erneuert. Zur Zeit gibt es drei Hospitäler (in Torre Pellice und Pomaretto, beide in den Waldensertälern, und in Turin) und acht Einrichtungen für betagte Menschen, davon fünf in den Tälern. Auf dem Schulsektor gibt es einige Kindergärten, zwei Mittelschulen und ein den staatlichen Oberschulen gleichberechtigtes Lyzeum (in Torre Pellice und Pomaretto). An Sozialwerken für Minderjährige gab es bis in die Nachkriegszeit hinein zahlreiche Waisenhäuser und Konvikte, die jetzt nach den neuen Richtlinien für Sozialwerke umstrukturiert worden sind. Erziehung und Unterricht sind von den Waldensern immer als eine Aufgabe des Staates angesehen worden. Die Kirchen dürfen sich dafür nur als Ersatz bei Fehlen staatlicher Einrichtungen oder mit der besonderen Bedeutung eines christlichen Zeugnisses engagieren, ohne aber in irgendeiner Form klerikale Macht zu repräsentieren.

Dienstanweisungen (1960)

Die Zeit drängt zu einer Überprüfung unserer Aufgabe als christliche Gemeinden.

Die Mission in dieser Welt ist der Grund, um dessentwillen die Kirche existiert; aber die Mission der Kirche muß in der Perspektive der Welt und des Reiches Gottes gesehen werden. Die Kirche kann nicht um ihrer selbst willen leben noch an ihre Selbstbehauptung oder an ihr Wohlergehen denken, auch nicht an ihren Erfolg. Sie lebt, um zu dienen, wie Christus es getan hat, und ihr Leben hinzugeben, damit die Welt lebt. Sie ist der Leib, in welchem noch heute der Herr sich dieser Welt schenkt.

Wir bitten, das zu überdenken, was die Welt heute nötig braucht, und nicht an das zu denken, was wir oder unsere Gemeinden nötig haben. Die Welt braucht keine private Frömmigkeit, mit der sie an das eigene Heil denkt. Auch wir brauchen sie nicht; denn Christus hat an uns gedacht und uns das Heil erworben. Die Welt braucht nicht unseren Erfolg – ihr tut ein neuer Sinn des Lebens und eine neue Hoffnung not.

Die Menschen unserer Generation verzehren sich auf der Suche nach sich selbst. Sie verzehren sich in ihrem Streben nach Besitz, nach Herrschaft und Macht. Wenn das auch immer mehr oder weniger so gewesen ist, so ist auch wahr, daß dies nun extreme Folgen zeigt. In dem Wunsch, sich zu retten, läuft die Welt Gefahr, sich für immer zu vernichten.

Aber gerade wenn ihre Existenz unsicher und fraglich wird, ist die Welt offen für die Botschaft der »Neuen Welt«, die Christus in seiner Person uns gebracht hat: für die Welt der Hingabe, des Dienstes und der Liebe. Heute ist die Welt mehr als je zuvor empfänglich für diese Botschaft, die auf ihre Frage nach dem Leben Antwort gibt. Heute merkt sie, daß sie auf ihren selbstgewählten Wegen zugrunde geht und alle Hoffnung verliert. Aber eben deshalb kann sie auch begreifen, daß sie in der entgegengesetzten Richtung Befreiung und Rettung finden kann.

Heute, liebe Brüder, kann die Welt mit letzter Deutlichkeit sehen, daß die Ordnung Christi, das Leben für andere hinzugeben, die allein wahre ist. Sie kann auch verstehen, wie gefährlich und töricht es ist, zu falschen Ordnungen zu greifen.

Aber die Welt wird diese gute Botschaft nur aufnehmen, wenn sie von uns vorgelebt wird, d. h., wenn wir Christus dienend predigen. Und wir werden ihn nur verkündigen, wenn wir auf unsere Interessen zugunsten anderer verzichten. Worte und Betrachtungen besagen sehr wenig. Wenn unsere Gemeinden zu einem neuen Volk werden sollen, das zu dienen und zu geben weiß, das vergeben und lieben kann, dann werden unsere Städte und Dörfer die Ordnung Christi begreifen. Dann werden sie sie in Wahrheit empfangen und sie lieben.

In jeder geschichtlichen Periode hat das Evangelium das Volk erreicht und gefesselt, wenn die Christen danach zu leben verstanden haben inmitten der Probleme ihres Lebens. Vor hundert Jahren, zu Beginn unseres Evangelisationswerkes in einer Welt, die auf der Suche nach der Freiheit war, da spürte und verkündigte unsere Kirche, daß Christus die alleinige Quelle wahrer Freiheit ist und bleiben wird. Was heute die Welt erreichen und fesseln kann, ist die vorgelebte Botschaft von der wahren Ordnung Christi, die sie vor den Ordnungen dieser Welt behauptet. Und diese Ordnung –

es ist die Ordnung des Reiches Gottes – besteht in der Hingabe des Lebens, damit die anderen die Fülle haben. Meditieren wir über all das in unseren Gemeinden und fürchten wir uns nicht davor, unser Leben und das Leben unserer Gemeinden in die Hände des Herrn zu legen. – ER ist auferstanden, und seine Auferstehung macht das Kreuz zum alleinigen Lebensfundament.

Lassen wir den deutlich erkennbaren Augenblick unserer Berufung nicht vorübergehen. Wir alle sind wenig und haben wenig. Aber aus unserer unbedeutenden Gabe wird der Lebendige eine neue Schöpfung entstehen lassen, welche die von ihm geliebte Welt wissend oder unwissend erwartet.

Auch für unsere Generation wird der Lebendige Glauben und Hoffnung entstehen lassen aus der Saat unseres Lebens, die wir mit Liebe ausgestreut haben auf den undankbaren Boden unserer Gesellschaft.

ANHANG

Erläuterungen · Bibliographie · Zeittafel · Register

ERLÄUTERUNGEN

Arminianer

Diese theologische Bewegung hat ihren Namen von dem Amsterdamer Pastor Jakob Arminius (1560–1609). Sie selbst bezeichnen sich als »Remonstranten«. Anfang des 17. Jahrhunderts traten sie in Holland in Erscheinung. Sie verlangten eine Revision des Glaubensbekenntnisses und eine weniger strenge und weniger scholastische Linie vor allem bei der Lehre von der Prädestination. Ihnen widersetzte sich die von Franz Comarus angeführte Strömung, die auf der Dordrechter Synode (1618–1619) sich durchsetzte. Aus dem Arminianismus gingen einige der größten reformierten Persönlichkeiten des 17. und 18. Jahrhunderts hervor.

Barben – Barbetti

Von »barbanus«, der Onkel mütterlicherseits, abgeleitet, bedeutet es in den norditalienischen Dialekten eine alte, ehrwürdige Person. In seiner Kurzform »bar« (bar Pierre = barba Pietro) wird es noch heute in den waldensischen Dialekten gebraucht. Von »barba« leitete sich »barbetto« ab, ein Spitzname, der den Waldensern seit Mitte des 16. Jahrhunderts gegeben wurde. In den folgenden Jahrhunderten wurde er gleichbedeutend mit Rebell, Gebannter.

Camisarden

waren eine politische und geistliche Widerstandsbewegung. Sie begann 1702 in den reformierten Gemeinden Frankreichs nach dem Widerruf des Edikts von Nantes. Ihre militärischen Exponenten waren Jean Cavalier und Roland, die die Truppen Ludwigs XIV. in Schach hielten. Geistlich geprägt wurden sie durch inspirierte und prophetische Gestalten wie Abraham Mazel.

Ciabàs

Im Lokaldialekt ist »ciabot« das Häuschen, das außerhalb der Wohnung erbaut wird, etwa in den Weinbergen, um darin die Gerätschaften unterzustellen, oder als Schutzhütte. Der Ausdruck »ciabàs« hat dieselbe Bedeutung, nur in abwertendem Sinn. Der Tempel, der dann »il Ciabàs« genannt wurde, war auf der Gemarkung von Angrogna, aber auf den Hügeln von S. Giovanni erbaut, damit die Leute aus der Ebene dort leichter zusammenkommen konnten. Er steht noch heute wenige Meter unterhalb der Straße nach Angrogna.

»Despreczi del Mont«

»Weltverachtung« ist ein moralisches Werk mit erbaulichem Charakter, das bei den Waldensern im 15. Jahrhundert gelesen wurde.

Diaspora

bezeichnete in der urchristlichen Epoche das Zusammenleben jüdischer Gemeinden, die in der griechisch-römischen Welt zerstreut waren. Heute bezeichnet man damit eine religiöse Minderheit, die in der Umwelt einer andersgläubigen und andersdenkenden Mehrheit zerstreut ist. Der Ausdruck wird gern verwendet für das Phänomen der waldensischen Präsenz im mittelalterlichen Europa.

265

Disziplinen

Mit der Abschaffung des kanonischen Rechts sahen sich die aus der Reformation hervorgegangenen Gemeinden ohne juristische Ordnung, innerhalb deren sie ihre Aktivität ausdrücken konnten. Man hat eine neue Ordnung geschaffen und benutzte dafür das Wort »Disziplin« im Sinne von Ordnung in Anlehnung an 1. Kor. 14, 40, wo Paulus an die Korinther schreibt: »Lasset alles ordentlich zugehen.« Es sind also keine Normen göttlichen Ursprungs, sondern einfach praktische Hinweise zur Führung der Gemeinde.

Erweckung

Allgemeiner Ausdruck zur Bezeichnung aller Erneuerungsbewegungen, wie sie in den verschiedenen protestanischen Konfessionen in Amerika schon Ende des 18. Jahrhunderts erkennbar wurden und ihre volle Entfaltung in Europa in den ersten Jahrzehnten des 19. Jahrhunderts fanden. Dogmatisch waren die Anhänger der Erweckung eng an die Ausdrucksformen der orthodoxen biblischen Dogmatik gebunden. Ihre enthusiastische, emotionale, sentimentale Frömmigkeit war ganz auf die persönliche Heilserfahrung ausgerichtet.

Eschatologisch

Von »es-chaton«, die letzten Dinge, meint alles, was im christlichen Sprachgebrauch auf das reale Ende der Geschichte und auf das göttliche Gericht hinweist. Eschatologisch in diesem Sinn ist die gesamte Botschaft des Neuen Testaments, sofern es dynamisch-offen ist für das Wirken Gottes.

Hugenotten

Mit diesem Ausdruck werden allgemein die reformierten Kräfte auf französischem Boden bezeichnet. Man glaubt gemeinhin, daß das Wort sich vom deutschen »Eidgenossen« ableitet, das in den ersten Jahrzehnten des 16. Jahrhunderts, also in der Zeit der großen reformatorischen Umwälzung, zur Bezeichnung des Zusammenschlusses von Personen mit gleichen religiösen oder politischen Interessen verwendet wurde.

Kolporteur

Der Ausdruck ist aus dem Französischen in den Sprachgebrauch der italienischen Evangelischen gekommen. Er bezeichnet einen Mann, der sich von Haus zu Haus dem Verkauf von Bibeln, Evangelien oder überhaupt christlicher Literatur widmet. Kolportage ist der Verkauf in der Wohnung oder auf öffentlichen Plätzen.

Konsistorium

Die reformierte Kirche in Genf wurde in der Epoche Calvins vom »consistoire« geleitet, von dem Rat der Diener am Wort und der Delegierten der städtischen Räte, d. h. von Nichtpastoren. Von Genf aus ist die Einrichtung des Konsistoriums in die reformierten Gemeinden gekommen. Das Konsistorium bezeichnet den Rat mit Leitungsbefugnis, zusammengesetzt aus Pastoren und Ältesten, d. h. Gläubigen, bei denen die Versammlung der Gemeinde die Gabe der Erfahrung und der notwendigen Reife anerkennt, die zur Leitung der Brüder nötig ist.

Majoralis – Ministri

Die ganz verschiedenartigen Situationen, in welchen die waldensische Diaspora lebte, brachte es mit sich, daß die Typen kirchlicher Ämter, die sie hervorbrachte, sehr verschieden waren. In manchen Gegenden kam es wieder zu einer Art Hierarchie in der Wortverkündigung durch Presbyter und Bischöfe, die hierarchisch untereinander verbunden waren. In anderen Situationen war die Struktur beweglicher und fand ihren Ausdruck im »majoralis«, dem »Ersten«, dem »Ältesten« mit Leitungsfunktion. Erst im 15. Jahrhundert entstand mit den »Barben« eine definitive Amtsform. Nach dem 16. Jahrhundert hatten die reformierten Diener am Wort eine sehr strukturierte Aktivität entwickelt auf dem Gebiet der Predigt und wurden »Pastoren« genannt.

Moderator

Aus dem Französischen »modérateur«, hat die Bedeutung »Präsident«.

Presbyterianer

Von »presbyteri«, dem biblischen Ausdruck zur Bezeichnung der Ältesten in den Gemeinden. Presbyterianer sind Gemeinden mit calvinistischer Tradition, die von einem Ältestenrat geleitet werden. Der Ausdruck wird für die Gemeinden der angelsächsischen Welt gebraucht. Bei den Gemeinden auf dem Festland spricht man einfach von »reformierten« Gemeinden.

Presbyterium

Aus dem Französischen presbytère = das Pfarrhaus. Der Ausdruck dient im Sprachgebrauch der Waldensergemeinden zur Bezeichnung der Wohnung des Pastors.

Puritaner

Damit bezeichnet man heute ganz allgemein eine moralisch sehr streng denkende Person mit strengen Lebensgewohnheiten. Historisch wurde dieser Ausdruck im 17. Jahrhundert zur Bezeichnung der radikalsten Strömung des englischen Protestanismus verwendet. Überwiegend Glieder presbyterianischer Gemeinden, forderten die Puritaner dringend eine radikalere Reform der Liturgie und der Lehre, als sie von der anglikanischen Kirche gehandhabt wurde. Ihre Frömmigkeit wurde durch eine gründliche biblische Meditation charakterisiert. Sie besaß daneben auch eine starke emotionale Kraft, wie das in der Revolution 1640–1646 erkennbar wurde.

Synode

ist die Versammlung, der es in den reformierten Kirchen zukommt, Beschlüsse über die Lehre zu fassen und die Linien der praktischen Arbeit aufzuzeigen. Die Zusammensetzung der Synode ist in den einzelnen Kirchen und zeitlich verschieden. Konstant jedoch wurde an dem Prinzip festgehalten, daß die Zahl der Laienvertreter nicht geringer war als die der geistlichen Vertreter.

Tavola

Sie ist das Leitungsgremium der Waldensergemeinden, wird jährlich von der Synode gewählt und setzt sich aus sieben Mitgliedern, davon mindestens zwei Nichttheologen, zusammen. Der Name scheint ursprünglich folgendermaßen entstanden zu sein: Wie jede reformierte Gemeinde wurde auch die waldensische Gemeinde von der Synode unter Vorsitz eines Rates von drei Mitgliedern geleitet, die mit dem Ausdruck »les officiers de la table« (= die am Tisch Platz nehmen), während die Synode immer in einer Kirche stattfand. Die abgekürzte Redewendung hat dann einfach »la Tavola« ergeben. Ein analoges Phänomen gibt es im englischen Sprachgebrauch, wo der Ausdruck »board« (= Tisch, Tafel) die Bedeutung Komitee, Leitung, Behörde, Amt angenommen hat.

AUSWAHL-BIBLIOGRAPHIE

Die Bücher und Artikel über die verschiedenen Aspekte der Waldensergeschichte sind zusammengefaßt in:
Gonnet, G. – Armand Hugon, A.: Bibliografia Valdese, Torre Pellice 1958.
Die Società di Studi Valdesi hat ihren Sitz in Torre Pellice und veröffentlicht Dokumente und Abhandlungen über das Waldensertum fortlaufend
seit 1884 im Bulletin de la Société d'Histoire Vaudoise, seit 1934 im Bollettino della Società di Studi Valdesi.

Über die gesamte Geschichte der Waldenser sind in jüngster Zeit (1974 bis
1979) in der Casa Editrice Claudiana in Turin (im folgenden abgekürzt:
Claudiana) drei Bände unter dem Titel »Storia dei Valdesi« erschienen:
Molnár, Amedeo: Bd. I: Dalle origini all'adesione alla Riforma.
Armand Hugon, Augusto: Bd. II: Dal sinodo di Chanforan all'Emancipa-
zione.
Vinay, Valdo: Bd. III: Dall'Emancipazione ai giorni nostri.
Gute Dienste leistet auch:
Comba, Emilio: Histoire des Vaudois, 2 Bände, Paris–Florenz 1898–1901.

Es fehlt ein wissenschaftliches Hauptwerk in deutscher Sprache. Die weni-
gen vorhandenen Veröffentlichungen haben gemeinverständlichen oder
erzählenden Charakter:
Bender, F.: Geschichte der Waldenser, Ulm 1850.
Muston, Alexis: Das Israel der Alpen, Duisburg 1875 (Kurzfassung des
französischen Textes »L'Israel des Alpes«).
Lau, Franz: Die Geschichte der Waldenser, in: Evang. Diaspora 16, 1955,
S. 218–234.
See, W.: Asche und ein Licht – eine Italienreise, Stuttgart 1963.
Junker, F.: Die Waldenser, Zürich 1969.
Erk, Wolfgang: Waldenser – Geschichte und Gegenwart, Verlag Otto Lem-
beck, Frankfurt/Main 1971, mit mehreren Beiträgen von Valdo Vinay,
Tullio Vinay, Alberto Soggin und Hans-Jürgen Quest.
Kob, Konrad: Kleines Waldenserbuch, Ev. Verlagsanstalt Berlin 1973.
Desel, J., und Mongk, W.: Hugenotten und Waldenser in Hessen-Nassau,
Heft 5, Ev. Presseverband Kurhessen-Waldeck.

Die waldensische Geschichte im Mittelalter ist in der Vergangenheit und
auch in neuerer Zeit Gegenstand vertiefter Nachforschungen gewesen. Viele
bedeutende Dokumente sind über diesen Zeitabschnitt veröffentlicht worden. Hier die wichtigsten:
Hahn, Christoph Ulrich: Geschichte der Ketzer im Mittelalter, bes. im 11.,
12. und 13. Jahrhundert, Band 2: Geschichte der Waldenser und ver-
wandter Sekten, Stuttgart 1847.
Dieckhoff, A. W.: Die Waldenser im Mittelalter, Göttingen 1851.
Herzog, J. J.: Die romanischen Waldenser, Halle 1853.
Preger, W.: Beiträge zur Geschichte der Waldenser im Mittelalter, Abhandlungen der kgl.-bayr. Akademie der Wissenschaften. Historische Klasse
Bd. 13, München 1877, S. 181–250.

269

Wattenbach, W.: Über die Inquisition gegen die Waldenser in Pommern und der Mark Brandenburg – Abhandlungen der kgl. Akademie der Wissenschaften zu Berlin, Philosophisch-historische Klasse III, Berlin 1887.

Müller, K.: Die Waldenser und ihre einzelnen Gruppen, in: Theologische Studien und Kritiken LIX–LX, 1886–1887.

v. Döllinger, Ignaz: Beiträge zur Sektengeschichte des Mittelalters, Teil II: Dokumente vornehmlich zur Geschichte der Valdesier und Katharer, München 1890.

Haupt, Hermann: Waldensertum und Inquisition im südöstlichen Deutschland, in: Deutsche Zeitschrift für Geschichtswissenschaft, Freiburg i. Br. 1889, S. 285–330 und 1890, S. 337–411.

Böhmer, H.: Artikel »Waldenser« in: Realenzyklopädie für protestantische Theologie und Kirche Bd. 20, Leipzig 1908, S. 799–840.

Köpstein, Horst: Über den deutschen Hussiten Friedrich Reiser, in: Zeitschrift für Geschichtswissenschaft VII 1959, S. 1068–1082.

Vinay, Tullio: Die Waldenser, in: Die Wahrheit der Ketzer, hrsg. von Hans-Jürgen Schultz, Kreuzverlag Stuttgart 1968, S. 60–71 und S. 250–260.

Vinay, Valdo: Friedrich Reiser und die waldensische Diaspora deutscher Sprache im 15. Jahrhundert, bei Erk a.a.O., S. 29–47.

Vinay, Valdo: Der Anschluß der romanischen Waldenser an die Reformation und seine theologische Bedeutung, bei Erk a.a.O., S. 48–67.

Patschovsky, A. – Selge, K. V.: Quellen zur Geschichte der Waldenser, in: Texte zur Kirchen- und Theologiegeschichte, Verlag Gerd Mohn Gütersloh, Heft 18, 1973.

Selge, Kurt-Victor: Die ersten Waldenser. 2 Bände Arbeiten zur Kirchengeschichte 37, Berlin 1967.

Kurze, D.: Quellen zur Ketzergeschichte Brandenburgs und Pommerns, Berlin 1975.

Eine dokumentarische und tiefschürfende Untersuchung über diese Periode findet man bei:

Gonnet, G. – Molnár, A.: Les Vaudois au moyen âge, Claudiana Turin 1974.

Selge, K. V.: Die Erforschung der mittelalterlichen Waldensergeschichte, in: Theologische Rundschau, Neue Folge 33 (1968).

Für die moderne Geschichtsforschung ist bei der Claudiana in Turin eine kritische Ausgabe der waldensischen Historiker des 16. und 17. Jahrhunderts im Gange. Vier Bände sind bereits erschienen:

Miolo, G. (1587): Historia breve & vera de gl'affari de i Valdesi delle Valli 1971.

Anonimo (1561): Histoire mémorable de la guerre faite par le Duc de Savoye Emanuel Philebert contre ses subjects des Vallées d'Angrogna, Perouse, S. Martin ... 1972.

Anonimo (1562): Histoire des persécutions et guerres ... contre le peuple appelé Vaudois 1975.

Anonimo (1620): Bref discours des persécutions du Marquisat de Saluces 1978.

Von fundamentaler Bedeutung bleiben die Arbeiten von:

Jalla, G.: Storia della Riforma in Piemonte fino alla morte di Emanuele Filiberto (1517–1580), Florenz 1914.
Storia della Riforma religiosa in Piemonte durante i regni di Carlo Emanuele I e Vittorio Amadeo I (1580–1637), Torre Pellice 1937.

Die Ereignisse im Pragelato sind in jüngster Zeit wieder wachgerufen worden durch die Veröffentlichung von:

Pazè Beda, B. – Pazè, P.: Riforma e Cattolicesimo in Val Pragelato (1555 bis 1685), Pinerolo 1975.
Kiefner, Th.: Reformation und Gegenreformation im Val Cluson (1532 bis 1730), Dissertation Tübingen 1977.

Über die Zeit der Verbannung und Heimkehr gibt es die maßgebenden Studien von:

Pascal, A.: Le Valli durante la prigionia dei Valdesi, Torre P. 1966.
Le Valli durante l'esilio dei Valdesi, Torre P. 1966.
Le Valli durante la guerra di rimpatrio dei Valdesi, Torre P. 1965.
Armand Hugon, A. – Rivoire, E. A.: Gli esuli valdesi in Svizzera, Torre P. 1974, deutsch von Bundschuh, R., Palmbach 1977.

Das 19. und 20. Jahrhundert sind zeitlich noch zu nah, als daß man an eine umfassende Darstellung denken könnte. Den ersten Versuch hat Valdo Vinay in seiner schon erwähnten »Storia dei Valdesi« gemacht. Was bis jetzt publiziert ist, ist für einzelne Sektoren und Perioden von Interesse:

Vinay, Valdo: Entstehung und Bedeutung der evangelischen Bewegung in Italien seit der Zeit des Risorgimento, bei Erk a.a.O., S. 101–137.
Vinay, Valdo: Facoltà valdese di teologia (1855–1955), Claudiana 1955.
Schaefer, E.: 100 Jahre Waldenserfakultät, in: Evangelische Theologie 16, 1956.
Vinay, Valdo: Luigi Desanctis e il movimento evangelico fra gli italiani durante il Risorgimento, Claudiana 1965.

Über Agape existieren:

Vinay, Tullio: Agape – ein Wagnis der Hoffnung, Wuppertal-Barmen 1966.
Venti anni di Agape, Agape 1966.
Über den Servizio Cristiano in Riesi:
Vinay, Tullio & Gio: Riesi – ein christliches Abenteuer, Stuttgart 1964.

Zur heutigen Situation:

Ricca, Paolo: Die »Armen Christi« gestern und heute, in: Evangelische Diaspora 40, Jahrgang 1969/70, Kassel.
Tourn, Giorgio: Die Waldenserkirche und die reformierten Kirchen, in: Die Kirchen der Welt Bd. XVII., Stuttgart 1977.

WICHTIGE DATEN

Allgemeine Kirchengeschichte		*Waldensergeschichte*
	1173 bis 1176	Bekehrung des Waldes in Lyon.
III. Laterankonzil in Rom.	1179	Waldenserdelegation in Rom.
	1180	»Glaubensbekenntnis« des Waldes.
Tod Alexanders III. und des Bischofs Guichard von Lyon.	1181	
Konzil zu Verona.	1184	Nachdrückliches Predigtverbot. Erste Erwähnung der »Armen von Lyon« in einem Papsterlaß.
	1184 bis 1185	Exkommunikation wegen Ungehorsams gegen den Bischof und Vertreibung aus Lyon.
	1190	Die Waldenser im Languedoc. Religionsgespräch in Narbonne.
Innozenz III. wird Papst (1198–1216).	1198	Die »Armen« in der Lombardei und in Lothringen.
	1206	Vermutlicher Tod des Waldes.
	1207	Religionsgespräch in Pamiers.
Kreuzzugsbeginn gegen die Albigenser.	1208	Durand von Huesca kehrt zum Gehorsam gegen Rom zurück; die »Katholischen Armen«.
Genehmigung der Ordensregel des Franz von Assisi.	1210	Edikt Otto IV. gegen die Waldenser in der Diözese Turin.
IV. Laterankonzil.	1215	Endgültige Verdammung der Waldenser wegen Ketzerei.
	1218	Religionsgespräch in Bergamo.
	1230	Inquisition in Montauban (Toulouse).
	1266	Inquisition in Böhmen. Ausbreitung der Waldenser in Österreich.
Die Päpste in Avignon.	1309	
	1312	In Pinerolo wird eine Frau wegen »valdesia« verbrannt.
	1315	Gründung waldensischer Gruppen in Kalabrien und Apulien.
	1316	Bernhard Guy Inquisitor im Languedoc.

Allgemeine Kirchengeschichte		*Waldensergeschichte*
	1320	Martin Pastre wirkt im Lusernatal.
	1320	Scheiterhaufen in Pamiers.
	1332	Alberto Castellazzo Inquisitor im Lusernatal.
	1376	Francesco Borelli Inquisitor im Dauphiné.
Beginn des Großen päpstlichen Schismas.	1378	
	1380	Martin von Prag Inquisitor in Böhmen.
Todesjahr Wiclifs.	1384	
	1392	Peter Zwicker Inquisitor in Brandenburg.
	1395	Waldenserprozesse in Chieri (Piemont).
	1399	Waldenserprozesse in Bern.
	1401	Zwicker in Ungarn.
	1402	Mission des Vinzenz Ferreri in den Alpentälern.
Märtyrertod des Hus in Konstanz.	1415	
Ende des Großen Schismas.	1417	
Hussitenrevolte in Böhmen.	1419	
Gründung der »Brüderunität«.	1457	
	1458	Märtyrertod des Friedrich Reiser in Straßburg.
	1467	Märtyrertod des Stephan von Basel in Wien.
	1476	G. Andrea d'Acquapendente Inquisitor im Lusernatal.
	1484	Kreuzzug Karls I. von Savoyen im Lusernatal.
	1487 bis 1489	Kreuzzug des Cattaneo im Dauphiné; Ende des Waldensertums im Vallouise und Auswanderung in die Provence (Lubéron).
	1494	Märtyrertod der Barben Martin und Johannes.
Savonarola auf dem Scheiterhaufen in Florenz.	1498	Lukas von Prag nimmt Verbindung auf zu den Waldensern in Mittelitalien.

Allgemeine Kirchengeschichte		Waldensergeschichte
	1509	Margarete von Foix verfolgt die Waldenser im Po-Tal (Paesana).
	1510	Der Franziskaner Samuel De Cassini widerlegt waldensische Bücher, die italienisch gedruckt sind.
Luthers 95 Thesen.	1517	Besuch des Turiner Bischofs Claude de Seyssel in den piemontesischen Tälern.
	1526	Generalkapitel in Laus (Chisonetal). Georg von Kalabrien und M. Gonin werden in besonderer Mission in die Schweiz geschickt.
Augsburger Konfession.	1530	Mission des G. Morel und P. Masson in die Schweiz und nach Straßburg.
Zwinglis Tod.	1531	
	1532	Versammlung in Chanforan. Anschluß an die Reformation. Beschluß zur Übersetzung der Bibel ins Französische.
	1535	Übergabe der Bibel Olivetans.
Einführung der Reformation in Dänemark; Calvin in Genf.	1536	Piemont wird von den Franzosen besetzt.
Gründung der Gesellschaft Jesu (Jesuiten).	1540	
Ochino und Vermigli flüchten aus Italien.	1542	
Beginn des Konzils von Trient.	1544	
	1545	Massaker der Waldenser in der Provence (Mérindol/Lubéron).
	1555	Vernou und Lauvergeat im Pragelatotal. Bau der ersten Kirchen in den Tälern.
	1556	Übergabe des Glaubensbekenntnisses an Heinrich II. von Frankreich.
Elisabeth I. Königin von England.	1558	Märtyrertod des G. Varaglia in Turin.
Einführung der Reformation in Schottland; Gründung der Genfer Akademie.	1559	Vertrag von Cateau-Cambrésis und Rückkehr Emanuel Philiberts nach Piemont.

Allgemeine Kirchengeschichte		Waldensergeschichte
	1560	Savoyisch-waldensischer Krieg des Costa della Trinità.
	1561	Vertrag von Cavour. Vernichtung der Gemeinden in Kalabrien.
Massaker von Vassy. Beginn des Religionskrieges in Frankreich.	1562	Veröffentlichung der »Histoire des persécutions contre le peuple vaudois« – findet weite Verbreitung.
Abschluß des Konzils von Trient.	1563	Scipione Lentolo aus den Tälern vertrieben.
Calvins Tod.	1564	
Märtyrertod des P. Carnesecchi.	1567	
Massaker der Bartholomäusnacht in Frankreich.	1572	
Edikt von Nantes.	1598	
Synode von Dordrecht; Beginn des Dreißigjährigen Krieges.	1618	
	1630	Die Pest in den Tälern.
Tod Gustav Adolfs von Schweden.	1632	
Revolution in England.	1640	
	1644	Veröffentlichung der »Histoire ecclésiastique« von P. Gilles. Antonie Léger flüchtet nach Genf.
	1650	Die Kongregation »De propaganda fide« beginnt ihre Tätigkeit in Turin.
Cromwell wird Lordprotektor.	1653	
	1655	»Piemontesische Ostern«.
	1661	Jean Léger zum Tode verurteilt.
	1669	Veröffentlichung der »Histoire générale des Eglises évangeliques« in Leiden.
	1670	Tod Jean Légers.
Widerruf des Edikts von Nantes.	1685	
	1686	Edikt Viktor Amadeus' II. Massaker und Gefangenschaft der Waldenser.
	1687	Verbannung in die Schweiz.
Die »Glorreiche Revolution« in England.	1688	

Allgemeine Kirchengeschichte		*Waldensergeschichte*
	1689	Die »Glorreiche Heimkehr« der verbannten Waldenser.
	1690	Friedensangebot des Herzogs.
	1694	Edikt der Wiederaufnahme (Reintegration).
	1698	Verbannung der Reformierten aus dem Chisonetal.
Tod Wilhelms von Oranien.	1702	
	1706	Viktor Amadeus II. flüchtet sich in die Täler.
Friede von Utrecht.	1713	
	1721	Henri Arnaud stirbt in Württemberg.
	1730	Edikt gegen die Reformierten im Pragelatotal.
	1735	Gründung des Wallonischen Komitees in Holland.
John Wesley gründet die ersten Methodistengruppen.	1738	
	1740	Hospiz für Katechumenen in Pinerolo.
Kampf auf der Assietta.	1747	
	1748	Gründung des Bistums Pinerolo.
	1769	Gründung der Lateinschule in Torre.
Französische Revolution.	1789	
	1798	Ausrufung der Republik in Piemont.
Die Österreicher und Russen in den Tälern.	1799	
	1801	Pierre Geymet Unterpräfekt in Pinerolo.
Napoleon wird Kaiser.	1804	
	1805	Die Waldenserpfarreien werden der Reformierten Kirche Frankreichs angegliedert.
	1807	Einweihung der Kirche in San Giovanni.
Savoyische Restauration in Piemont.	1814	
	1823	Gilly besucht die Täler.
	1825	Besuch von Felix Neff; Beginn der Erweckungsbewegung.

Allgemeine Kirchengeschichte		*Waldensergeschichte*
	1827	General Beckwith in den Tälern.
	1830	Gründung der Lateinschule in Pomaretto.
	1831	Gründung des »Collegio« in Torre.
	1834	Erste Feier des 15. August.
	1837	Einweihung des Collegio und des Pensionats in Torre.
Pius IX. wird Papst.	1846	
Erster Unabhängigkeitskrieg.	1848	Gnadenpatent (17. Februar).
	1851	Malan und Geymonat werden aus der Toskana vertrieben.
	1852	Einweihung der Kirche in Torre; Normalschule in Torre.
	1853	Einweihung der Kirche in Turin. »L'Amico di casa« erscheint.
	1855	Gründung der theologischen Fakultät in Torre und des Verlagshauses Claudiana in Turin.
	1856	Gründung der Kirchengemeinde in Nizza und des Lehrlingsheimes in Turin.
Zweiter Unabhängigkeitskrieg.	1859	Erste Waldenser emigrieren nach Uruguay.
	1860	Gründung des »Evangelisationskomitees«; Gründung der Pfarrei Colonia Valdense in Uruguay.
	1861	Verlegung der theologischen Fakultät und der Claudiana nach Florenz.
»Syllabus« Pius' IX.	1864	
Dritter Unabhängigkeitskrieg.	1866	
	1868	Einweihung der Kirche in Venedig.
Besetzung Roms durch italienische Truppen (20. September).	1870	
	1871	Einweihung des Hospitals in Turin.
	1873	Erste Serie der »Rivista Cristiana« erscheint (bis 1887).
	1874	Einweihung der Kirche in Messina.

Allgemeine Kirchengeschichte		*Waldensergeschichte*
	1878	Kirchen in Coazze und Vallecrosia.
	1881	Kirche in Mailand (S. Giovanni in Conca). Gründung der »Société d'Histoire Vaudoise«.
	1883	Erste Kirche in Rom (Via IV Novembre).
	1885	Kirche in Neapel.
	1888	Collegio in Colonia Valdense.
	1889	Einweihung der Casa Valdese in Torre; 200-Jahrfeier der »Ruhmreichen Heimkehr«.
	1894	Einweihung des Altenheims in San Germano.
	1895	Einweihung des Altenheimes in Luserna S. Giovanni.
	1898	Asyl »Carlo Alberto« für unheilbar Kranke.
	1899	Zweite Serie der »Rivista Cristiana« (bis 1913).
	1904	Ende der christlichen Freikirche; einige Gemeinden gehen in der Waldenserkirche auf.
	1906	Kirche in Como.
Enzyclica »Pascendi«.	1907	
	1908	Das Wochenblatt »La Luce« erscheint.
	1914	Einweihung der Kirche in Rom an der Piazza Cavour.
	1915	Evangelisationskomitee stellt seine Tätigkeit ein.
	1920	I. Evangelischer Kongreß in Rom.
Mussolini Ministerpräsident.	1922	Einweihung der Konvikte in Pomaretto und Torre Pellice; Verlegung der theologischen Fakultät nach Rom.
	1927	Kirche in Palermo.
»Aussöhnung mit der Kirche«. Gesetz über zugelassene Kulte.	1929	
	1932	Beginn der »Gioventu Cristiana«.
	1940	»L'Appello« erscheint.

Allgemeine Kirchengeschichte		*Waldensergeschichte*
Sturz des Faschismus; Widerstandsbewegung in den Tälern.	1943	
Befreiung.	1945	
	1946	Zeitschrift »Protestantesimo« erscheint. Gründung des föderativen Rates evangelischer Kirchen in Italien.
Republikanische Verfassung.	1947	Kampf gegen Annahme des Art. 7 (Lateranverträge).
I. Ökumenische Ratsversammlung; Gründung des Ökumenischen Rates der Kirchen mit Sitz in Genf.	1948	Evangelisation im unteren Latium (Ferentino, Colleferro).
	1950	Föderativer Rat der evangelischen Kirchen in Italien beginnt den Kampf um Religionsfreiheit in Italien.
	1951	Jugendkongreß in Mailand; es erscheint »Gioventu Evangelica«. Einweihung von »Agape« in Prali.
II. Ökumenische Versammlung in Evanston.	1954	
III. Ökumenische Versammlung in New Delhi.	1961	In Riesi (Sizilien) beginnt das »Centro Servizio Cristiano« unter Leitung von Tullio Vinay.
Eröffnung des II. Vaticanums.	1962	Zulassung von Frauen zum Pfarramt.
	1965	II. Evangelischer Kongreß in Rom.
	1966	Genehmigung der Einigungsverfassung mit den Kirchen am Rio de la Plata.
	1967	Gründung des Evangelischen Kirchenbundes in Italien.
IV. Ökumenische Versammlung in Uppsala.	1968	
	1974	800-Jahrfeier der Waldenserbewegung. Annahme des Integrationsplanes der Waldenser- und Methodistenkirche.
V. Ökumenische Versammlung in Nairobi.	1975	

REGISTER

Ortsnamen und geographische Begriffe erscheinen in kursivem Druck

Aarau 155, 160
Aargau 155
Abälard 26
von Acaia 109
von Acquapendente,
   Jakob Andreas 6
Afrika 235
Aigle 83
Airali 198
Aix 103
Alessandria 39, 215
Alessandrino → Pius V. 105
Alexander I. 200
Alexander III. 24
Hl. Alexius 15
Alfons von Aragon 23
Allen, William 200
Alviano, de, Peter di Jacobo 74
Alpen 26, 44, 45, 55–61, 64, 76–79,
   82, 85, 87, 93, 97, 113, 117–119,
   122, 123, 127, 137, 138, 142, 149,
   157, 167, 173, 201, 250
Amadeus V. 56
Amadeus VIII. 76
Amerika 221
de Amicis 235
Amsterdam 185
Andretti 217
Angrogna-Tal 58, 59, 61, 74, 77, 82,
   86, 93, 96, 97, 99, 110, 111, 114,
   116, 119, 124, 184, 189
Anjou 65
d'Annunzio, Gabriele 236
Ansbach 83
Anselm von Alessandria 39
Anzbach in Niederösterreich 45
Aosta-Tal 99, 215
Apennin 221
Appia 125, 193
Appia, Bartolomeo 183
Appia, Giorgio 217
Appia, Louis 217
Apulien 104, 215, 237
Argentière-Tal 78
Argentinien 230
Ariost 114
Arnaud, Henri 152, 164, 166, 174,
   175, 178, 179, 180, 187, 192

Arnaud, Etienne 184
Arnold von Brescia 26
Asien 235
Augsburg 84
Hl. Augustin 13
Avigliana 168
Avignon 58, 103
de Azeglio, Roberto 205

Baden 175, 176, 180, 181
Baden im Aargau 155
Bahia Blanca 230
Balcet 132
Balziglia 165
Bamberg 46
Barbarossa 34
Barth, Karl 243, 248, 252
Basel 72, 74, 83, 84
Bayern 46
Beckwith, Charles 203–205, 211,
   215, 233
Belgien 250
Bellenci 217
Belvedere 132
Benedikt XII.
   (Fournier, Jacques) 58, 65
Bergamo 31, 32, 36, 89, 211
Berlin 176, 201, 212
Bern 46, 83, 85, 86, 99, 119
Hl. Bernhard 19
Bernhard 23
Bert, Amedeo 211, 214
Beza, Theodor von 95
Bibiana 99
Bobbio Pellice 95, 112, 113, 124,
   140, 165, 185, 187, 189, 192, 239
Bobello, Giacomo 104
Böhmen 46, 47, 61, 70–73, 129
Bologna 76
Bonaparte 193, 196
Bonhoeffer 252
Borelli, Francesco 58
Borgo degli Ultramontani 65
Bosco 198
Bosio 228
Bossnet 173
Bouchard, Giorgio 252
Bourges 102

280

Bourset 175, 180
Brandenburg 46, 47, 53, 74, 83, 157, 160, 162, 177
Brasilien 230
Brescia 26, 217
Brez, Giacomo 187
Briançon 56
Bricherasio 95
Brunelleschi 79
Bruno, Giordano 129, 130
Bucer 83
Buda 46
Buenos Aires 259
Burce, Salvo 39
Burgund 83
Busca 99, 119, 121

Calvin, Johannes 83, 87, 93–96, 102, 103, 105, 122, 126, 141, 252
Cambridge 61
Camerino 76
Campanella, Thomas 129
Campiglione 138
Canterbury 200
Carbonieri-Tal 205
Carducci 236
Carignano 109, 120
Carlo Alberto 198, 202, 207, 220
Carmagnola 94, 155
Casala 205
Cassini 79
Castrocaro 126, 130
Catania 217
Caterau-Cambrésis 100
Catinat 150, 152, 162, 165
Cattaneo, Albert 77–80
Cavour 109, 116–118, 123, 126, 138, 144, 150, 205
Cavour, Camillo 216, 221
Cereghini 221
Cevennen 143
Chaco 230
Chambéry 99, 105
Chanforan 86–90, 93, 96, 109, 117, 118, 125, 211
Chartres 26
Charvaz, Andreas 198, 202, 205
Chieri 60, 94, 99, 120
Chisone-Tal 9, 56, 76, 80, 82, 97, 112, 115, 123, 141, 149, 150, 154, 180, 181, 189
Christina 137

Ciabas 98, 99, 110, 126, 138, 188
Cignoni 217
Claudius von Turin 212
Coazze 218, 227
Coligny 162
Colle dell' Assietta 187
Colonia Valdense 230, 232, 259
Colonna, Vittoria 93
Comba, Emilio 228, 229, 238
Como 217
Coppieri 97, 116
Corato 237
Corres 175
Cosenza 65, 98, 104, 105, 106, 107
Costa della Trinità 110 ➤ Trinità
Côte d'Azur 230
Cottische Alpen 9, 55, 56
Cremona 36
Cromwell, Oliver 136, 139, 146, 162, 166
Cuneo 104, 187, 205

Dante 36
Dänemark 143, 176
Dauphiné 56–58, 72, 77, 79, 83, 86, 97, 119, 122, 123, 127, 133, 137, 152, 195, 202
Deutschland, deutsch 44, 48, 51, 64, 76, 83, 119, 120, 129, 149, 160, 161, 167, 174, 177, 180, 181, 224, 240, 250
Dominikus 39
Donautal 45
Dordrecht 131, 132
Dornholzhausen 176, 177, 180, 181
Dover 173
Dronero 99, 123
Dublin 61
Dürrmenz 175
Du Bellay 103
Dunant, Henri 217
Durand von Huesca 18, 28, 30

Eberhard Ludwig 177
Edinburgh 188
Eisenstein 140
Elba 227
Elbe 45
El Feur 51
Elisabeth 177
Elsaß 45

281

Embrunn 56, 58, 59
Engels, Friedrich 59
England 70, 122, 136, 143, 148, 149, 160–162, 167, 173, 176, 177, 201, 213, 221, 224, 240
Enz 175
Erasmus 79, 100, 103
Erfurt 46
Ernst Ludwig 175, 177
Europa 21, 26, 51, 80, 85, 88, 93, 112, 116–118, 129, 142, 143, 148 bis 150, 161, 162, 177, 187, 188, 191, 194, 196, 197, 203, 223, 226, 233, 245
Ezzelino da Romano 36

Farel, Gauchier 95
Farel, Wilhelm 83, 86, 88, 93, 95, 96, 103, 119
Felonica Po 227
Fenestrelle 97, 175, 181
Fenile 99, 138
Ferrara 93, 120
Ferreri, Vincenz 59
Feuquière, de 166, 167
Fichte 197
Flandern 51, 80, 85
Fleury 145
Florenz 41, 79, 197, 218, 228, 259
Fontcaude 23
Forneron 153
Fossano 94, 156
Fournier, Jacques
➔ Benedikt XII. 58, 65
Frache 184
Frankreich, französisch 44, 55, 56, 65, 77, 80, 85, 86, 93, 94, 96, 97, 100, 102, 103, 110, 112, 121, 122, 124, 126, 129, 131, 133, 136, 142, 148, 149, 153, 155, 160, 162, 167, 168, 177, 191, 195, 196
Franz I. 100, 103, 110
Franz II. 95, 112
Franz von Assisi 30, 37–39
Fredericia 176
Freiburg (Schweiz) 46
Freiburg i. Üchtland (Schweiz) 74
Freyrie, Jean 183
Freyssinières-Tal 59, 83
Friedrich III. von Brandenburg 160
Friedrich Joseph
von Hessen-Homburg 176, 177

Friedrich Wilhelm
von Brandenburg 162
Friedrich Wilhelm III. 201, 212
Fürstenberg 95

Gabriel von Savoyen 152
Galilei, Galileo 129
Galloway 168
Gangale, Giuseppe 243
Garibaldi, Giuseppe 213, 217, 218, 230
Gavazzi, Alessandro 219
Genf 61, 83, 85, 86, 94–99, 104, 107, 109, 111–113, 118, 119, 123, 126 bis 128, 130, 131, 134, 135, 146, 156, 157, 163, 164, 184, 185, 201, 202, 212, 213, 230
Genua 36, 76, 197, 215
Georg aus Kalabrien 82
Georg IV. 177, 201
Germanasca-Tal 9, 141, 164, 165
Gesualdo 236
Gewissensruh 176, 181
Geymet, Pietro 192–194
Geymonat, Paul 213–215, 217, 238
Giacinto Bernardio Castelli 183
Giacomo von Buronzo 61
Gianavello, Josua 140, 141, 143 bis 147, 153, 158, 159, 165, 166, 182, 188, 203
Gilles, Pietro 132–135
Gilly, Stephen W. 200, 201, 203, 204
Giolitti, Giovanni 236, 238
von Girundino, Francesco 74
Goante, Jacques 183
Goliath 114
Goudimel 167
Gonin, Martin 83, 84, 86, 89, 93, 98, 105
Gonzaga, Giulia 93
Gottstreu 176, 181
Gran Guglia 153
Graubünden 86, 126
Grazioli, Sebastian
➔ Castrocaro 130
Gregor VII. 20
Gregor XI. 58
Hl. Gregorius 13
Grenoble 97, 98
Grill 184
Grosso, Valerio 125, 132, 133, 134
Großvillars 175, 180

Guardia 109
Guardia Lombardia 65, 104
Guardia Piemontese 106
Guichard, Erzbischof von Lyon 20
Gustav Adolf 129
Guzman, Domenicus 30

Hagen, Matthias 74
Hahn 176, 181
Hannover 176
Héctor, Bartolomeo 99, 120
Heilbronn 175
Heinrich IV. 148
Hessen 149, 175–181
Hl. Hieronymus 13
Hieronymus von Prag 71
Himberg 46
Hitler 240
Holland 132, 145, 149, 152, 160, 161, 162, 177, 183, 185, 187
Homburg 176, 177
Hus, Jan 70, 71, 82

Ignatius von Loyola 100
Illyricus, Matthias Flacius 132
Innozenz III. 30, 31, 40, 60, 70, 78
Innozenz VIII. 78
von Isenburg, Karl 175
Isère 98
Isonzo 142
Israel 114
Italien 9, 37, 38, 40, 65, 73, 77, 93, 96, 105, 118, 120, 150, 151, 167, 180, 192, 197, 204, 212–216, 218, 220, 223–225, 227, 229, 234, 236 bis 239, 242, 245–252, 254–259

di Jacobo d'Alviano, Peter 74
Jahier, Bartolomeo 143, 144
Jalla 235
Jakob II. 162
Jakob von Buronzo 76
Jakobus 24
Jeanne d'Arc 51
Jerobeam 114
Johann XXII. 58
Johann von Castellazzo 61
Johannes 76
Jolanthe 77
Josia 114
Juvara 185

Kalabrien 65, 79, 82,104–106, 109, 111, 155
Kanaan 114
Kappel 84
Karfreit 142
Karl I. 77, 113, 136, 137
Karl III. 85
Karl V. 84, 100
Karl VIII. 78
Karl Emanuel I. 130, 137
Karl Emanuell III. 183
Katharina von Frankreich 110
Katharina von Medici 112
Kleinvillars 175, 180
Konrad von Marburg 61
Konstantin 42, 43, 67
Konstantinopel 131
Konstanz 71
Krakau 74

Lambruschini 213
Languedoc 14, 20–22, 26, 29–31, 33, 39, 41, 50, 65, 179
Lateinamerika 231, 242, 258–260
Laus 82
Lausanne 212
Lauvergeat, Jean 97
Lefèvre d'Etaples 102
Léger, Antonio 131, 138, 139, 141, 142, 145–147, 153, 187
Léger, G. 139
Leiden 135, 146, 184
Leipzig 197
Lentolo, Scipione 86, 96, 97, 110, 112, 126, 130, 131, 153
Leo 43
Lepanto 122, 125
Lesdiguières 122, 123, 137
Ligurien 79, 215, 221
Lille, von, Alain 23
Livorno 188, 197, 217
Lombardei 26–28, 31–34, 36, 37, 39 bis 42, 44, 46, 49, 59, 216
Lombardini, Jacopo 244, 252
London 141, 167, 177, 185, 201, 214, 215
Louisa-Tal 59, 78
Lubéron 102
Lucca 76, 93
Ludwig XIII. 137
Ludwig XIV. 136, 146, 148, 149, 152, 153, 161, 162, 173, 177

Lukas von Prag 76
Lukaris, Kyrillos 131
Lully, Jean-Baptiste 148
Luserna-Tal 56, 59, 61, 76, 77, 79, 86, 94, 95, 97, 109–112, 115, 119, 123, 124, 138, 142, 145, 175, 180, 189, 235
Luther, Martin 62, 79, 82–84, 94, 133, 252
Luzzi, Giovanni **238**
Lydius, Balthasar 132
Lyon 9, 13–16, 19, 21, 22, 24, 27–29, 32, 45, 55, 200, 213, 230

Machiavell 79, 115
Madonna dell' Olmo 187
Mailand 26, 34, 36, 37, 45, 217, 227, 237, 252, 259
Malan, Bartolomeo 213, 214
Malan, Joseph 215
Malvicino, Valerius 105
Manget 138
Maniglia 183
Mantua 227
Manzoni 130, 133
Map, Walter 21, 24
Marauda 192, 195
Marburg 61
de Marcy, Henri 21, 30
Margarethe von Frankreich 110
Margarethe von Navarra 102
Mark Ancona 74, 76
Marolles 143
Marseille 58, 230
Martin 74
Martin von Prag 46
Massello 165
Masson 83
Mathurin 109
Maulbronn 175
Maynier, Jean 103
Mazzarella, Bonaventura 215, 216, 219
Mazzini, Giuseppe 213, 221
Meille, Jean Pierre 211, 214, 215
Melanchthon, Ph. 84, 103
Mentoulles 137, 175, 181
Mérindol 83, 84, 86, 102, 103, 109
Michelangelo 103
Miegge, Giovanni 242, 246
Milani 213
Milton, John 142, 143

Miolo 94
Fort Mirabouc 130
di Miradolo, Bersatore 85
Mitteleuropa 71, 72, 129
Mittelitalien 35, 76, 79, 235
Mlada Boleslav 88
Molière 148
Molnár, Amedeo 60, 73, 269
Mondon 202
Mondovi 77, 152
Moneta 39
Monginevro 55, 56
Montalto 65, 106
Mont Cenis 156
Montevideo 259
Montpellier 23, 26
Morel, G. 83, 87–89
Morland, Samuel 143
Mörfelden 176, 181
Mühlacker 175, 180
von Muralt, Bernhard 155
von Muralt, Kaspar 155
Murri, Romolo 237
Mussolini, B. 240
Muston, Alexis 196

Nantes 124, 137, 148, 161, 174
Napoleon 193, 195, 197
Narbonne 23
Naumburg 50
Navarra 102
Neapel 65, 76, 93, 104, 105, 198, 216, 217, 227, 259
Neff, Felix 202, 233
Nepal 200
Neuchâtel 87
Neuhengstett 175, 180
Neuhofen 46
Neumeister 46
Neuseeland 200
Newski, Alexander 140
Niederlande 96, 148, 160, 161, 174, 176, 188, 201
Niederösterreich 45
Nizza 85, 217, 220, 242
Noël, Stephan 126, 131
Nordamerika 232
Nordcarolina 232
Nordhausen 175, 181
Norditalien 26, 35
Nordsee 122
Nürnberg 74

Oberweser 176, 181
Ochino, Bernardino 93
Oecolampad 83
Okzitanien 179
Olivetanos ➤ Peter Robert 87
von Oppède 103
Oranien 166, 168, 173
Osasca 143
Österreich 129, 160, 167
Osterwald 212
Otto IV. 55
Ozeanien 235

Paesana 72
Palmbach 175, 176, 180
Palermo 104, 217, 252, 259
de la Palud, Hugo 78
Pancalieri 130
Parana 230
Paris 99, 142, 167, 230
Paschale, Gian Luigi 94, 96, 98, 104,
   105, 107, 108
Pastre, Martin 58, 61
Payne, Pater 73, 74
Pedemontani 27
Pellice-Tal 9, 131, 134, 138, 141,
   144, 180, 192
Perosa-Tal 59, 174, 180
Perrero 99, 114, 125, 189
Perrin 133
Peschiera 217
Peter, Robert ➤ Olivetanus 87
Peter von Verona 39, 61
Petrus 22
Peumian 152
Peyran 185, 187, 191, 193
Peyrot, Albert 188, 192
Pfalz 160
Philibert, Emanuel 100, 109, 110,
   115, 125
Philipp II. 100, 105, 110, 117
Philipp von Acaia 56
Philipp von Savoyen 78
Piacenza 26, 28, 36, 39
Pianezza 139–141
Piemont 9, 60, 61, 65, 76, 79, 85, 93
   bis 99, 103, 104, 109, 115, 117 bis
   120, 124–128, 130, 134, 125, 137,
   139, 141, 146, 157, 162, 164, 165,
   167, 168, 173, 174, 176, 183, 188,
   191, 192, 195, 205, 207, 211, 215,
   216, 218, 221, 259

Pinache 175
Pinerolio 94
Pinerolo 9, 55, 56, 58–60, 77, 123,
   129, 141, 144, 150, 154, 174, 183,
   185, 186, 193, 198
Piscina 192
Pius IV. 100
Pius V. ➤ Alessandrino 105
Pius IX. 223
Plenderleath 200
Podio 112, 113, 119, 128, 256
Poissy 110
Polen 48, 129
Pomaretto 185, 189, 201, 233, 235,
   260
Pommern 53
Possevino, Antonio 109, 110, 124
Po-Tal 72
Pra del Torno 74, 113, 140, 152
Prag 46, 70–72, 76
Pragelato-Tal 59, 78, 97, 112, 119,
   122, 123, 127, 132, 137, 141, 144,
   145, 149, 174, 175, 181, 256
Prali 78, 88, 97, 141, 164, 187, 189
Pramollo 123, 143, 189, 191
Prarostino 185, 189
Preußen 201
Prim, Bernhard 30
Prochet 218, 219
Prokop der Große 72, 74
Provence 20, 23, 29, 30, 36, 41, 62,
   65, 79, 83, 85, 86, 102

Racconigi, Philipp 110, 115–117
Reiser, Friedrich 74, 76
Renate von Frankreich 93
Revel, A. 228
Reynaudin, P. 164
Rhône 122
Ribetti, Giovanni 217
Ricasoli 213
Riclaretto 99, 189
Riesi 218, 227, 237, 251, 252
Rimini 36
Rio de la Plata 232, 238, 247
Rio Marina 217, 227
Roberto d'Azeglio 205
Robespierre 192
Roccapiatta 97, 150, 289
Rodrigo 130
Rohrbach 176, 181

285

Rom 20, 21, 26, 31, 32, 34, 36, 42,
  59, 63, 71, 84, 94, 98, 104, 105,
  129, 187, 197, 214–216, 218, 223,
  224, 226, 228, 239, 240, 254–256,
  259, 260
de Roma, Jean 102
von Ronco, Johannes 28
Rorà 124, 140, 141, 145, 152, 189,
  230
Rorengo, Marc Aurel 124, 132, 191,
  192
Rossetti, Gabriel 213, 215
Rostain 125
Rostan, Giovanni 238
Rothe, Richard 197
Rudolf 187
Ryswyck 174

Sacconi, Rainer 39
Sachsen 85
Salbertrand 164
Saluzzo 86, 115, 122, **123, 129**
Salvaggio 94
Salvo, Bruce 39
Sambesi 235
de Sanctis, Luigi 215, 216
San Fedele 217
San Germano 123, 125, 134, 183,
  189, 235
San Giovanni 125, 130, 138, 145,
  146, 189, 193, 196, **202, 235**
San Lorenzo 97
San-Martino-Tal 67, 119, 134, 189
San Secondo 143, 189
San Sisto 65, 105–107
Sardinien 184, 196, 200, 202, 206,
  207, 214
Sartoris, Leonardo 99, 120
Sartoris, Nikolaus 99
Saunier 85, 86
Savanorola 79
Savoyen 56, 76, 78, 85, 86, 94, 100,
  101, 109, 115, 121, 129, 139, 150,
  152, 155, 156, 160, 161, 164, 174,
  207
Schomberg 168
Schönenberg 175, 177, 180
Schottland 157
Schweden 84
Schweiz 46, 47, 76, 83–86, 88, **101,**
  103, 152, 155, 160, 161, 167, 174,
  187, 211, 213, 250

Sengach 175, 180
Seyssel, Claudius 79
Sibaud 165, 169
Silvester 42, 43, 67
Simeon 125
Sims 200
Sizilien 104, 216, 218, 227, 237, 239,
  251
Slowakei 46
della Solaro, Margarita 205, 215
Solferino 217
Sopron 46
Sowjetunion 19
Spanien 85, 96, 100, 110, 129, 131,
  160
Spinelli 104, 106
Steiermark 46
Stendal 160
Stephan von Basel 74
Stettin 46
St. Julien 85
Straßburg 74, 83
Subilia, Vittorio 246
Südamerika 232
Südböhmen 71
Südfrankreich 102
Süditalien 44, 65, 76, 79, 104, 224,
  235, 237, 248, 250
Südjütland 176
Susa-Tal 56, 122, 156, 164
Suworow 193, 196

Tabor 71
Tachard, Martin 97
Tholuck, August 197
Tiber 223
Todenhausen 176
Torre 97, 130, 134, 144, 189, 204,
  218, 234
Torre Pelice 124, 198, 200, 212, 214,
  233, 235, 240, 259, 260
Toskana 213, 214, 216, 217
Toul 23
Tourn-Boncoeur 186
Transsylvanien 143
Travers, Jean 184
Trient 122
Triest 197
della Trintà, Costa 110, 113, 115
Trino 155, 157
Trucchietti, Carlo 99, 114
Truchsess von Waldburg 197, 201

286

Turin 55, 56, 79, 94, 97, 99, 105, 109, 120, 126, 137, 141, 141, 146, 154, 156, 168, 192, 197, 201, 205, 206, 212, 214, 215, 227, 228, 232, 239, 259, 260
Turino, David 217

Umberto 235
Ungarn 46, 129
Untermutschelbach 175, 180
Urbino, Alfons 105
Uruguay 230, 232, 259
USA 224, 247
Usagli, Marco 104
Usseaux 175
Utrecht 173

Valdes s. Waldes
Valkenier, Pieter 174, 176
Vallecrosia 228
Valois 110
Varaglia, Goffredo 96, 99, 105, 110, 120, 182
Varaita-Tal 56
Vauban 186
Venedig 155, 197, 217
Venetien 36, 216
Vercelli 156, 157
Vereinigte Staaten 224, 247
Vergerio, Pier Paolo 93
Vermigli, Pier Martyr 93
Vernon, Jean 97
Verona 23, 39, 61, 200, 227
Versailles 148, 161, 167
Viale del Re 215
Vietnam 257
Vigne 145
Viktor Amadeus II. 149, 153, 167, 174

Viktor Amadeus III. 191, 193
Villar 124, 138, 140, 189, 230
Villaretto 175
Villasecca 97, 116, 131
Vinay, Tullio 247, 251, 257
Vinay, Valdo 246
Vinet, Alexander 221
Vittone 185
Vittoria 227, 239
Voltaire 188, 197
Vondel, van den 132

Waadtland 85
Waldes, Petrus, 9, 13–17, 19–22, 24, 28, 37, 40, 43, 48, 55, 59, 62, 200, 239
Waldensberg 175, 181
Walldorf 175, 181
Wallis 83, 85, 86, 161
Waterloo 203
Wembach 176
Wyclif 70
Wien 46, 84
Wiernsheim 175
Wiesenfeld 176
Wilhelm III. 173
Wilhelm von Oranien 162, 166, 168, 173
Wilhelm der Schweigsame 162
Wurmberg 175, 180
Württemberg 160, 175–181

Yvoire 164

Zatec 74
Zürich 84
Zwicker, Peter 46, 51
Zwingli, Ulrich 84, 86

Amedeo Molnar: Die Waldenser

Geschichte und europäisches Ausmaß einer Ketzerbewegung
Etwa 400 Seiten, Leinen

»Die Waldenser« fanden bereits unmittelbar nach dem Erscheinen der tschechischen Ausgabe auch international starke Beachtung:

Die Arbeit des Prager Theologen und Historikers Amedeo Molnar ist die zur Zeit umfassendste, neueste Erkenntnisse einbeziehende Gesamtdarstellung des Waldensertums von seinen Anfängen bis zum 16. Jahrhundert. Die Struktur dieser Bewegung, ihre Triebkräfte, ihre Stellung zur Gesellschaft und in ihr, ihr Wandlungsprozeß – all das wird tiefgründig untersucht. Darüber hinaus weist das Buch des durch zahlreiche Veröffentlichungen bestens legitimierten Verfassers eine Reihe weiterer Vorzüge auf: Die von dem Lyoner Kaufmannssohn Petrus Waldes begründete Bewegung wird überzeugend als Teil der gesamtgesellschaftlichen Entwicklung dargestellt. Für die Zeit der Verfolgung während der Albigenserkriege werden neue Fakten und Daten eingebracht. Es erfolgt eine aufschlußreiche Konfrontation der Waldenser mit Franziskus von Assisi. Schließlich bietet der Autor eine umfassende Synopsis der religiösen und sozialen Kräfte in der Hussitenzeit.

Vandenhoeck & Ruprecht · Göttingen und Zürich